新原创书系·历史

书系主编：倪方六

世相

变革中的晚清

刘永祥◎著

中国铁道出版社
CHINA RAILWAY PUBLISHING HOUSE

图书在版编目（CIP）数据

世相：变革中的晚清 / 刘永祥著 . —北京：中国铁道出版社，2017.9
ISBN 978-7-113-23317-4

Ⅰ . ①世… Ⅱ . ①刘… Ⅲ . ①中国历史—研究—清后期 Ⅳ . ① K252.07

中国版本图书馆 CIP 数据核字 (2017) 第 149656 号

书　　名：世相：变革中的晚清
作　　者：刘永祥　著

策　　划：田　军　　　　　电　　话：（010）51873038
责任编辑：付巧丽　　　　　电子信箱：tiedaolt@163.com
装帧设计：天下装帧
责任印制：赵星辰

出版发行：中国铁道出版社（100054，北京市西城区右安门西街 8 号）
网　　址：http://www.tdpress.com
印　　刷：北京鑫正大印刷有限公司
版　　次：2017 年 9 月第 1 版　　2017 年 9 月第 1 次印刷
开　　本：710mm×1000mm　1/16　印张：16　字数：200 千
书　　号：ISBN 978-7-113-23317-4
定　　价：42.00 元

“新原创书系”总序

2016年6月5日，对于普通读者来说可能并不算什么特别的日子，但对于我和我的创业伙伴们来说，是值得记住的一天。这一天，中国第一家纯内容IP交易平台——中国新原创（www.ipxyc.com）上线了！

于是，有了读者现在看到的新原创书系。

新原创平台上线为什么选择在2006年6月5日？因为这是一个好日子。这一天是“世界环境日”，新原创平台希望给写作者打造一个“有收益、无盗版、不抄袭”的良好写作环境。同时，这一天还是农历芒种节气，希望写作者从此日开始，在新原创台平台开始“忙”起来，播种、耕耘，收获果实和写作尊严。更为难得的是，这一天还是民间所谓“猴年马月”的第一天，新原创平台就是要做纯内容交易和版权保护这块在一般人看来很难很难，甚至不可能做到的事，把传说中的“猴年马月”变成事实。

现在，新原创书系的陆续出版已证明了这种可能，且成功迈出了第一步。

平台何以称为“新原创”？它开创了“内容为王”时代的先河，自然是“新”的。新原创平台是写作者、编辑、读者的共享平台上和精神家园，其核心功能是内容交易、出版，兼具写作、阅读、信息传播和图书销售等多重属性；作者可以在平台上找到归宿，编辑可以在平台发现佳作，读者可以在平台上发现偶像……国内目前还没有哪一家平台具备与新原创相同的功能，能让作者、编辑、读者均满意，都能找到“趣点”。新原创完全可以说独一无二，前所未有。

新原创平台实质就是“内容淘宝”。任何有写作能力和使用需求者都可以到新原创上注册账号，发表作品，开设一个属于自己的内容小店（专栏），明码标价出售作品，或购买他人作品的使用权，颠覆了当下流行的内容变现方式。这也是未来写作者创收和谋生的主要手段和方式，是内容付费的一大发展方向。“我的作品我作主”，广告分成、打赏、保底等受制于人的“乞丐写作”变现模式未来不会是主流。

知识付费已成趋势，而这种付费得以顺利实现，最关键的是版权保护到位，新原创平台的又一核心功能便在这里。

新原创平台域名 ipxyc，分成 IP 和 XYC 两段来理解：IP 是 Intellectual Property（知识产权）的缩写，XYC 则是“新原创”三字拼音开头字母，不言而喻，“新原创要保护知识产权”。为此，平台通过技术手段，实现独特的稿件防盗追踪功能；又成立版权保护事业部，由版权律师团队介入，进行人工干预。

具体说到新原创书系，它是新原创平台当下着力发展的出版业务之一。这一业务面向所有入驻平台的写作者，为有价值、质量高，达到出版要求的作品提供出版服务与宣传、推广服务（暂不为非注册者提供服务），不论是名家还是草根，都享受免费出版的机会，同时获得相应的版税收益。

“让写作者有尊严地写作”，是新原创平台的口号。新原创书系的陆续出版为这个口号作了实实在在的诠释！目前平台已与包括中国铁道出版社等多家海内外有实力的出版机构达成战略合作协议，共同打造“内容为王”时代全新畅阅作品。作品内容将涵盖历史、考古、探险、科幻、旅游、美食等多个主题，涉及文学、社科、经济、军事、教育、医药等多个领域。

在为写作者完成大陆简体出版服务的同时，新原创平台还将向台湾、香港推广繁体出版，向国际输出外文版权。不仅如此，平台还将以公共代理人的身份，为新原创书系作品的电子版权、影视改编权、拍摄权等系列附加权利进行深度开发，让写作者的影响和收益均最大化。

让我们一起努力，为华文写作、版权保护和中国文创产业的发展做点事！

新原创平台创始人

新原创书系主编

2017年7月16日

前言

如今，在自媒体的推波助澜下，读史已然成为一种时髦。不论男女老少，都能对过去历史说得头头是道。尽管存在一些庸俗说史的不良现象，但是能激起大众对历史的兴趣，总算大功一件。至于读史层次的提高，需要时间来慢慢调整，不可能一口吃个胖子。当大众被历史八卦灌得晕头转向之后，自然会做出更加理性的选择。

一、读史的功用

搞历史研究的，常常会遭遇一个尴尬：读历史究竟有什么用?

中山大学陈春声教授曾说过一段很经典的话："人文学科确实没有什么用，它不能使你发财。但我们用一个家庭做比喻，一个家最有用的首先是厕所，其次是厨房，家里最没用的要属挂在客厅墙上的那幅齐白石的大虾。但有客人来拜访，你不会带客人去厕所和厨房，更多地是坐在客厅里谈论墙上的那只大虾。人文学科就是那只大虾。”历史学属于人文学科，所以也是“大虾”。有用无用，不能单纯流于实用层面的判断，而忽略了抽象价值。古人说，以无用为用，大致道出了个中真意。

读史的功用，可以相当广泛和多样，诸如修身养性、休闲娱乐、治国理政……不一而足。但是，在此之上，还应当有一个普遍意义。那就是：建构国民意识。

历史是什么？一句话：人类对过去的记忆。

如此一来，读史的功用也就不言而喻了。打个比方，一个人早上起来，突然发现自己失忆了。我是谁？我来自哪里？我是什么物种？他肯定会陷入彷徨和恐惧，不知道该何去何从。同样的道理，一个民族、一个国家没有了历史，也就无法在人类历史长河中安放自我。

历史，塑造了人类的身份认同。

我们为什么是中国人？因为我们本身就是这五千年历史塑造出来的，我们身上流着中华民族的血液，这是割不断的。否定了历史，也就否定了自己。为什么很多华人出国后，总想着寻根。这个根，就是历史，也可以说是对故乡的记忆。“君自故乡来，应知故乡事。”老乡见老乡，为什么两眼泪汪汪？因为有共同记忆：门前的小河，村里的小芳……

清代学者龚自珍曾说：“欲知大道，必先为史。灭人之国，必先去其史；隳人之枋，败人之纲纪，必先去其史；绝人之材，湮塞人之教，必先去其史；夷人之祖宗，必先去其史。”

读懂了这段话，就明白为什么日本占领满洲后，要篡改历史教科书了。读史的功用，也就无需多言。

二、重构≠重现

历史的第一要素是什么？时间。当你说完一句话、做完一个行为的瞬间，这些话和行为就进入了历史时空。在目前的科学认知里，时间是不可逆的。所以，历史也就具有不可复制性。现在很多人喜欢说“还原”历史，或者“重现”历史，实际上，现代史学理论早已证明，历史是无法被完完全全、原原本本还原的。因为，人们无法再次回到历史现场。无法直面研究对象，是历史学与其他学科的重要区别之一。

当然了，会穿越另当别论。不过，历史有风险，穿越需谨慎。比如，某年某月某日，你被雷劈后穿越了，低头一看，身上绫罗绸缎，抬头照镜子，闭月羞花，正疑惑自己是谁时，一个彪形大汉踹门而入，左手提着人头，右手提着刀，你一看，呵，挺面熟啊，就听大汉说：“贱人，还我哥哥命来。”

无法直接面对历史，怎么来认识历史呢？犯罪学上讲，一个人犯罪，必然会留下痕迹，历史也一样，历史的痕迹，就是“史料”。史家离了史料，就像鱼儿离了水一样。哪怕你是史学界的大咖，也要老老实实地一条一条抄材料。所以，民国时期中央研究院历史语言研究所所长傅斯年说，“史学就是史料学”，史家的任务就是：“上穷碧落下黄泉，动手动脚找材料。”

有了史料，历史就能“重现”了吗？

首先，史料以文献为主，而文献是由人来记载完成的，即使是当时人记当时事，也已经不是历史事件本身，已经掺杂进记载者的主观成分，甚至是有意造假。而后来人再根据这一已经掺杂了主观成分的史料来认识历史，就更容易偏离历史真相。所以，真正的历史学家在对待史料的时候都十分谨慎。梁启超把它比喻为“老吏断狱”，就是通常所说的历史考证。

其次，历史书写者必然受到所处时代条件的限制。哪些历史能够进入书写范围？怎样进行排列组合？应该怎样评价？等等，都会受到各种因素的影响。同一个历史事件，在不同的时代，不同的书写者那里，都会呈现出不同的面貌。也就是说，即使能够保证史料是真实的，但每一份史料仅仅能展现历史的一个镜头，至于如何把这些镜头制作成一部完整的影片，那就要看各自的剪辑功力了。所以，历史总是在不断地被重写。

《非诚勿扰》中有一个葛优与台湾女子相亲的片段，双方使用了解放和沦陷两个不同的词汇。这两个词汇，都指向国共战争，但胜利者和失败者在情感、用词等方面显然存在巨大差别。

当然，真正尊重历史的人不会故意去捏造历史。你可以说孔子很革命，也可以说孔子很保守，但把孔子说成是韩国人，那就是对我大中华十几亿人民的挑衅。

近些年，网络上兴起一股历史虚无主义思潮，将历史看做文字游戏，信口开河地随意讲史，这显然走向了另一个极端，值得警惕！所以，作为内容创作者，理当坚守说史的底线。历史，不是小姑娘，更不是娼妓，不该被肆意涂抹和亵渎。

目录

第一编　中西文化的碰撞

溯源篇："礼仪之争"让中国淡出世界朋友圈 / 2

真相篇：中西碰撞之八大疑团 / 8

英法火烧圆明园与气温骤降有无关系 / 8

国弱民遭殃：鲜为人知的"猪花"买卖 / 11

"华人与狗不得入内"究竟是真是假 / 15

洋务运动为什么干不过明治维新 / 18

甲午战争的结局十年前就注定了 / 21

西方瓜分中国狂潮因一幅图而起 / 24

日本间谍"挽救"紫禁城的背后 / 27

唤醒中国：拿破仑与"睡狮说"的真相 / 30

观念篇：行走在传统与现代之间 / 36

用"鬼子"称呼外国人纯属意淫 / 36

魏源的《海国图志》在日本引起的反响 / 38

出国留学竟然要签"生死状" / 42

修铁路究竟冲撞了哪些神灵 / 46

迈出拯救女性第一步的是个富二代 / 50
满洲奇女子用生命换来女学春天 / 54
西方对清末立宪的态度令人大跌眼镜 / 57
西方女性在中国从“番妇”变身“美人” / 61
“缠”与“放”的较量：三寸金莲的前世今生 / 69
“男女大防”被妓女在茶馆、戏园里打破 / 72
中国人花了 30 年才接受自行车 / 74
解放膝盖：跪拜礼的废除过程 / 78
公厕在上海的出现和发展 / 81
是谁公开刊登了中国第一则征婚启事 / 82

洋人篇：请摘掉“有色眼镜” / 86
教科书里的大反派其实是洋务运动总顾问 / 86
酒后吹牛吹出史上最奇葩外交使团 / 90
传教士打造的避暑胜地 / 95

第二编　天朝上国的掌权者

太后篇：叶赫那拉的权谋与奢靡 / 100
君临天下有多难？慈禧：分两步 / 100
姜是老的辣：戊戌变法期间慈禧的战略 / 105
慈禧镇压戊戌变法却继承康有为衣钵 / 109
慈禧逃难过得很苦？回銮财物装了三千车！ / 111
幸福在哪里：末代皇太后隆裕的悲剧 / 117

帝王篇：有心救国，无力回天 / 122
“四无”皇帝咸丰竟靠“假哭”登基 / 122
咸丰对身后事的安排害死最心爱大臣 / 125
侄子·外甥·亲爸爸：光绪与慈禧的关系 / 128
光绪为救国掀起宫廷英语热 / 130
为何变法刚开始光绪就革了翁同龢的职 / 133
没有金刚钻，偏偏揽了瓷器活：载沣的救国术 / 135

大臣篇：一代人做一代人的事 / 140
“开眼看世界第一人”林则徐亦有局限 / 140
杜受田凭什么获得谥号“文正” / 143
肃顺的这项政策让中国人多留 50 年辫子 / 146
千年科举史上唯一被处死的“一品大员”柏葰 / 150
替慈禧办差的权监安德海为何被山东巡抚斩了 / 153
李鸿章缘何被称为“亚洲野蛮人” / 157
“戊戌六君子”中竟有一人是间谍 / 160
户部尚书阎敬铭坚决反对颐和园工程 / 162
张之洞背地里骂慈禧是老寡妇 / 166

第三编　大清王朝的掘墓人

政权篇：不太平的太平天国 / 170
“代神传言”：太平天国里的大杀器 / 170
重典治国：太平天国的严刑酷法 / 179
“春节”变身“妖年”：私自过年会被斩首 / 181
文化灭绝：延续一年的“焚书”政策 / 184

革命篇：暗杀竟被正当化和组织化 / 187

一条小辫子，撬动大清朝 / 187

清末缘何出现“暗杀”风潮 / 190

原本用来救命的新军竟变成索命鬼 / 192

武昌起义中的五次意外 / 195

自产鸦片：压垮清王朝的最后一根稻草 / 200

人物篇：乱世枭雄，逼退清帝 / 204

“鉴湖女侠”秋瑾的另一面 / 204

“大老虎”奕劻力主清帝退位不全因为钱 / 209

康有为致电美国总统说：袁世凯暗杀光绪 / 212

晚清最佳搭档：袁世凯（武）+ 徐世昌（文）/ 214

四招连发：袁世凯“逼退清帝”/ 219

编　外 / 223

黄金荣的把兄弟，因误闯“一大”会场出名 / 223

国学大师帮杜月笙修家谱 / 226

杜月笙帮张学良戒毒 / 228

就读于黄埔军校是一种怎样的体验 / 231

百乐门繁华的背后 / 236

第一编

中西文化的碰撞

溯源篇:

“礼仪之争”让中国淡出世界朋友圈

1720 年，英明神武的康熙大帝愤怒地做了一个决定，后来的历史发展再次证明了一个普遍真理：人在生气的时候智商会降低。

普通人做出错误决定，至多丢掉身家性命，但君主做出错误决定，是会改变国运的。事实证明：康熙的这个决定，维护了大清脸面，却让中国告别了世界舞台！

究竟是什么决定具有如此魔力？两个字：禁教。

康熙原话是这样的：

“览此告示，只可说是西洋人等小人，如何言得中国之大理。况西洋人等，无一人通汉书者。说言议论，令人可笑者多。今见来臣告示，竟是和尚道士，异端小教相同。似此乱言者，莫过如此。以后不必西洋人在中国传教，禁止可也，免得多事。”

康熙绝非心胸狭窄之人，其眼界和格局非常人能及。那么，究竟是什么事情激怒了他呢？

一切还得从头说起。

中国人从来没有"世界"概念，只有所谓"天下"观念，而且固执地认为自己处于中心位置。这里的"中心"，既是地理意义上的，也是文明意义上的。直到戊戌维新时期，时人还用"若把地图来参详，中国并不在中央。地球本是浑圆物，谁是中央谁四旁?"来扭转国人对世界的认知。换句话说，中国是文明的，其他国家都是野蛮的，这就是老祖宗们奉行的"华夷之辨"。事实上，中国在西方人眼中的形象也一直是神秘而强大的，尤其是《马可·波罗游记》出版以后，甚至出现了持续的"中国热"，吸引了无数外人来华，包括具有特殊使命的传教士。

起初，双方交流是十分友好的，中国因此所发生的变化也有目共睹。不少学者主张将明朝视为近代史开端，原因就在这里。这主要得益于利玛窦等人采取了"耶稣加孔子"的传教策略，说白了就四个字:"入乡随俗"，专业点叫"天儒会通"。利玛窦一到中国就脱下僧袍，换上儒服，学说中国话，学写中国字，学习社交礼仪等，很快就打入"敌方"内部，在士人阶层里很吃得开。(近代来华传教士能够对中国产生全面影响，就是因为继承了这一策略，像李泰白就被人称为"李夫子"。)

罗马教廷的态度开始时也很低调，给了中国教会极大的自主权，甚至公开指示说:

"只要中国人不公开反对宗教和良善道德，不要去尝试说服中国改变他们的礼仪、习俗方式，有什么事情比把法国、西班牙、意大利或者其他任何欧洲国家输入中国更蠢的呢?不要把国家而要把信仰输入中国。信仰不是要反对和摧毁任何民族的礼仪习俗，相反，只要这些礼仪习俗不是邪恶的，信仰要把它们保持下去。"

这也没啥稀奇的，因为任何宗教在新地域进行开拓时都得披一件外衣，更别说欧洲宗教改革搞得天主教会丢盔卸甲了。如果上述政策能够得以延续，中西双方肯定能够和谐相处。可惜，17 世纪中期以后，天主教在欧洲逐渐恢复了元气，于是在海外的宗教政策也日趋强硬，不再放任不管，而是直接介入，试图控制中国教会。挡在罗马教廷面前的，正是践行利玛窦路线的中国耶稣会。它来华时间最早、人数最多、地域最广，是当之无愧的龙头老大，处于垄断地位。

怎么才能把它拉下马呢？罗马教廷绞尽脑汁想出了一个狠毒招数，那就是：否定中国礼仪，也就是否定耶稣会的传教策略，进而否定耶稣会的百年成就。

于是乎，1704 年和 1715 年，罗马教皇两次发布通告，宣布中国礼仪为异端，必须严厉禁止，并堂而皇之、大张旗鼓地派出多罗和嘉乐两大使团先后出使中国，宣布教皇禁令。

我们再回过头来说说康熙。

在对待西方文化上，不客气地说，康熙甩他的子孙们不止一条街，只有后来的光绪在热情程度上能够与之匹敌，但光绪是为亡国形势所迫。康熙亲政后，大胆抛弃了父亲一味回避的鸵鸟政策，转而与之正面接触，并表现出极大的兴趣。

1675 年，康熙先后两次视察北京天主教教堂，亲笔题写了“敬天”匾额。1692 年，他又下令完全解除了对天主教的禁令，允许中国人自由信教。1703 年，法国耶稣会士居住的北堂竣工，康熙亲题“万有真原”匾额和对联一副：“无始无终先作形声真主宰，宣仁宣义聿昭拯济大权衡”，并赋律诗一首：

“森森万象眼轮中，须识由来是化工，

体一何终而何始，位三非寂亦非空；

地堂久为初人闭，天路新凭圣子通，

除却异端无忌惮，真儒若个不钦崇。”

应该说，康熙对天主教的理解远远超出同时代的一般人，以致传教士们期望他能够成为“中国的君士坦丁”。在他的有意扶植下，天主教获得迅猛发展。据统计，到 1700 年，全国信徒已达 30 万人。

但是，这一切有一个重要前提：天主教必须听话！

中国没有政教分离的传统，在康熙的意识里，根本就不存在与皇权相抗衡的教权。正因如此，他才把教皇称为“教化王”。换句话说：宗教必须服从政治。与佛教、道教等一样，在华天主教也必须被纳入到清朝政治体制来。这，关系到君主的权威，是康熙的底线。

康熙之所以支持天主教在中国发展，正是因为他们的顺从态度。他曾说：“自利玛窦到中国二百余年，并无贪淫邪说，无非修道，平安无事，未犯中国法度。”最后六个字，可谓霸气侧漏！

于是，康熙把多罗使团逐出中国后，开始给中国教会“立规矩”，下令凡是愿意继续在华传教的必须遵守中国礼仪，领取朝廷颁布的传教印票，并宣誓“永不回西洋”。这就好比发绿卡，要把传教士变成彻头彻尾的中国人。命令一出，传教士立即分成两派，一派不愿放弃传教使命，接受康熙条件；一派坚决反对，结果被赶出中国。

期间，康熙曾主动派人到欧洲，请罗马教皇收回禁令，但遭到拒绝。1715 年，教皇再次发布禁令，并增添了一项宣誓内容，要求在华传教士必须完全遵守教皇禁令，否则不能在华布道。这是用行动告诉康熙：我是教皇，自然我说了算！

1720 年，嘉乐使团抵达北京，第二次递交教皇禁令。康熙看完后，当场发飙，就在禁令上批示了文章开头那段话！

尽管康熙本人对传教士带来的西方文化非常感兴趣，但作为掌管天下的君主，又绝不容许任何人挑战自己至高无上的权威。尤其是，教皇所禁止的，是深入中国人骨髓的孝道礼仪：敬天、祭祖、祀孔！“以孝治天下”，那可是汉代以来的国策，在统治者看来，否定了这些，就动摇了权力的根基。

所以，康熙的坚决回击，是必然的！换做任何一个皇帝，都会毫不犹豫地做出类似决定！

自雍正始，中国开始实施全面禁教政策，对外贸易业仅保留 4 个通商口岸，缓缓地关上了大门，从此“与世隔绝”，错过了与西方共同进步的最佳机会。不过，历史还留给中国几次机会，可惜因为我们的自大，这些机会在不经意间就从指缝间溜走了。

1792 年，英国派马戛尔尼率领一个 600 多人的使团访问中国，目的是扩大通商，名义上是给乾隆皇帝祝寿（当时乾隆马上要过 83 岁大寿）。这是中英两国之间政府与政府之间第一次正式接触。乾隆很高兴，觉得我天朝就是厉害，相隔万里的国家，都派人海上航行几个月来给我祝寿。清朝官员也都认为，英国人来祝寿，其实就是来进贡，所以在使团的车上都插了“英吉利贡使”的旗子。马戛尔尼是个外交老司机了，装作没看见，因为他知道一旦说明情况，估计不用说扩大通商，恐怕连乾隆的面都见不到。

后来，乾隆要接见使团的时候，双方又在觐见礼仪上发生冲突。按照大清礼仪，马戛尔尼要行三跪九叩大礼，但马戛尔尼代表的是当时世界 NO1，并不是清朝的宗属国，所以坚决不同意，要求遵照觐见英王的礼数。为了这个问题，双方愣是僵持了一个多月。最后，和珅提出一个建议，即：在万树园欢迎宴会上，马戛尔尼以见英王之礼觐见中国皇帝，单膝下跪，但免去吻皇帝手的礼节（估计乾隆实在无法接受一个大男人亲吻自己的手背）；在澹泊敬诚殿乾隆帝的万寿盛典上，马戛尔尼则行三跪九叩礼。

当马戛尔尼递交国书，提出扩大通商等一系列条件时，乾隆全部拒绝。不过，使团利用在中国的几个月，打探到清朝已经是外强中干，英国完全有能力战胜中国。于是，中国在西方的神话在这次出使以后，被击得粉碎。换句话说，因为马戛尔尼的访华，鸦片战争的爆发，最少提前了几十年！

1815 年，英国又派阿美士德出使中国，但双方又因为觐见礼仪问题争执不下，最后英国大使被嘉庆皇帝逐出北京城。

1834 年，发生了“律劳卑来华事件”，中英双方因为遵循完全不同的外交规则，结果又是不欢而散，甚至爆发了小规模军事冲突。

最终，英国撕掉了和平外衣，悍然发动了鸦片战争。中国，开始了长达 100 年的屈辱与复兴之路！

祥说：礼仪之争背后，隐藏的其实是“威斯特伐利亚体系”（又称“条约体系”）对“朝贡体系”的挑战。康熙的禁教决定，对近代中国造成了深远的不利影响。当然，这是时代使然，怪不得康熙。而且，几千年文化传统有时候也是一种“包袱”，不经历地狱般磨炼，我们又怎能实现涅槃，轻装上阵呢？

真相篇：

中西碰撞之八大疑团

英法火烧圆明园与气温骤降有无关系

1860年10月6日，号称“万园之园”的圆明园被英法联军占领，总管大臣文丰投福海自尽。十二天之后，一场人为纵火让这座人类文明史上的瑰宝化为灰烬。熊熊大火足足燃烧了三天三夜，才把这“三山五园”（三山：万寿山、玉泉山、香山；五园：清漪园、圆明园、畅春园、静明园、静宜园）化为废墟，为她陪葬的尚有几百名宫女、太监和工匠。后来，慈禧老太太不顾囊中羞涩的尴尬，非要过个惊天动地的大寿。结果，清漪园变身颐和园，面貌焕然一新。只是挪用军费供个人奢靡，注定要吞下甲午战败、割地赔款的苦果。没有约束的权力，必然是一把双刃剑，正反两面的差别仅在于：是否拥有明君。

火烧圆明园是一场没有底线的暴行，就连法国大文豪雨果都撰文讽刺。关于这场暴行的起因，算得上老掉牙的问题，稍有历史常识的人都能说出个一二三。然而，妇孺皆知并不意味着问题的解决，相反，很多因素在有意无意间被忽略，悄然隐没在历史时空里。唯有将零散的点点滴滴收集、串联起来，才有可能进一步“还原”出事情真面目。

150 多年来，围绕圆明园被烧的原因，人们给出了很多答案：掩盖抢劫罪证、报复人质被杀、逼迫清廷签约……最后一种目前已成为主流意见。不过，有一个重要角色被忽略了：头顶上的老天（这位翻云覆雨的全能王表示不开心）。

精明的英国人看待问题从不浮于表面，往往直击要害。他们清楚，要想达到修约目的，让公使常驻中国，必须把利剑插入清朝心脏——北京！只是，人算不如天算，直到 1860 年 10 月，英法联军才进入北京地区。而且，北方气温毫无征兆地急转直下，打了这些蓝眼睛怪兽们一个措手不及。法国人帕吕在《远征中国纪行》中记载，自 10 月 1 日起，一股强劲的西北风刮向渤海湾，宣告了冬天的正式来临。当内陆地区还感觉不到冬天来临的时候，渤海湾早已是一片冬天的景象。他们从京津百姓口中得到一个噩耗：

11 月初，白河（联军所有外围物资的汇集点）将结冰！

若预言准确，联军必遭重创，主要后勤物资基地之间的联系将被切断（海运、河运是主道），整个补给系统可能面临崩溃。而在冬季，想就地获取物资无异于痴人说梦。事实上，早在一年前（1859 年 11 月），英国陆军大臣赫伯特就曾建议，联军不要长期占领北京，以免气候变冷。次年 4 月，他重申这一训令，法国也在同一时间对此表示相同担忧。

为抵抗严寒，联军在抢劫圆明园之后，就计划采购大量过冬物资，起初把目光放在孟买，但并没有实现。法国更悲催，运输舰在海上发生多次意外，丢失大量武器、冬衣等军用物资。换句话说：尽管联军占据武器、战术优势，但气温骤降给清军带来一线生机，甚至有望扭转局面。档案资料显示，清军的计划是：故意拖延谈判时间，将战事拉入严冬，截断敌人补给和撤退路线！（有高手！）

面对种种可以预料的危险，联军首领被迫做出决定：必须在 11 月初河流冰封前结束战争。这一决定让整个战争进程瞬间提速，也为采取火烧圆明园的极端方式埋下了伏笔。

俗语云：兵马未动，粮草先行。侵略成性的殖民者，又怎会不知物资对于战争的重要性？1859 年底，英法联军正式派出 2 万人展开新一轮远征前，已经为此建立了海路、河路、陆路三位一体的庞大后勤补给系统。无数个军需基地，串起了上万里的物资补给线（战争开始后，抢劫和开市也是他们惯用的伎俩）。但在这一过程中，英国人和法国人的动作并不同步，前者早在 1860 年 6 月 1 日即已完成全部准备工作，而后者却足足拖延了近一个月，导致联军登陆战迟至 7 月底才打响。再者，陆路运输工具的奇缺，导致物资无法在第一时间送达军队，大大延缓了联军的推进速度，甚至出现原地待命两周以上的突发状况。就这样，联军打打停停，至 10 月份才进入北京地区，比预期晚了近两个月，最终陷入气温骤降、无法御寒的尴尬境地。

之所以这么说，是因为联军攻破北京时，咸丰和奕䜣等实权人物早已离开，留下的只是一座无人可以拍板的空城，这让英法最初设想的“攻入北京即可换来修约”的愿望瞬间化为泡影。北京城被攻破后，清廷的确同意了议和，但始终未给出明确的换约日期和地点，其实还在奉行拖延战术。随后，在联军武力压迫下，清廷释放了被扣押的 39 名人质，只是，其中 21 人已经变为冰冷的尸体，而且是被虐待致死。对于这一变故，英军统领额尔金在日记中写道：“严厉对待，不是为了报复，而是为了今后的安全。”此种说辞倒也不全是假惺惺，因为他们进行的毕竟是一场超远距离、孤军深入的战争，必须尽力避免人质被俘。当然，报复是首要目的。

与此同时，围绕如何惩戒清廷问题，英法之间的矛盾逐渐趋于公开化。尤其针对额尔金所提出的火烧圆明园计划，法方予以激烈反驳，认为此举“仅仅是一次毫无意义的复仇”，并会打破与奕䜣刚刚建立起来的关系，促使这位王爷再次逃离京城。面对法国人的处处找茬，英国人彻底怒了，抱怨法国佬从一开始就拖了自己后腿，无法再继续合作。再者，印度民族起义刚被镇压，英国政府迫切希望尽快结束对华作战，以便抽调兵力加强对印度的控制。

凡此种种，促使额尔金寻求一种“既严厉又迅速，又不伤及北京，而且要特别给大清皇帝沉重一击”的惩罚方式，最终仍然选择了火烧圆明园。事实上，在人质事件发生后，额尔金最先提出的惩罚措施，是火烧紫禁城，只不过在法国人干涉下没有实施。

一个耐人寻味的真相是，在得知英军要烧毁圆明园，甚至大火已经点燃的情况下，清廷仍然无动于衷，依旧没有给出确切的修约时间和地点，直到获悉英军要火烧紫禁城、重启战事后，方才彻底妥协，接受对方提出的所有条件。

详说：小到历史事件，大到王朝更迭，人类历史的发展始终与自然环境的变迁息息相关。我们在解释历史时，除了对“人心”加以解剖外，还必须留意“上天”的变化。

国弱民遭殃：鲜为人知的“猪花”买卖

“猪花”，是与“猪仔”联系在一起的一个概念，主要指在“猪仔”买卖中被掠卖出洋的女子。所谓“花”，是广东方言，是对某些特殊职业妇女的歧视，如“发花”（女理发师）、“烟花”（鸦片馆陪客女子）、“茶花”（茶楼女招待）、“花姐”（妓女）、“花瓶”（政府机关里的女秘书）等。“猪仔”和“猪花”都含有歧视意味，但后者更甚。

尽管清朝实行海禁政策，对出洋人员视为“弃民”，但由于国内社会矛盾加深，很多人仍然留居海外。期间，贩卖人口的事情也经常发生。不过，“猪仔”和“猪花”的大量产生，还是在鸦片战争以后。西方殖民者为解决国内劳力需求（黑奴解放使得劳力奇缺），从中国大量诱拐、掳掠苦力。最开始，殖民者的掳掠对象主要是“猪仔”，即男性苦力，后来因经常出现治安和道德等各类问题，所以开始掳掠女性苦力，以维持男性移民社会的稳定，于是就有“猪花”的产生。

为了诱惑中国男性苦力携带家室出洋，殖民者在招工时故意给出所谓优厚待遇：“如有愿意携带妻子儿女的一概免收船费，除上述工资外，对这样的人将给予少量附加工资。”不过，中国“男耕女织”的传统观念并不容易打破，很少有人愿意携带家眷出洋打工。于是，殖民者把目光转向当时中国社会的最底层人员：妓女和奴婢。殖民当局甚至就此事进行过多次专门讨论，形成方案。一个“猪花”市场，迅速形成。比如，香港总督文翰就在 1854 年 7 月的一份报告中称：“在我从香港动身前几天，有六七个这类妇女从旧金山赚到钱返回香港，并且以炫耀她们所得的财富为诱饵，勾引三四十个青年妇女随他们返回加利福尼亚。”

如果说此类买卖在早期还是偷偷摸摸进行的话，那么，第二次鸦片战争后，殖民者就明目张胆地公开进行了。这是因为，《北京条约》中明确列入了招工条款。殖民者贩卖华工，从此披上了所谓“合法”的外衣。而且，条约中特别规定：“凡有华民情甘出口……无论单身或愿携带家属……毫无禁阻。”这一条显然是为“猪花”买卖保驾护航的。从此，“猪花”买卖更加肆无忌惮，范围也迅速扩大到一般女性。

从地域上说，“猪花”的来源主要是素有流寓海外谋生风习的闽粤，其次则是沿海城市如汕头、厦门、宁波、上海等地，而香港和澳门则成为两大基地。

那么，哪些人会成为“猪花”？又是怎样沦为“猪花”的？据史料记载，“猪花”来源主要有以下几个方面：由于家庭贫困或遭遇不幸而被卖身出洋的少女或幼女；身为奴婢又被转卖出洋者；被以收为养女或以纳妾之名直接被卖出洋者；有不甘贫困、不甘凌辱或因丈夫死去而出走之妇女；被拐骗或掳掠出洋者；自愿出洋为娼者。

其中，拐骗和掳掠是殖民者最常用的手段，此类记载数不胜数。

香港保良局记载：“何带金口称，实名何 ×，年十八岁，原籍惠州人氏，六岁时卖与省城为婢，十岁转卖与澳门如意楼鸨母周带苏处，学习弹唱，十七岁为妓，今年二月转卖与鸨母三家嫂，带去新加坡，身价银三百一元。”这是被转卖出洋。

又如，“谢 × ×，嘉应州人，自幼卖与陈宅为婢，十八岁出嫁四会上林乡梁 × 为妻，廿岁时其夫身故，今年二月十三改适清远三坑陈 × 为妻，入门几天，未曾见过夫面，至廿日其叔婆谓伊夫在香港，带她来港居住，竟将她卖与妇人严氏三带去新埠。”这是冒娶骗卖。

从事此类勾当的，往往是中国人，甚至有官员。比如：“陈二，清远人氏，在小北门佣工，为老妇人王凤诱引，于本年六月二十七口到港，七月初一日与茶饮之后不醒人事，至初四日始醒，则身在火船矣。”再如：“黄 × ×，东莞旧围人，年约四十余岁，前在黄大人处当差，近来以拐卖人口为事业，诡计变幻无常，现闻有被拐男妇匿在柳巷屋内。又有同伴陈 ×，系东莞常平人，常用药迷拐妇女极多，俱与黄 × × 串卖。”

此类案件让人触目惊心！！！

在当时的广州、汕头等沿海城市，竟然产生了一种职业，就是专门收养被拐幼女，以便发售外洋。比如，在广州某街道，就有“六七家俱是（槽猪花者），又名放水鸡，多畜幼女，若得出洋，便作钱树子，若有被截，作为己女，亦可具保明珠还在”。（枪毙十遍都不为过啊！）

“猪花”买卖之所以能够盛行，也与中国传统重男轻女观念以及可以将女子出卖为奴婢的做法有很大关系。1855 年 2 月，厦门就曾截获装有 47 名幼女的船只。据船员交代，“这群女孩是在宁波、镇海等地以每一个人五元至八元的代价，从她们的父母那里买来的”，还供出“约有一百多个女孩子聚集在刘公岛上，她们和英格伍德号船装来的那批女孩一样都是拐贩来的”。这次事件的暴露，使得英国驻厦门领事不得不承认：“这是一次非常明显，并且无法否认的贩卖奴隶案件。”

关于“猪仔”的悲惨命运，有很多记载留下来，但关于“猪花”的记载，则很少见。但从零星的史料来看，她们的命运比“猪仔”更为悲惨。

她们出洋所乘坐的船只，被称为“浮动的地狱”。有段史料是这样的：“个个都极其肮脏，满头满身都是疥癣，身上满身都是跳蚤，她们在船上所住的那个舱间，长度大约只有九英尺左右，宽顶多不出六英尺。”

“猪花”被贩卖出洋后，绝大多数被逼为娼，少数做婢女或侍妾。1877 年在旧金山定居的 1385 名中国女性移民，有夫之妇的只不过是 57 人，而娼妓则有 567 人，约占 41%，其余 761 人则是侍妾或其他。而且，那些起初做侍妾或婢女的，后来也大都被转卖到妓院。

其中，有不少女子不甘凌辱而自杀！

“猪花”买卖一直延续到 20 世纪 30 年代左右方才绝迹！

时至今日，“猪仔”常被提起，“猪花”则几乎被人遗忘！

祥说：“猪仔”与“猪花”买卖，虽然打着所谓“合法”的“契约华工”旗号，实质上是一种奴隶贩卖。时任英国外交大臣的克拉兰敦也承认，对契约华工的掠卖，是“一种与奴隶贸易毫无区别的贸易”。国弱民遭殃！铭记这段屈辱历史，为中华崛起而努力！

“华人与狗不得入内”究竟是真是假

一提起老上海，很多人会想到租界，而一提起上海租界，相信大多数人的记忆又会直接定格在那块挂在外滩公园门口的木牌上，上面醒目地写着一行字：华人与狗不得入内。

其实，今人关于这句话的记忆大多来自于教科书或文艺作品，如1964年为庆祝建国15周年推出的大型音乐舞蹈史诗《东方红》，以及1973年上映的《精武门》中李小龙扮演的陈真飞身踢爆木牌的一幕。

长期以来，很少有人对此产生任何怀疑。直到1994年，上海历史博物馆研究员薛理勇发表《揭开“华人与狗不得入内”流传之谜》一文，对这一木牌的真实性提出质疑。一石激起千层浪，该文虽在当时引来一片反驳之声，却也收获了不少粉丝。随着类似文章的不断推出，关于这一问题的争论越来越激烈，双方各执一词，互不相让，至今没有定论。

事实上，细节还原虽始终是历史学的首要任务，但不能借此掩盖甚至抹杀基本事实。那就是：无论这块木牌是否真实存在过，都不影响中国人在游园这件事上所遭受的歧视。

诚然，写有“华人与狗不得入内”的木牌至今未能找到实物，也没有照片，甚至在当时的大型报纸《申报》等都无法看到相关报道，而只是在文人的日记中有所记载。最关键的证据来自周作人的《公园之感情》：

“上午乘车，晤封燮臣，同至十六浦，途中经公园，地甚敞，青葱满目，白人游息其中者，无不有自得之意，惟中国人不得入，门悬金字牌一，大书‘犬与华人不准入’七字，哀我华人与犬为伍，园之四周皆铁栅，环而窥者甚多，无甚一不平者，奈何竟血冷至此。”

这段记载的可信性相当大。不仅与友人同行，而且具体到木牌的字数，应能排除故意作伪的嫌疑。

如果说，私人日记不够分量，那么，再来看一看当时租界工部局的档案是如何对此作出规定的。工部局档案中明确记载了公园的园规，现照录如下：

一、脚踏车及犬不准入内；

二、小孩之坐车应在旁边小路上推行；

三、禁止采花捉鸟巢以及损害花草树木，凡小孩之父母及庸妇等理应格外小心以免此等情事；

四、不准入奏乐之处；

五、除西人之庸仆外，华人一概不准入内；

六、小孩无西人同伴则不准入内花园。

后来虽做过几次修订，但始终禁止华人与狗入内。有人会说，单就公园园规来说，"华人"与"狗"并没有并列在一起，与直接挂出木牌相较，有歧视程度上的差别。的确，有没有那块醒目的牌子，对当时的中国人来说，多少会有所差别！但这种差别是极其细微的，因为中国人无法入园这是铁一般的事实，每当人们经过这里，都会亲身感受到这一耻辱。

所以，即使这块木牌真的没有挂出来过，人们也会很自然地将公园的六条规定直接简化为"华人与狗不得入内"而加以传播，因为其他几条跟自己无关，而这两条所产生的耻辱感则扑面而来。这样的简化或者符号化，自然不能说它偏离了历史事实。比如，《上海租界的黑幕》一书在谈到此事时写道："过去有一个时期，公共租界小公园之揭示牌上，标举规则多条，其第一条说，'此园专供外人之用'。另有一条，'此园不准犬类入内'。简单说起来，就是华人与犬，不得入内。"

伴随这种歧视的，是中国人的不断抗争。

早在1878年，《申报》就曾刊登过名为《请弛园禁》的文章，说明当时公园已有禁止华人入内的规定，而且中国人已经开始向当局表达不满。

这种抗争一刻都没有停止过，至1889年前后，中国人终于获准凭券入园。可惜，好景不长，由于中国人经常更改入园券日期，或者重复使用过期的入园券，当局很快就恢复了原来的规定。这些都能在工部局董事会会议记录中找到。不过，令人奇怪的是，对于中国人的入园要求，董事会居然一致认为是“公平合理的”。注意，这时候的董事会尚没有华人董事（可能是一种缓和华人情绪的策略。）当然，因为这件事牵涉所有外国侨民，董事会无权做出决定，必须经过纳税人年会批准。结果可想而知，历数年而不能通过。

后来，有不少中国人穿上西装，假扮成日本人入园，而公园方面对此也往往睁一只眼闭一只眼，采取默认政策。1912年，董事会会议有一条这样的记录：“在允许穿西装的华人进入公园问题上，出现了一些争论，但董事会认为与日人混淆的情况并不多见，因此现行规则应予保留。”

直到1928年，中国人的抗争终于迎来了胜利，关于“允许华人进入公园和公共场地”的提议终于在纳税人年会中获得通过。从此，中国人可以自由出入租界内的任何一所公园。

最后，分享郭沫若的一段话：“上海几处的公园都禁止狗与华人入内，其实狗倒可以进去，人是不行，人要变成狗的时候便可以进去了。”在近代，像这样的歧视，可谓家常便饭。

祥说：当前，不少人在采取现代化范式解释近代史时，有意无意地走向一个极端，得出“侵略有理、殖民无罪”的荒谬结论。诚然，西方为了进行文明输出，的确在某种程度上推动了中国的近代化，但不能就此说，西方的殖民入侵将中国带入了文明世界。这是对无数为挽救民族危亡、实现国富民强付出血汗的中国人的绝大不公。殖民，再怎么美化，也改变不了其侵略的本质！

洋务运动为什么干不过明治维新

虽然人们把1840年的鸦片战争看做近代史起点，但真正把中国迷梦击得粉碎的，却是半个世纪以后爆发的甲午战争。

这场战争，实际上是对中、日学习西方效果的一次检验。对日本来说，这是一场逆袭战争，要凌驾于中国之上；对中国来说，这是一场捍卫战争，要捍卫大国的尊严。最终，蚂蚁打败了大象。

那么，问题来了：同样学西方30年，为什么日本成了强国，大清还是那么弱？

我们先来了解一下中日变革前的差异。

提起中国和日本，很多人总是关注两者的相似性（动不动提日本学中国），但事实上，在正式学西方以前，两国之间的差异相当明显。

中国方面，中央集权至清朝达到顶峰，自然经济更是占据绝对主导地位，最关键是天朝思维根深蒂固，根本瞧不起西方文明，对西方文明的了解极为有限，主张变革者更可谓凤毛麟角。

反观日本，幕藩体制下的藩国仍保留极大地方自治权，如司法、行政和税收，甚至是军权，实质上是一种“中央权力控制下的地方割据统治”；自然经济已经走向解体，不仅城市工场手工业和信贷体系普遍建立，而且农村也出现了“商人阶层”（农产品批发商）；改革派力量相当强大，各地藩国在竞争下，已经争相开始西化。

这里举一个具体的例子，魏源在鸦片战争后撰写的《海国图志》（当时介绍西方文化最详尽的书籍），在中国受尽诋毁，没想到在日本变身畅销书，后来成为明治维新的重要指导性书籍。原因就是，中日对西方世界的信息掌握程度存在重大差距！

中国人关于外国的知识都来自于中国人自己编写的著作，而且数量极少，因为我们是天朝上国，不需要对外面的世界予以关注！到鸦片战争前，有清一代的世界史地著作不过几十种，且多成于康熙时代，并且关于欧美的介绍十分有限。换句话说，当时中国社会根本没有形成具备类似知识层次的群体。而《海国图志》是将传教士 40 年来的宣传成果一股脑端到中国人面前，国人根本无法消化！

相反，日本虽然也实行闭关锁国政策，但有不少人通过贸易方式去了解西方，尤其是荷兰，甚至形成了“兰学”这一与儒学、国学鼎足而立的新学科。在《海国图志》传入日本之前的一百年里，日本人所出版的世界史地著作多达几百种，远远超过同时期的中国。

中日之间变革前的差异，其实已经决定了此后结局，但这个前提，却总是被人忽略。

正如左宗棠所言，日本的明治维新是“操舟跨骏”，而中国的洋务运动则是“结筏骑驴”。

中日之间的这种差异，也体现在了变革中。

凡是上层主导的变革，都会有一个指导思想，而这是决定整场变革成败的核心所在。如果分别用四个字概括，中国是“中体西用”，日本则是“和魂洋才”。

表面上看，双方走的路线是相同的，既不固守传统，又不全盘西化，而讲究融合中西。但令人不解的是，明治维新相当彻底，涉及的层面很深入；而洋务运动则不彻底，改革的内容也流于表面。

一句话：中国的改革停留在技术层面，而日本的变革则深入到制度层面。

政治外交方面，中国国门被打开要早于日本 10 年，但迟迟不肯接受现实，尤其无法跨越“礼仪之争”（三跪九叩）那道坎，既不成立专门外交机构，也不派使出国，采取鸵鸟政策，后来成立的总理衙门虽然很新潮，可惜并不掌握最高权力。日本呢，废藩置县、四民平等，一步步建立了君主立宪制度，外交方面更是主动融入世界体系内。

经济方面，双方建立的企业数量根本不在一个等级上，中国只有几十家，日本却有几千家。换句话说，双方的差别的关键是：经济结构是否发生变化！而且，中国以官办或官督商办为主，制度落后不说，还极力打压民间企业；日本则很快将重心转到扶持民间工业上，并全面借鉴了西式的经济制度和管理方法。

军事和教育方面也是如此，中国注重的是武器装备更新，日本却直接改变了军事体制；中国的实用性教育起步很晚，且无法跨越科举制带来的阻碍，日本则提出“国民皆学”口号，很快就与西方教育体制实现对接。

对比下来，我们不禁要问：为何指导思想大体一致，结局却天差地别?

因为，主导变革的群体不同!

洋务运动的主导者为“洋务派”，在中央虽有奕䜣等人支持，但仍以地方督抚曾国藩、李鸿章、左宗棠、张之洞等为主要力量。要注意，地方督抚都是汉族，而最高统治者为满族，这其实已经决定了变革的结局（除非他们造反）。因为，慈禧尽管在一定程度上赞成搞洋务，但核心和底线在于维护满族及其自身统治，所以动不动在洋务派和保守派之间搞权力平衡，根本无心放手学西方。如此一来，洋务运动看似轰轰烈烈，实则一盘散沙，就像一艘无人掌舵的大船，根本不知道路在何方。

与此形成鲜明对比的是，明治维新的主导力量维新派武士不仅具有足够的西学知识，而且基本掌控了最高权力。所以，日本的变革是相当全面和彻底的，从“殖产兴业”“君主立宪”“启蒙运动”到“兵制改革”“学制改革”“文明开化”等，几乎涉及方方面面，无疑属于整体变革。

中国人总喜欢喊“小日本”，殊不知，日本真的不小!

祥说： 尽管以日本为参照系，洋务运动是失败的，但就中国国情而言，这场变革又无疑是成功的，迈出了近代化第一步，是真真正正的破冰之旅。对于有几千年历史的“大”中国而言，要克服传统“负担”，实现全面转型，绝非易事。尤其是，不应以甲午战争的失败，来否定“中体西用”思想的正确。当时的国人，之所以抛弃这一思想，是因为输给日本所带来的心理冲击实在太大，进一步强化了近代以来的“激进”情绪，才有了后来的种种迫不及待。

甲午战争的结局十年前就注定了

日本自明治维新伊始，就制定了所谓“大陆政策”，也叫“大陆经略政策”，就是用战争手段吞并中国、朝鲜等周边大陆国家。与此同时，中国也在如火如荼地开展洋务运动，并且以防御日本为目的组建了东亚第一的北洋舰队。所以，爆发于1894年的甲午战争，实际上是对中、日学习西方效果的一次检验。最终，蚂蚁打败了大象，也彻底把中国人打醒了。堂堂天朝上国，被蕞尔小国打败了，简直是奇耻大辱。尤其是，西方列强自此也开始真正动了瓜分中国的心思。梁启超说：“吾国四千余年大梦之唤醒，实自甲午战败、割台湾、偿二百兆以后始也。”我们经常使用的“民族复兴”概念，也是在这场战争之后真正形成的。几年之后，梁启超就第一次提出了“中华民族”概念。可以说，甲午战争是中国近代史上的重要分水岭。

然而，很少有人知道，早在战争爆发的十年之前，结局就已注定，而起因竟然很可能是一次嫖娼。

1886年7月中旬起，为防止俄国窥伺朝鲜东海岸的永兴湾，并催促英国退出所占据的朝鲜巨文岛，提督丁汝昌奉李鸿章之命，率领中国北洋水师巡视朝鲜的东西海岸。因铁舰需要入坞上油修理，而当时中国还没有建成适宜“定远”“镇远”二舰的吃水在20尺以上的船坞，李鸿章遂决定由丁汝昌率“镇远”“定远”“威远”“济远”四舰前往位于日本长崎的三菱造船所进行检修，并展开对日本的“亲善访问”（带有炫耀性质）。这也是中国铁甲舰队首次访问日本。船舰抵达长崎后，引来无数日本民众围观。日方邀请中方水兵上岸购物。未曾想，几个中国水兵违反纪律，私自去嫖娼，并因嫖资问题产生纠纷。自己同伴被拘留，清朝水兵马上回去召集人手，冲到警察局把人抢了出来。日本人很生气，两天之后，有一帮武师和警察，趁着中国水兵再次上岸休整的机会，在一个巷子里打了伏击，造成中日双方分别死伤50、30人的冲突。历史充满偶然，本来是为钱的事，结果演变成大的外交事件，史称“长崎事件”。

事情发生后，日方将相关情况通报于中国驻日公使徐承祖。徐承祖得知官兵死伤惨重，随即采取了几项初步措施：一、向日方提出照会表示抗议，认为事件发生系日方“预存杀害之心”，要求日方会同提督丁汝昌秉公查讯究办肇事人员；二、为避免事态扩大，立即致电长崎理事蔡轩，要其嘱咐丁汝昌严饬士兵，不得再与日警争闹；三、迅速派参赞杨枢前往长崎。随后，他致电李鸿章，汇报冲突情况，并认为事关重大，总理衙门应筹划一个完整可行的办法。实际上，在电报中，徐承祖已经提出处理该案的基本原则和方法，即依据法律程序，延请西洋律师。李鸿章深以为然，当即让丁汝昌照办。几天后，即聘请英籍律师担文为中方辩护。

9月下旬，“长崎事件”交涉的大量证据已表明日方存在过错责任，但日方拒不认错，反以“将来恐致失和”恫吓中方。在此情况下，徐承祖向李鸿章提出以武力为后盾进行外交斗争的策略。但李鸿章认为，中法战争结束不久，国家财政困难，无法动员军队；长崎事件是小事，若因此动员军队，可能引发中日战争。最终，清政府没有同意徐承祖的这项合理策略。期间，日方使用拖延战术，不断要求增添新证，使大量中国官兵无法回国，同时要支付高昂的律师费，妄图迫使中方不再追究。在这种情况下，徐承祖提出“彼此抚恤、伤多恤重”策略，相当于给清廷找个台阶下，是武力策略之外的最好选择，但日方仍不接受，徐承祖一怒之下上书李鸿章，认为“非绝交无别法”。李鸿章虽未同意，但采取了主动“停审”的做法，也算比较强硬。

李鸿章是当时主持中国外交的主要人物，之所以采取主动“停审”策略，而不赞成徐承祖的“绝交”策略，一则要给日方一定程度的压力，一则又竭力避免引起两国战争。这一策略也的确产生了某些效果，使日方不得不重新审视长崎事件。因为，一味与中国对立，并不利于日本在朝鲜半岛的扩张，反而为俄国制造机会，而且日本当时的实力也不足以令中国让步。与此同时，英国等西方列强从自身利益出发，也不愿看到中日之间形成僵持局面，遂出面调停。1887 年 1 月 28 日，日方宣布接受“伤多恤重”的处理方案。经过几个小时的谈判，最终日本付给中国 5 万多元抚恤金，而中国则仅付给日本 1 万多元，且日本要承担中国水兵的医药费。长达半年之久的“长崎事件”在一度陷入僵局的情况下峰回路转，终于落下帷幕。

“长崎事件”事发突然，属于偶然事件，但历史的走向在很多时候恰恰被偶然事件所改变。当时，中国海军占据绝对的优势，而此案的处理过程和最终结果也令清廷有些飘飘然，自此开始放缓甚至终止了海军的发展步伐，大量军费被挪用到“三园工程”（为庆贺慈禧老佛爷大寿）。

与此形成鲜明对照的是，日本将这一事件看做是奇耻大辱，迅速在全国掀起“海防献金运动”，天皇带头捐出 30 万日元，用来提升海军实力。而长崎事件发生后的七八年间，正是世界海军军事技术飞速发展的时期。日本抓住时机，大量购置、制造新式战舰，终于在甲午战争之前超越了中国。据说，当时日本小孩玩游戏都是分两组，一组日本舰队，一组中国舰队。也有传闻说，一个叫吴大五郎的人窃取了一本清军的小字典，后来发现是电报密码本，遂破译了密码。1894年甲午战争前，日本外相陆奥宗光故意将《第一次绝交书》译成汉文，交给中国驻日公使汪凤藻。第二天，汪凤藻给清廷发了一封很长的电文，日本人截获后，仔细对照密码本，彻底破译电报密码。清廷的一举一动皆在日本的掌控下，岂有不败之理？

祥说：中日双方对长崎事件产生截然不同的心理效应，这成为决定甲午战争结局的重要因素之一。看似并不起眼的事件，影响了整个历史的走向，这就是人们常说的"蝴蝶效应"。

西方瓜分中国狂潮因一幅图而起

众所周知，近代中国多灾多难，受尽欺辱，到19世纪末时迎来了最艰难的时刻，也是第一次面临亡国局面（第二次是日本侵华）。列强在瓜分完世界其他殖民地后，将目光聚焦到了中国，眼瞅着偌大的国家被日本打败，列强们真的动了瓜分心思。后来担任八国联军总司令、德国元帅的瓦德西曾公然声称："关于近年以来时常讨论之瓜分中国一事"，现在"实为一个千载难得之实行瓜分时机。"

对，你没看错，真正掀起瓜分中国狂潮的，是殖民新秀德国，而非老牌帝国英国。正因为德国来得晚，所以显得特别争前恐后，特别贪得无厌，特别不择手段。这与一个狠角色有关系，他就是德皇威廉二世。他公然宣称："让别的民族去分割大陆和海洋，而我们德国人满足于蓝色天空的时代过去了，我们也要为自己争得阳光下的地盘。"当时，中国是仅剩的"唐僧肉"。

为了把这潭水彻底搅浑，这位二世皇帝可谓费尽了心机，最终他画了一幅图，炮制了一个理论，就把列强们的欲望激发了出来，令中国头一次距离亡国如此之近。

这幅图，叫《黄祸图》；这个理论，叫“黄祸论”。

1895 年，威廉二世亲自上阵，构思了这幅图的草稿。图中央，手持长剑的是基督教天使长圣米迦勒，他与画中其他手持武器者代表欧洲的基督教徒，而在悬崖对面右后方的佛像与龙代表东方，其实就是指中国黄种人。

这幅图的主旨再明显不过，就是利用欧洲白种人的宗教偏见和种族歧视，号召所有的欧洲人在基督教天使圣米迦勒的带领下，击败来自东方的佛与龙，保卫欧洲人的信仰与家园。

随后，威廉二世命画家赫曼·克纳科弗斯将此图画成油画，郑重其事地交给了俄国沙皇。为什么交给俄国沙皇呢?

因为，早在 1873 年，俄国人就已经提出了类似的理论，只不过没有明确提出“黄祸论”这一名称罢了。向沙皇献出这一理论的，是巴枯宁。他提出了三点：一、中国是必然从东方威胁俄国的巨大危险；二、中国现在内忧外患，容易控制；三、俄国应该先下手为强。

可以说，俄国侵华正是以此为理论指导的，一步步霸占了中国无数土地。所以，当威廉二世将油画送来时，俄国沙皇立即命人制成版画，广泛发行。他们的一唱一和，很快在世界上形成一股舆论浪潮。一时间，“黄祸”一词流布全世界，说什么“一旦千百万中国人意识到自己的力量，将给西方文明带来灾难和毁灭”。核心意旨包括以下几点：

1. 以汉族为主体的中华民族是“劣等”民族，中国土地贫瘠，而且人口众多，对外扩张不可避免，而这必然要冲击西方的优秀民族；

2. 中国人遍布世界各地，勤劳节俭，索酬低廉，抢了外国人的工作岗位；

3. 中国人野蛮好战，中国多年受外国剥削压迫，一旦强大起来，必然对其压迫者实行报复；

4. 中国人信奉儒教，孝敬父母，不管走到哪里，都心怀故土，不忘祖国，不能融入西方文明；

5. 中国人一旦采用西方的思想和技术，中国军事和经济必将迅速发展，会威胁全世界。

当时，中国在甲午战争中惨败给日本，割地赔款，虚弱不堪，哪里谈得上对西方的威胁？威廉二世之所以编造“黄祸论”，是为了将俄国这股祸水引向东方，并和俄国一起宰割中国。他在与俄皇尼古拉二世通信中鼓吹“黄祸论”的同时，就德俄如何瓜分中国问题达成了协议：德国支持俄国占领中国的旅顺口，俄国不反对德国占领中国的胶州湾。

造势成功后，威廉二世就以“巨野教案”为借口，赤裸裸进行军事侵华，于 1897 年 11 月命令德国驻远东地区的舰队司令率军攻占中国北部的重要门户山东胶州湾（包括青岛），并于 1898 年 3 月逼迫清朝政府签订丧权辱国的《中德胶澳租借条约》，允许德国在 99 年内对中国的北方门户胶州湾一带实行直接殖民统治，并把整个山东省划定为德国的势力范围。俄国人也如愿以偿，强租了旅顺。

最令人惊诧的是，俄国说，它的军舰开进旅顺口，是为了帮助中国反对德国；而德国则说，它的军舰进驻胶州湾是帮中国反对俄国。当真唱得一出好戏，好深的套路！可见，“黄祸论”制造者是何其虚伪与肮脏！“黄祸论”就是从肮脏母体诞生的肮脏产儿，是不折不扣的列强侵华舆论。

1900 年，以威廉二世为首，西方列强组织了臭名远扬的“八国联军”，对中国进行了规模空前的侵略战争。在肆意烧杀抢掠之余，还迫使中国签订更严重、更全面丧权辱国的《辛丑条约》（近代最屈辱的条约，没有之一），勒索了天文数字般的巨额“赔款”，逼迫中国“削平”国防要塞炮台，同意列强在中国京城和多处战略要地长期驻军，全面控制清朝当局充当列强在华统治的代理人，使中国人民遭受空前的浩劫。这个立国数千年、对人类文明作过突出贡献的东方古国，彻底沦为丧失独立自主权的半殖民地，濒临彻底亡国的边缘。

而且，这位鼎鼎大名、鼓吹“黄祸论”的德国皇帝，正是后来发动第一次世界大战的罪魁祸首！

而且，正是这位德国皇帝鼓吹“白人至上”的“黄祸论”，在德国传统军国主义的孵化下，后来进一步发展为希特勒的“日耳曼民族至上”论和“犹太人卑贱”论，而希特勒则是发动第二次世界大战的罪魁祸首！

祥说：如今，“中国威胁论”再度甚嚣尘上，不过是“黄祸论”的变种而已。说白了，鼓吹者所害怕的只有一件事：中国崛起！

日本间谍“挽救”紫禁城的背后

近代中国多灾多难，屡遭欺凌，留给后人的大都是痛苦记忆。比如，火烧圆明园，妇孺皆知。但很少有人知道，作为中国皇权象征的紫禁城也差一点被摧毁。它之所以能够免遭圆明园的厄运，和一位日本翻译有关，这名翻译叫川岛浪速。没听说过？不要紧，另一个名字您肯定听过，那就是外号“男装女谍”“东方女魔”的川岛芳子。她，管川岛浪速叫爹，但他们并非亲生父女，而是养父女关系。她不是日本人，而是中国人，而且是满洲贵族。

川岛浪速何许人也？为何要“挽救”紫禁城？又如何收养了川岛芳子？他在中国还做了什么？究竟是朋友还是敌人？

川岛浪速于 1865 年在日本信州出生，是日本松本藩士川岛良显的长子，从小受到“武士道”精神的熏陶。少年时，他即热衷于副岛种臣、榎本武扬等人领导的兴亚会。受其对外侵略思想影响，川岛浪速于1882年考入日本军国主义为培养对外扩张特务所设的外国语学校中国语科，并成为官费生。

1886年9月，他带着福岛的介绍信来到中国上海，结识了日本海军大尉新纳新介，并且协同新纳新介侦察窃取中国海防情报，到处进行特务活动。后来，他积极参与了甲午战争，战后被带到台湾。

1900年，八国联军侵华，慈禧带着光绪逃到西安，把6位皇妃、200余名宫女和太监、2000人左右的守卫部队留在了紫禁城。德军攻入北京后，号称要为在义和团运动中死去的公使克林德复仇，专门在景山架了6门大炮，准备将紫禁城化为灰烬。当时，川岛浪速以翻译官身份随军队进入北京，听闻德军要炮轰紫禁城的消息后，找到德军指挥官沃斯加以劝说。他对沃斯说，当年英法联军烧毁圆明园的行为，至今仍广受世界舆论谴责。而紫禁城的价值远远超过圆明园，如果将它变成尘土，无疑会背上一生的污名。沃斯考虑了一会儿，说：“给你48小时，说服清军打开城门。”川岛浪速立即赶到神武门，运用他三寸不烂之舌和出神入化的汉语，成功劝降清军。尽管避免了被毁灭的命运，但紫禁城内财物被洗劫一空。

列位看官肯定感到疑惑：日本人真的会这么好心？答案无疑是否定的！这是日本抛出的一颗烟雾弹，目的在于消除甲午战争带来的不良影响，重新塑造“伪善”形象，以谋取更多利益。为了达到这一目的，日本甚至对义和团运动中使馆书记被杀一事闭口不提。所以，听说德军要炮轰紫禁城时，日本迅速跳出来表示坚决反对，并派川岛浪速赶到景山劝说，以此来迷惑清政府，为后面长远行动打下基础。事实证明，这一策略效果极佳。日本人狡猾狡猾的！

当时，日本以维护北京辖区治安为由，开设了军事警务衙门，以日本士兵组成宪兵在“辖区”内巡逻，同时从清军步兵统领衙门中挑选人员，进行警务培训，协助维持治安。川岛浪速就被任命为“警政事务官”，专门负责对中国人的招募和培训。警察制度对于晚清中国人来说，是一个从未见过的新鲜事物。结果，川岛浪速成为清政府眼中的警察教育专家。八国联军撤出北京后，清政府专门向日本“借用川岛浪速”，以继续建设警察制度，并给予“二品客卿”的待遇。客观来说，川岛浪速对于中国警察制度建设是有一定贡献的，不仅设立了警务学堂，而且写出《上庆亲王书》，提出了一套完整的符合中国国情的警政建设方案，后来被不同程度地采纳。有些学者甚至认为：“中国警察制度的确立，可以说大半受了这封信的影响。”

川岛浪速以“二品客卿”身份常驻北京，广交王公大臣，并且自我标榜说“全心全意帮助清政府改革”。事实上，他的目的只有一个——刺探中国情报，上报日本陆军部！换句话说，川岛浪速是一个彻头彻尾的日本间谍！但在他带着伪善面具的钻营下，无数朝廷大员被迷惑。其中，最典型的，就是川岛芳子的亲生父亲——爱新觉罗·善耆（就是他免除了汪精卫刺杀摄政王的死刑）。

善耆怎么会对一个日本人感兴趣呢？这是因为，他当时被慈禧派回京城查看情况，结果发现只有紫禁城被完整地保存下来，又听说是一个叫川岛浪速的日本人所为，而且他对日占区内的警察管理制度同样产生了浓厚兴趣。于是，他专程去拜访川岛浪速，两人迅速成为好友（主要是川岛故意投其所好，比如为清廷改革献计献策）。在川岛浪速的长期忽悠下，善耆逐渐被洗脑，认为清朝的主要威胁来自于“白人帝国主义”诸国，尤其是位于北边的俄国，而非“黄种帝国主义”日本。而对抗的唯一方法就是与所谓“同文同种”的日本联盟。善耆认为：“如欲挽回如此滔滔大波之颓势固非易事，若非中日两国提携，终难达亚洲复兴之目的。”

1912 年 2 月 12 日，清帝宣布退位后，不甘心的善耆在“好友”川岛浪速的协助下，走上了一条复辟之路，不知不觉间成为日本分裂中国的帮凶。为了取得日本支持，善耆将自己的女儿（善耆共有 5 个夫人，38 个子女，川岛芳子是第十四个女儿）爱新觉罗・显玗过继给川岛浪速。

1922 年 2 月 17 日，善耆因糖尿病去世。川岛浪速为了继续培植“复辟”力量，遂把希望寄托在善耆子孙身上。他以善耆遗孤保护人的身份，将善耆子孙 16 人送往日本学习。后来，这些人大都为日本服务。尤其是经过川岛浪速特殊的家庭教育和日本参谋本部训练的爱新觉罗・显玗“狂热地支持日本，成为日本在满洲的最坚定的秘密特务”，最终变成那个恶贯满盈的川岛芳子！

祥说：自明治维新时期始，日本即处心积虑妄图占领中国。为了实现这一目标，日本人无所不用其极。手段之多样令人防不胜防。

唤醒中国：拿破仑与“睡狮说”的真相

很多人喜欢名言警句，而且超越国界，不论是本土的，还是外来的，只要名人说的，通通拿来读，似乎读完就能变成有品位的“文化人”。殊不知，只有让“碎片化”的名言警句回归文本和语境，才能真正触摸大师本意和精髓。关键是，有些名言警句看似妇孺皆知、确凿无疑，其实暗藏玄机、扑朔迷离。

“中国并不软弱，它只不过是一只睡着了的狮子，这只狮子一旦被惊醒，全世界都将为之颤动。”

——拿破仑

相信绝大多数人都对这段话十分熟悉，即使不能一字不差地背诵，也一定可以把主旨说个八九不离十。中国人之所以迷恋一个外国强人说的话，是因为它满足了我们对民族复兴的所有想象。它的全部意义，也表现在这里。但是，如果以“较真的”历史学眼光来看，这一名言警句只是知识传播过程中不断嫁接和改造的结果，实际上与拿破仑一毛钱关系没有。历史上的类似现象，被顾颉刚称为“层累的造成历史”，被后现代史家称为“一切都是文本（建构）”。

就现有史料来看，这一名言的出处，可能是1887年伦敦《亚洲季刊》发表的一篇名为《中国先睡后醒论》的文章，但作者不是外国人，而是一名中国人。他就是曾国藩次子——曾纪泽。

这篇文章是曾纪泽卸任驻英俄公使职务后，用英文发表的，主旨是说“中国不过似人酣睡，固非垂毙也”，而鸦片战争开始唤醒中国人，二十年之后的圆明园大火则让中国人完全苏醒过来。他其实是在向西方列强表明一种态度，那就是中国不容欺侮，同时也是对洋务运动的肯定与宣扬。

不过，“唤醒”这一概念并非曾纪泽的独家发明，而是借用当时西方传教士的流行语。他曾在同文馆学习洋务知识，受著名传教士丁韪良（1869—1894年任同文馆总教习）影响很深，“唤醒”说即来源于此。后来，丁韪良也专门出版了一本书，名字就叫《唤醒中国》。

要注意，基督教所要唤醒的对象，不只是中国，还包括日本、印度等主要亚洲国家。之所以要唤醒东方，是因为西方人普遍认为他们的文明更具优越性。甚至可以说，西方是文明世界，东方则是野蛮世界，有点类似于我们古代讲的“华夷之辨”，只是角色互换了。其实，一部近代史，就是一部中国人接受自己不如西方人，继而发奋追赶的历史，在递进层次上则是梁启超所说的“器物——制度——文化”。如今，我们强大了，也在试图用儒家文明重新“唤醒”西方。

据不完全统计，1890至1940年间，仅美国就有90多部（篇）著作和文章使用了“唤醒中国”这一话语表述方式，但后面跟着的往往是“中国龙”，或者是“中国巨人”，从未使用“睡狮”这一说法。曾纪泽的文章里，同样未出现“睡狮”，相信作为驻英公使的他，必定晓得狮子是人家英国的象征物。

那么，狮子是怎么与中国形象挂上钩的呢？

这就得请出另一位大神级人物了——梁启超。1899年，这位天才创作了一则寓言，名为《动物谈》。文中说：“其人曰：英语谓之佛兰金仙，昔支那公使曾侯纪泽，译其名之睡狮，又谓先睡后醒之巨物。”或许梁启超只是听说了曾纪泽的那篇文章，并未真正读过，也或许他是有意进行二次创造（个人倾向第二种，因为梁启超是20世纪最伟大的宣传家），总之沉睡的中国摇身一变，成为沉睡的雄狮。

梁启超是什么人？那可是凭借一支笔和一份《时务报》就能创造一种新文体（笔锋常带情感的半文言）的大神。可以说在他之后的少年，没有一个人不受其文章影响。所以，此文一出，“睡狮说”迅速风靡海内外，而很多人也因此知道了曾纪泽的那篇文章。这就像严复较早传播进化论，但真正让进化论普及到大众的，还是梁启超，因为严大神写的东西实在太艰涩。（明史这两年热起来，也不是因为学界出了多少新成果，而是《明朝那些事儿》带来的）

当然，梁启超的创造是有一定根据的，并非胡乱编造。因为，曾纪泽很喜欢狮子，在伦敦期间，得空就去动物园和狮子交流感情，回国以后也经常画狮子，据说很受欢迎。结果，在梁启超的“帮助”下，曾纪泽就名正言顺地获得“睡狮说”的发明权。其实，大部分人根本没去读曾纪泽的文章，而是根据梁启超文章来下各种断语。历史的真相，就在这细微的转换过程中悄然被隐藏。

近代史110年，有很多关键的年份，而1900年无疑是个分水岭。中国士大夫借助义和团将西方人赶出中国的梦想，在八国联军和东南互保面前迅速化为泡影，其实也在某种程度上宣告了东方文明的破产。从此以后，“读书人”这一最顽固的群体基本接受了“我不如夷”，也就是中国“由文变野”的残酷现实。换句话说，我们的文明自信被彻底打掉，这才有了后来一波又一波针对传统文化的攻击。

在这种情况下，重建中国的民族国家形象，成为摆在有志之士面前的首要任务。现如今人们都将“龙”作为中国的象征，但在晚清新型知识人尤其是革命志士眼中，龙不仅不能用，而且必须打倒，一是因为它代表着腐朽的清王朝，二是因为外国漫画总是在中国龙头后面画上一条长长的辫子。丘逢甲的一首诗，颇能反映“以狮代龙”的变化：

“画虎高于真虎价，千金一纸生风雷。我闻狮尤猛于虎，劝君画狮勿画虎。中国睡狮今已醒，一吼当为五洲主。不然且画中国龙，龙方困卧无云从。东鳞西爪画何益？画龙须画真威容。中原岂是无麟凤，其奈潜龙方勿用。乞灵今日纷钻龟，七十二钻谋者众。安能遍写可怜虫，毛羽介鳞供戏弄。”

邹容的《革命军》，在书末这样写道：“嗟夫！天清地白，霹雳一声，惊数千年之睡狮而起舞，是在革命，是在独立！”陈天华死后，《民报》开始连载其遗著《狮子吼》，没想到出现洛阳纸贵的场景。当时的很多报纸、周刊等，也都以“醒狮”命名。刘师培的朋友甚至创作了一首“国歌”：

“如狮子兮，奋迅震猛，雄视宇内兮。诛暴君兮，除盗臣兮，彼为狮害兮。”凡此种种，都很能说明中国“睡狮”形象在那个年代的流行程度。当然，中国人能够迅速接受“睡狮”这一形象，与佛教中广为流传的“狮子吼”也存在密切关系。正所谓狮子吼则百兽惊，从睡狮到醒狮再到狮子吼，恰恰迎合了人们渴望中国再度站上世界之巅的急切心态。

那么，“睡狮说”又是如何与拿破仑扯在一起的呢？

受梁启超影响，大多数人都认为“睡狮说”是由曾纪泽提出来的。对于革命者来说，借用一名清政府官员发明的政治符号来对抗清政府，实在是有些荒唐，大大削弱了进攻力度。所以，他们必须为“睡狮说”寻找新的代言人，而从外国人中挑选代言人，就成为最佳选择，一来死无对证，一来说服力强。因为，国人已公认外国成为文明的先行者。

1904 年,《江苏》杂志刊发了一篇名为《德人干涉留学生》的时评：

“德人者，素以瓜分中国为旨者也。数十年前，德相俾斯麦已有毋醒东方睡狮之言。瓜分中国之议，亦首唱之德，而德皇威廉又心醉黄祸之说者也。”

由于俾斯麦的名头不够响亮，很多人根本记不住。所以，干脆做模糊处理，把“睡狮说”的发明权归为“西人”，也就是把它变成西方人的流行语。比如，有一篇文章这样写：“昔日某西人，论清国之音乐，其言曰：支那人实不愧睡狮之称也，舞楼戏馆，茶园酒店，无一处不撞金鼓。”类似的言论非常之多，其目的无非是激发国人的民族主义情绪，就像今天很多人故意模仿日本人语气来讽刺中国人，实在都是一种套路。但在中国，这个套路无论何时都是适用的，效果贼好。

注意，这种解释已经接触到西方“唤醒说”背后的真意了，即：西方人发明“睡狮”“醒狮”，可不是在恭维中国，而是为“黄祸论”寻找依据，目的是瓜分中国！

大概到新文化运动前后，“睡狮说”终于开始和拿破仑联为一体。1915 年，胡适在为《睡美人歌》所写的补充说明里写道：

“拿破仑大帝尝以睡狮譬中国，谓睡狮醒时，世界应为震悚。百年以来，世人争道斯语，至今未衰。余以为以睡狮喻吾国，不如以睡美人比之之切也。”

那时，胡适还在美国，所以，这一说法尚未传回国内，只在一帮留学生中传诵。而且，与为“黄祸论”张目相较，胡适的版本属于一种正面宣传。目的一样，方式不同，前者是激怒，后者是振奋。

不过，在很长一段时间内，关于“睡狮说”的发明人，始终处于混乱状态，各种说法都有。拿破仑一统“睡狮说”江湖，那是改革开放以后的事。

1988 年，中央电视台播放的一部专题片提到“拿破仑警告西方不要去惊醒的一头睡狮”。随后，相关文字记载也如雨后春笋般喷薄而出。拿破仑“睡狮说”几乎在一夜之间，成为全民共识。谁要不晓得这句名言，定会遭人耻笑。这，就是媒体的力量！这，就是传播的力量！

但是，拿破仑究竟什么时候说过这句话，为什么会说出这句话？对此，人们根本不理会，因为没有理会的必要，有效果就行了。直到 1993 年，拿破仑与“睡狮”的故事才被初步建构出来。佩雷菲特在《停滞的帝国》中，记述了阿美士德拜访拿破仑时后者所说的话：“当中国觉醒时，世界也将为之震撼。”可惜，这只是作者的猜测罢了。

2004 年 2 月 2 日，《环球时报》发表了史鸿轩的《拿破仑的“中国睡狮论”怎么来的》一文，终于把这个故事完整地建构起来。同时，也引来学者的质疑和探究，最终揭示出了历史真相。

只是，多数人从来不喜欢真相，只喜欢故事！为什么以野史为依据的历史八卦能够大行其道，其实，根子也在这。对于很多人来说，历史不过是供自己消遣的玩物，与娱乐八卦并没有丝毫分别。

祥说：历史学的第一要义，自然是发现真相。不过，历史故事的文化学意义，同样不可小觑！无论产生多少种版本，无论是褒义还是贬义，“睡狮说”的目的都只有一个：唤醒中国。

观念篇：
行走在传统与现代之间

用“鬼子”称呼外国人纯属意淫

“鬼子”一词，所有中国人都非常熟悉，很多人也都用过，主要用来指代与我们一水之隔的东邻。在多数人印象里，“鬼子”就是用来指代外国侵略者的，包括《辞源》和《古今汉语词典》里，都解释为：“在帝国主义侵华时期，对外国人的一种蔑称。”或者：“骂人的话。今常用为对侵略我国的外国人的蔑称。”其实，这种解释十分模糊，并不准确。

“鬼子”一词，最早出现在《世说新语·方正》中，本义的确是骂人的话，即“鬼之子孙”，不是人。那么，这个词，在什么时候被用来指向外国人呢？

答案是：清朝初年。陈康祺在《燕下乡脞录》中就记载说：“以西人初入中国，人皆呼为鬼子也。”蓝浦在《景德镇陶录》中则称：“洋器专售外洋者，商多粤东人，贩去与洋鬼子载市。”有人说，之所以这么称呼，是因为外国人非我族类，与中国人外貌相差太大，蓝眼睛、卷头发、高鼻梁、白皮肤，看着不像人。其实，这只是表象，因为外国人很早就到中国来了，却从未见史书里有这样的记载。

之所以清朝才开始称外国人为“鬼子”，究其根本，乃是以“天朝”自居的清朝人，闭关锁国产生自大心理并膨胀到极致的表现。即使是林则徐也不例外。1939 年，他到澳门考察，后来写成日记，在日记里这样写道：

“惜夷服太觉不类：其男浑身包裹紧密，短褐长腿，如演剧扮作狐、兔等兽之形。其帽圆而长，颇似皂役……其发多卷，又剪去长者，仅留数寸。须本多髯，乃或薙其半，而留一道卷毛，骤见能令人骇，粤人呼为鬼子，良非丑诋。更有一种鬼奴，谓之黑鬼，乃谟鲁国人，皆供夷人使用者，其黑有过于漆，天生使然也。”

将西方人称为“鬼子”，将黑人称为“黑鬼”“黑奴”，仍然充满了“华夷之辨”下的种族歧视。后来，林则徐的认识才慢慢发生变化。

鸦片战争期间，民间爆发了三元里人民抗英斗争。当时，几千乡民围困英军据点四方炮台，高喊“杀番鬼”。此后，“鬼子”一词逐渐开始流行起来。比如，刘鹗在《老残游记》里记载：“他用的是外国向盘，一定是洋鬼子差遣来的汉奸。”洪琛则在《赵阎王》中说：“那鬼子尽教着村里人吃洋教，说鬼子话，拜洋菩萨。”这里的“鬼子”，指的是外国传教士。

注意，近代以后的“鬼子”一词，不仅包含蔑视，更饱含愤怒！

实际上，这种纠结于文字上的“意淫”，像“夷”“鬼子”之类，毫无意义，踏踏实实提高自身实力才是根本。太平天国的洪仁玕就曾明确指出：“万方来朝、四夷宾服及夷、狄、戎、蛮、鬼子一切轻污之字皆不必说也，盖轻污字样是口角取胜之事，不是经纶实际，且招祸也。”时至今日，这段话读起来仍有振聋发聩之感。

祥说：对外来民族冠以各种蔑称，是古今中外的常见现象。但在坚守华夷之辨的古代中国尤为突出。这种夜郎自大的天朝思维，正是近代中国变革缓慢的重要原因。

魏源的《海国图志》在日本引起的反响

它是近代早期最牛的书，出版后在中国无人问津，却机缘巧合流到东洋，打造出一个强大的日本。它在两个国家的不同境遇，充分说明了在历史转折关头所做出的不同抉择，将直接影响国家的命运和民族的前途，也折射出一个普遍真理：观念的变革永远要比技术的变革难上百倍、千倍、万倍。它，就是近代横跨政、学两界的牛人魏源所撰写的皇皇巨著——《海国图志》。

魏源何许人也？在这里给他加几个标签：

经世学风的倡导者，今文经学的健将，出色的改革思想家，虔诚的爱国者，向西方学习的先驱，才、学、识、德兼备的"良史"。

《海国图志》，真正拉开了"开眼看世界"的序幕。

《海国图志》出版于1842年，但编写这部书的念头早在鸦片战争爆发伊始就在魏源的头脑里形成了。1840年8月，一名叫安突德的英军军官被俘虏，魏源参与了审讯过程，从而获得大量关于英国的第一手资料，形成了初步认识，并尝试编写了《英吉利小记》，书中称"欲师夷技收夷用"。显然，向这一不同于"天朝"周边少数族群的"外来蛮夷"学习的思想萌芽。眼看着号称"天下无敌"的清军在战争中节节败退，魏源在愤懑之余开始反思，认为中英之间的信息不对称是造成这一局面的关键原因，英人对我可谓了如指掌，而我对英人则茫然无知，遂大声疾呼："凡有血气者所宜愤悱，凡有耳目心知者所宜讲画。"这就是此书撰写的背景。

当然，《海国图志》能够写成，也得感谢魏源的好友——那位刚到广州仍未睁开眼看世界的林则徐。1841 年 6 月，被贬谪的林则徐在镇江将其所编译的《四洲志》等资料悉数交给魏源，希望魏源能在此基础上编成一部介绍西方世界情形的著作。（从这一点上说，尽管林则徐本身“开眼”的程度有限，但他仍为晚清中国的开放做出一定贡献，仍不失为先知先觉者。）

魏源广泛收集各种资料，尤其是大量的外国文献，终于在 1842 年底将《海国图志》出版，共 50 卷，50 余万字，包括许多地图、枪炮图解等。此后，他又在实地考察的基础上做了两次修订，增添了大量的西方技术图解等，最终在 1852 年形成 100 卷本、近百万字的皇皇巨著。

魏源开篇就指出：“是书何以作？曰：为以夷攻夷而作，为以夷款夷而作，为师夷长技以制夷而作。”尽管他在书中仍然使用了“夷”这一带有天朝思维、华夷之辨的名词，但已经尝试“以复古为解放”，重新用文化（文明）标准来界定华夷之辨，而非以地域和种族来区分。（后来，魏源在编写《道光洋艘征抚记》时将“夷”全部改为“洋”。）

当举国都沉醉在“天朝上国”的迷梦里时，敢于承认自己不如“夷”，还要向“夷”学习，这需要多么大的魄力！要知道，知识阶层普遍接受这一观点，是在洋务运动时期！中间足足隔了 20 年！（当然，这里说的接受自己不如“夷”，是就技术层面而言，整体文明层面的骄傲感被击溃则要迟至甲午战争以后。）

《海国图志》的内容十分丰富，上到天文地理，下到民间风俗，可以说无所不包，无论从广度还是深度而言，都是当时同类著作中最牛的存在，没有之一。

地理方面自不待言，古代中国人普遍认为：“天处乎上，地处乎下，居天地之中者曰中国，居天地之偏者曰四夷。四夷外也，中国内也。天地为之乎内外，所以限也。”（改变人们的身体很简单，只要让他感受到即可，但改变人的观念却极其困难。直到维新时期，《湘报》上还在努力宣传:“若把地球来参详，中国并不在中央。地球本是浑圆物，谁居中央谁四旁?”)

最令人啧啧称奇的是，魏源竟然冲破中国士大夫在几千年专制制度下形成的天子圣明、臣子匍匐于地的思想模式，认识到西方民主制度的先进性，称赞“其章程可垂奕世而无弊”，尤其是高度评价美国民选总统、四年改选，改变以往君主国家王位至死不变为天经地义的制度，为“可不谓公乎”“可不谓周乎”，盛赞这种制度极其公正、公平和完备，这些在当时可谓石破天惊之论，当真是“语不惊人死不休”。(很多人知道魏源，但不一定知道与他同时期的另一位牛人。他叫徐继畬，写了一本与《海国图志》齐名的《瀛寰志略》，同样盛赞西方民主制度。由此可见，中国人的反应不可谓不快，只是这样的人物实在太少太少。否则，近代这一历程何至于蹒跚前行近百年。由此还可以看出，梁启超所谓近代向西方学习经历了“器物——制度——文化”三个层次，也只是从整体大众层面上而言的。)

对于魏源《海国图志》在近代史上的影响，梁启超有一段十分精到的评论，他说:“其论实支配百年来之人心，直至今日犹未脱离净尽，则其在历史上之关系，不得谓细也。”我们从洋务运动，甚至是维新运动中，都能看到它的影响!

历史总是喜欢开玩笑。谁也没有想到，如此牛的一本书，却在中日两国遭遇了截然相反的待遇，不禁让人唏嘘不已。

按照常理推断，鸦片战争的惨败应当能让中国人警醒，至少能引起对来犯之敌的兴趣吧。什么蛮夷这么厉害，竟然把我堂堂天朝上国打败了?就连道光帝在审讯英俘时也忍不住要问:“究竟该国地方周围几许?至回疆有无旱路可通?与俄罗斯是否接壤?”按照这个逻辑推导下去,《海国图志》的问世显然满足了人们对这方面的信息需求，理应大获成功。

历史如果都能按照正常逻辑推演出来，那么也就失去了“不可知性”

这一最大魅力。无比残酷的现实是，《海国图志》不仅没有受到中国人的追捧，反而遭到一众士大夫的谩骂、诋毁。他们主张要把此等对西方“奇技淫巧”甚至“政治制度”都大加赞美的大逆不道之书付之一炬，坚决封杀，毫不手软。直到1858年，时任兵部左侍郎的王茂荫才在《请刊发海国图志并论求人才折》中写到：“臣所见有《海国图志》一书，计五十卷，于海外诸国疆域形势，风土人情，详悉备载，而于英吉利为尤详。而盖前此之办理未得法，后此设种种法：守之法，战之法，款之法，无不特详。战法虽较需时，守法颇为易办。果能为法以守各口，英夷似不敢近。未审曾否得邀御览？如或未曾，乞饬左右购以进呈。闻其书本故大臣林则徐在广东办夷务时所采辑，罢官后为已故知州魏源取而成之。其书版不在京，如蒙钦赏为有可采，请饬重为刊印，使亲王大臣家置一编，并令宗室八旗以是教，以是学，以是知夷难御非竟无法之可御。”此时，魏源已经离开人世，到另一个世界去继续追寻救国梦。一代英才终究没能看到自己耗费大量心血的著作大放异彩！

令人意想不到的是，这本在中国受尽诋毁的书，却漂洋过海传到日本，在那里形成了一个《海国图志》时代。日本因此打造成了一个新的东方帝国，并在后来的甲午战争中成功取得对中国的完胜。历史跟中国人开了一个巨大的玩笑，或者说是历史无情地嘲笑了中国人。

1633至1639年，日本德川幕府连续发布五道锁国令，正式步入闭关时代，仅保留与中国、荷兰、朝鲜等之间十分有限的贸易。正是这个空隙，让《海国图志》得以在1851年被一艘中国商船带到日本。当时德川幕府对天主教实行严厉的禁教政策，而《海国图志》里面有介绍天主教的内容，因此被作为禁书没收！第二年，中国商人再次将一部《海国图志》带入日本，仍然被没收！1854年，中国船主陶梅等又带去十五部，其中七部被日本当局征收，剩余八部终于能在市场上公开发售。

此后，一发不可收拾。不到五年时间,《海国图志》在日本已经形成供不应求的局面，价格也翻了几番，成为名副其实的畅销书。除原版外，仅1854年的翻刻本就多达十五种（很多是选译）。换句话说,《海国图志》成为“幕末”日本人了解西方的必备文献，甚至被作为私塾教材。

正是借着这股浪潮，日本的政界和知识界逐步走出了闭关锁国的阴影，步入高速发展的近代化时期。我们来看几则评论：

日本学者大谷敏夫：“(在幕末时期)《海国图志》起了决定日本前进道路的指南针作用。”

日本学者北山康夫：“魏氏之革新与批判精神给予日本维新分子以极大的鼓舞，诸如佐久间象山及吉田松阴等均受其影响。”

中国学者钱基博：“日本之平象山、吉田松阴、西乡隆盛辈，无不得《海国图志》，读之而愤悱焉！攘臂而起，遂以成明治尊攘维新之大业，则源有以发其机也。”

当真是：有心栽花花不开，无心插柳柳成荫！

祥说：历史的经验告诉我们，“天朝思维”非常值得警惕。联想到晚清七十年间不断上演的令人啼笑皆非的咄咄怪事，我们要说一句：天朝思维可以休矣！

出国留学竟然要签“生死状”

如今，留学是再平常不过的事情，可是，一百多年前，自视为“天朝上国”的中国，迈出留学这一步，却费尽了周折。

早在1863年，“鬼子六”奕䜣就曾经向朝廷提出过派幼童出国留学的建议，但没有得到任何支持。后来，容闳、薛福成都提出过类似建议，皆未能获得响应。五年之后，中美签订了《蒲安臣条约》，规定：两国公民都可以到对方的政府公立学校求学，并享有最惠国国民待遇，两国公民得以在对方境内设立学堂。事情终于有了转机，美国（而不是当时世界最强国英国）成为中国政府派遣留学生的首选。1872 年，第一批中国幼童乘船前往美国，从此掀开了中国公派留美学习历史的第一页。然而，十年时间已经一晃而过！在那个急速变动的时代，没有人会停下来等你十年！

促成这次官派留学的，是“近代中国留美第一人”容闳。他是当年被传教士带到美国，而不是中国官方派出去的留学生。他得知中美签约之后，认为这是一次千载难得的机会，于是再次向朝廷建议派遣留学生，得到了李鸿章等大臣的支持。他们在奏折里说：这是“中华创始之举，古今未有之事”。很快，朝廷批准了这一建议，并分四批向美国派出了 120 名幼童。

当时的中国人普遍认为，美国是蛮夷之邦，甚至有谣言说美国人会把中国人的皮剥下来，安在狗身上。第一批去的孩子大约十几岁，一去就是 15 年，而且家长必须签字画押。詹天佑的父亲詹作平就出具保证书：“兹有子天佑，情愿送赴宪局带往花旗国肄业学习技艺，回来之日听从差遣，不得在国外逗留生理。倘有疾病，生死各安天命。”我的天呀，这哪是去留学啊，赤裸裸的卖身契嘛。试问，有几个父母敢做第一个吃螃蟹的人？所以，容闳费了好大劲都找不齐学生，最后跑到香港才算是勉强凑齐人数。

为了彰显大清威仪，幼童们上岸时都是一身中式打扮：瓜皮帽，蓝缎褂，崭新的黑布鞋，排着整齐的队伍踏上了美国土地。中国小孩都有一条乌黑油亮的辫子。美国人感到特别新奇，所以，每到一处总是观者如云。孩子们被分别安排在美国东北部新英格兰地区的几十个家庭里。有些美国家庭的女主人出于爱怜，经常一见面就抱起小留学生亲吻他们的脸颊。这让初到异国的小孩满脸通红，不知所措。好些孩子吃不惯西餐，饿肚子是常有的事。据说，带队的清朝官员自带了一些腌黄瓜，结果没几天就被孩子们偷吃光了。每当小留学生们上街，就会有一群美国小孩跟在后面围观，指着他们的小辫子高喊："Chinese girl！"（后来，康有为上折子主张剪辫子时，就拿这个说事。）

这些远离父母和家乡的孩子们，个个学习用功，成绩优良。因为用功过度，加上身体单薄，很多人经常病倒，甚至有3人积劳成疾，客死他乡。儿童是最容易融入新环境的，很快，留学带来的新变化就在他们身上显现出来。时人李圭在《环游地球新录》中记述了他在1876年美国费城万国博览会上见到这些中国小留学生的情景："诸童多在会院游览，于千万人中言动自如，无畏怯态。装束若西人，而外罩短褂，仍近华式。见圭等甚亲近。吐属有外洋风派。幼小者与女师偕行，师指物与观，颇能对答。亲爱之情，几同母子。"

留美幼童在美国期间，接受的是西方教育，过的是美国式生活，逐渐就"美国化"了。几年之后，他们大多不愿穿中式服装，尤其对那根拖在脑后的长辫子感到不满意，觉得既麻烦，又遭人嘲笑。很多幼童索性把辫子剪掉，只在见清廷督导长官时才弄一根假辫子装上。而且，他们不仅学到了许多自然科学知识，也接触了很多资产阶级启蒙时期的人文社会科学知识。

渐渐地，他们对《四书》《五经》和儒学孔教失去兴趣，对烦琐的封建礼节也不大看重，而对个人权利、自由、民主等观念极为迷恋。个别幼童还和美国女孩子私下约会。充满青春活力的幼童们还与美国孩子一起参加各类体育活动。詹天佑等人组织了棒球队，在不少比赛中取得过好成绩。这些变化，在容闳看来，再正常不过。但是，在随行的清朝守旧官僚看来，却是大逆不道，遂一面严厉管教，一面上奏清廷。清廷对此感到很不安，逐渐开始失去信心。尤其是有不少幼童信奉了基督教，这更让清廷无法容忍。

1876年，清廷派吴子登出任留美幼童监督。吴子登虽支持洋务运动，自身也通晓英文，但思想不够开放，且官僚习气严重，本来就对派遣留学生持有异议。他一到任，就将幼童们召来，严加训斥，并下令开除了两名信基督教者，引起许多学生不满。而且，吴子登还增加幼童们的中文课程，重点进行传统道德和礼仪教育。可是，幼童们只听从容闳一个人号令。恼羞成怒的吴子登频频向清廷写奏折，讲留美幼童如何“美国化”，容闳如何放纵幼童，如何目空一切等。只凭一腔热血报国却对官场政治一无所知的容闳，根本没在意吴子登的这些行动，也不去反驳。结果，清廷上下对吴子登的一面之词信以为真，连曾纪泽（曾国藩之子，时任驻英、法公使）这样的官员都认为留美幼童难以成才。1881年，吴子登请求清廷将幼童们全部撤回，获得批准。最终，除极少数人外，大部分人均被送回中国。

第一次官派留学就此夭折！

不过，这次留学还是有些成就，出了几个名人，如著名铁路工程师詹天佑，矿冶工程师吴仰曾，民国政府第一任国务总理、复旦大学创办人唐绍仪，清华大学第一任校长唐国安等。

祥说：从派遣留学生到自修铁路，从创办工业到革新军事，可以说，整个洋务运动期间，都伴随着洋务与反洋务的斗争。所以，这场运动，可谓中国近代化历程中真正的破冰之举！

修铁路究竟冲撞了哪些神灵

如今的中国，正在把一流的高铁技术推向世界，尤其以进军英国市场最具典型意义，颇有点“三十年河东三十年河西”的意味。回想百年前，以李鸿章为首的洋务派在中国修铁路，所遭遇的巨大阻力和种种尴尬，不禁让人感慨万千。

早在1872年，李鸿章就针对边疆危机，从增强国防角度，提出了“改土路为铁路”的主张，明言:“但自开煤铁矿与火车路，则万国蹜伏，三军必皆踊跃，否则日蹙之势也。”可惜，无人响应。

1874年，日本侵略台湾，李鸿章奉召进京商议海防事宜，遂去拜访恭亲王奕䜣，力陈修建铁路的好处，请奕䜣“乘间为两宫言之”，也就是做太后们的工作。然而，奕䜣并没有支持，以“无人敢主持”“两宫亦不能定此大计”为由加以拒绝，李鸿章“从此遂绝口不谈”修铁路之事。

1880年，淮系将领刘铭传进京筹议防务时，提出修建铁路的主张，并从防务和商务两个角度论证，指出:“自强之道，练兵造器固宜次第举行，然其机括则在于急造铁路。”他建议先修四条铁路，即：北京至淮阴、汉口、沈阳、甘肃。这是中国历史上第一个较为全面的铁路方案。

随后，清廷命令北洋大臣李鸿章和南洋大臣刘坤一妥议具奏。同年底，李鸿章复奏，进一步强调修铁路是西方富强的重要原因，谓:“处今日各国皆有铁路之时，而中国独无，譬犹居中古以后而屏弃舟车，其动辄后于人也必矣。”而且，他还从国计、军政、京城、民生、转运、邮政、矿务、轮船、行旅等九个方面论证修铁路带来的益处。

李鸿章和刘铭传的主张，立即遭到一大批守旧士大夫的围攻。他们反对的理由，有些尚属有理有据，有些则纯属固步自封，为反对而反对。

比如，翰林院侍读学士张家骧上奏说，修铁路有三个弊端：一是将使洋人扩张对华贸易有机可乘；二是沿途需占地、迁房、移坟，徒滋骚扰；三是将影响轮船招商局津沪杭线的运费收入。平心而论，这些的确是修铁路过程中会遇到的问题，也是洋务派必须解决的问题，后来义和团运动的爆发就与德国人强行修铁路不无关系。

但是，曾经担任过驻英、德公使的刘锡鸿所提出的反对意见，就有点“神秘”色彩，让人啼笑皆非。他亲眼见识过西方的铁路，却以惊扰龙王、河伯以及山川各神为由，反对修铁路，令人匪夷所思。他说：“火车实为西洋利器……断非中国所能仿行……西洋专奉天主、耶稣，不知山川之神，每造铁路而阻于山，则火药焚石而裂之，洞穿山腹如城阙，或数里或十数里，不以陵阜变迁、鬼神呵责为虞。阻于江海，则凿水底而熔巨铁其中，如磐石形，以为铁桥基址，亦不信有龙王之宫，河伯之宅者。我中国名山大川，历古沿为祀典，明禋既久，神斯凭焉。倘骤加焚凿，恐惊耳骇目，群视为不祥，山川之神不安，即旱潦之灾易召。”

更有甚者，干脆不和你讲道理，直接扣上“破坏列祖列宗之成法”的大帽子，打掉你一切辩驳的机会。

当时，洋务派对铁路的认知，尚不深刻，内部也存在争端和矛盾。最终，慈禧做出决断，反对修铁路。修铁路的第一次尝试，遂宣告失败。

中法战争之后，洋务派再度提出修铁路主张，遂引发第二次大争论。

守旧派并无新鲜论调，给洋务派头上安的罪名，仍然不外乎“资敌”“扰民”“惊扰神灵”“破坏祖宗成法”等条。只是，为了起到效果，言论方面更加肆无忌惮、危言耸听。比如：“铁路一开，津通舟车尽废，水手、车夫、客店、负贩食力之人，终归饿殍。”“铁路一行，则四通八达皆可任彼遨游，愚妇村氓不难尽被煽惑……礼仪必至消亡，是有害于风俗。”“轮车所过之处，声闻数十里，雷轰电骇，震厉殊常，于地脉不无损伤。”等等，不一而足。

与第一次不同，这一次洋务派认识已成系统，准备极为充分，对于守旧派的围攻，逐条加以驳斥，提出应对之策，令对方哑口无言。最精彩的，要属对“破坏祖宗成法”一条的反驳：“人事随天道为变迁，今之人既非上古先朝之人，今之政岂犹是上古先朝之政？使事事绳以成例，则井田之制自古称良，弧矢之威本朝独擅，行之今日，庸有济乎？”又谓：“西洋兴办铁路……国富兵强而官民交便，就五大洲言之，宜于西洋，宜于东洋，岂其独不宜于中国？”读来令人拍案叫绝！

在专制制度下，君主的意见永远发挥决定性作用。此时，慈禧的态度已然发生些许变化，屁股开始挪向洋务派，不过尚心存犹豫，遂下旨让各省督抚复奏。这时，有一个大臣的奏折，彻底将老太太拉入洋务阵营。他，就是——“香帅”张之洞。

张之洞乃清流派出身，写得一手好文章，慈禧素来爱读他的折子。他在奏折里，明确支持修铁路，并提出了详细的修路计划、筹款方案和取材方法，但主张先修卢汉铁路，而非津通铁路，实则是抢夺修路的主导权。善于玩弄权谋之术、平衡之术的慈禧，毫无疑问站在了张之洞一边。但不论怎样，修铁路一事，总算见到了曙光。

世事难料！1890 年 3 月，正当卢汉铁路开始筹办之际，俄国加速修筑西伯利亚铁路，窥伺东北，李鸿章遂以加强东北防务为理由，建议先修关东铁路，又抢回了主导权。

在此期间，李鸿章失去耐心，不顾朝廷的反对，利用手中的权力开始修建铁路。1880 年，为帮助开平矿务局运煤，他擅做主张，修建了一条从唐山到胥各庄的铁路，至 1881 年建成，全长 20 里，这是中国人自己修的第一条铁路！

然而，铁路修成后，却未能行驶火车，这是为什么呢？

原来，清朝历代皇帝葬在唐山境内的东陵，离这条铁路很近。当时火车采用蒸汽机车头牵引，车一开动，黑烟滚滚，汽笛隆隆。守陵官员立即向皇帝和太后禀报，说这种洋人发明的怪物惊扰了皇陵里的列祖列宗。在那个时代，皇陵是神圣不可侵犯的。按照《大清律》，破坏皇陵可是死罪。结果，蒸汽机车头被迫停用。

然而，那堆积如山的煤炭总得运出去。于是，世界铁路史上独一无二的“马拉火车”诞生了！开平矿务局的主事者想出一条妙计：用马拉火车车厢。一列车厢前上几十匹骏马，一人在前驾驭，群马跑起来，拉着顺铁轨前行。

后来，李鸿章想了个法子，在皇宫和镜清斋之间建了一条小铁路，让慈禧坐着玩，老佛爷亲身体验后，觉得也没那么可怕，也就同意了。

事实上，任何新事物的产生都会经历一番波折，甚至引发恐慌。当火车在英国刚出现时，英国农民也都非常害怕，传言说这玩意一来，奶牛不产奶，母鸡不下蛋。

中国百姓同样如此，面对从未见过的庞然怪物，产生恐惧感极为正常。不过，最初的恐惧很快就被好奇所代替。普通百姓，对于枪炮、轮船这些新事物，并没有我们想象中那般排斥。比如，太平天国的主体是农民，没什么文化，算是很保守吧，但他们看到洋枪洋炮很好用，很快就爱不释手。轮船最初在中国出现时，百姓很快就觉得新鲜，发现它跑得快，也都很喜欢坐。

相较枪炮、轮船等，中国百姓更为害怕电线和工厂。当时有线电报已经出现，需要架设电报线，一路埋杆，上面挂着线，中国人想不明白，就出现很多谣言，说电线摄小孩魂魄，小孩魂魄被收走后，就顺着电线杆跑到外国去了。中国人的思维，是形象思维强于抽象思维，很难想象一种无法具体化的新事物。轮船可以装人，枪炮可以打人，这些都很好接受，但电报、电码都是无法具体化的东西，接受起来就比较困难。中国人更喜欢一家一户的分散经营，害怕大机器生产，面对高耸林立的烟囱，人们都不敢去工厂做工。后来，工厂让一些童工进去工作，过段时间后让他们大摇大摆走出工厂，人们发现这些童工竟然都活着出来了，这才慢慢克服恐惧感。

祥说：洋务运动的主要阻力，并非来自于普通百姓，而是那些守旧的士大夫们，因为他们所建构的文化体系正在遭受巨大冲击，他们的社会主导地位正在被替代，这是他们所无法忍受的。后来，在义和团背后煽风点火的，也是他们。换句话说，器物或技术的转变虽然很难，但比起观念的转变来，却又容易得多。中外对抗，归根到底，还是观念的对抗，文化的对抗。

迈出拯救女性第一步的是个富二代

忘记是什么时候，听到过一个论调，大意是说，中国近代以来之所以天下大乱，是因为女人获得权利，打破了延续千年的男女结构。换句话说，女人就不该走出家庭，走向社会，而应养在笼子里，像鸟一样。类似观点自然不值得浪费时间去驳斥，但至少说明，在21世纪的今天，男权遗毒依然未能清除殆尽。

能让“女人”进阶为“人”的方法，除了职业以外，自然首推教育。中国古代有个概念是“有教无类”，今天还被无数教育者挂在口边，然而占据半边天的女性被剥夺了受教育权，岂非名不符实（古代女学是为家庭和男人服务的，实在不能称为“学”）?

最早在中国兴办女子学堂的，是西方传教士。1844年，一个名叫爱尔德塞的女传教士，在宁波创建了第一所女校，结果引来各种离奇谣言：诱骗女孩挖眼睛、炼药水、制鸦片，等等，女校俨然如同一座魔窟。此后，传教士始终致力于女校建设，不过仍被大部分中国人视为妖魔世界。直到半个世纪后，情形方有所转变。

“兴女学”成为一股思潮，迟至戊戌时期，而将理论率先付诸实践，创办第一所中国女学的人，则是——经元善。（近代妇女解放，整体是由男人主导。）

经元善出生于1840年，是个富二代。父亲经纬乃上海有名富商，曾因接济军饷，被清廷授予主事加员外郎衔。经纬十分热爱慈善事业，创办清节堂、育婴堂等，被称为“经善人”（据说，太平天国忠王李秀成很敬重他，攻打上海时严令不许骚扰清节堂）。17岁时，经元善被父亲叫到上海，学习经商。8年以后，经元善子承父业，并同样热心慈善，首创“协赈公所”，组织江浙沪等地绅商一起搞慈善，十余年间筹款数百万，救济灾民无数，得朝廷嘉奖更多达11次。后来，涉足洋务企业，让中国电报总局大获成功。甲午战争后，结识康有为、梁启超等维新派，在他们影响下，开始兴办学堂，最初创建的叫经正书院，后因经费问题夭折。

一年后，也就是1897年，经元善重整旗鼓，创办了中国第一家女学堂。

这一次，为了避免重蹈覆辙，他前期做了大量准备工作，寻求各方势力支持。办女学不是什么新鲜事，办带有西式色彩的女学却是古今头一遭，万一螃蟹没吃成，反过来被螃蟹吃了，那可就悲剧了。

在官本位社会，离开上层支持，很难成事。晚清富商往往兼有士绅身份或者官职功名，与官府之间存在千丝万缕联系，所以也叫绅商或官商。经元善的第一步工作，就是寻求上海及周边地区新派人物和重要官绅的支持。据他在《中国女学堂缘起》一文所列表格来看，支持他的共有近百人，但多为四品以下的基层官吏（这些人大都为学堂捐助了资金）。

为了获得上层支持，经元善分别向南洋大臣、北洋大臣以及各省督抚写信，希望得到认可和支持（包括资金）。就结果来看，他虽然没能从这些大佬手中筹到钱，但得到不少人的口头赞同。南洋大臣兼两江总督刘坤一批复称：“该绅等苦心孤诣，创设女学堂以为自强之图，具见关心时局，深堪嘉许。”并在给朝廷的奏折中说：“东西洋各国，于女学一事，莫不加意讲求。中国为数千年礼乐之邦，似未可因陋就简。”在那个时期，能否得到大佬支持，直接决定事情成败。

获得清廷上层支持后，经元善马上把目光放到了来华知名传教士身上，借助他们的力量营造声势。美国传教士林乐知就在《万国公报》上发表《助兴女学》一文，对经元善的创举公开表示赞赏。他说：“振兴女学此为中国万不可缓之要著，本广学会同人每当著书立说之际，恒剀切以道之，惜乎华人如充耳，幸有诸君者起，毅然决然，独为其创……我辈闻之，喜而不寐矣。”西方传教士采取的传教策略，是以文化为武器，改变中国人的思维和价值观念，所以对办女学这样的西化行为，自然给予大力支持。其间，发行量巨大的《点石斋画报》也发挥了重要作用，对中国女学堂几次筹备会议（很多外国人参加），都给予连续报道。

政治层面的阻力基本消除后，摆在经元善面前的最大困难，自然是办学经费。晚清兴办学堂的经费来源，大致包括四个：国家财政、招商集资、学生学费、捐款。前两项主要针对清政府和洋务派官僚所办学校，民办学堂无法享受，只能依靠后两项。

经元善曾经尝试申请政府资金支持，但没有成功，只好转向募捐一途。他创办有协赈公所，按理说筹款并非难事，但实际操作面临的困难比预想大得多。除了少数新派人物外，大部分绅商并不愿意将资金投向女学，认为会破坏社会风俗。无奈之下，经元善另辟蹊径，将募捐对象转移到来华外人以及女性群体，在各大报纸上刊登募捐广告，没想到竟筹到6130元。

1898年3月，校舍落成。两个月之后，中国女学堂正式挂牌开学！

这所女学堂，在管理上的最大特色，是规定学堂教职员工全由女子担任，对男女之间进行严格隔离和防范。“凡堂中执事，上自教习、提调，下至服役人等，一切皆用妇女，严别内外，自堂门以内，永远不准男子闯入。其司事人所居，在门外别辟一院，不得与堂内毗连。其外董事等，或有商榷，亦只得在外院集议。”

至于课程方面，则是中西结合，所遵循主旨仍未超出“中体西用”范畴。学堂章程明确规定：

“专教吾华女子中西书史，与一切有关实用医算乐律等学，采仿泰西、东瀛师范，以开风气之先，而复上古妇学宏规。”

尽管还存在众多问题，但这是教育转型初期不可避免的现象，无需苛责。正如章程中所讲，它的创办，最主要的作用在于——“开风气之先”！它尝试着以平等眼光，将“女人”当做“人”来看待。就像经元善所说：

“人字两划，具左右阴阳之义，非男子名人，而女子不得名人也。男女既同为人，即可以同参天地，同立三才。”

随着戊戌变法高潮褪去，女学堂面临的压力越来越大，众多筹款计划都因朝中反对派阻挠而搁浅，甚至遭到当地流氓结群骚扰和攻击，以致上海知县不得不派人在校外巡逻。1899年8月25日，女学堂董事会经过商讨后，在《中外日报》上宣布停办。

详说：任何新事物的产生和发展，都注定不会一帆风顺，也会带有浓重的传统痕迹，但没有他们的前驱先路，又哪里会有后来的遍地开花？凡事不能只看结局，要看到先辈们为“破局”所付出的努力。

满洲奇女子用生命换来女学春天

如今的中国，虽仍没有完全褪尽男权气息，但“女子半边天”这句话越来越名副其实了，无数优秀女性正活跃在这片广阔天地里，用她们独有的气质创造着一个又一个的奇迹。这一切，要归功于近代以来的女性解放运动。中国人用一百多年时间，彻底打破了几千年的传统，将女性从闺房中释放了出来，而秘诀只有一个：女子教育。可以说，直到此时，我们才算真正做到了“有教无类”。

中国女子学堂的春天，是一个刚烈的女性用鲜血和生命换来的。让人感到悲哀的是，她的名字，却被淹没在无数历史的尘埃里！她，就是——惠兴。

1905 年 12 月 30 日,《申报》发表了一篇名为《惠兴女士为女学牺牲》的报道，原文如下：

“杭州惠兴女士为故协领昆璞之女，附生吉山之妻，十九岁夫亡守节。因读南皮（张之洞）《劝学篇》，大有感奋，遂以提倡女学自任。光绪三十年六月二十六日，延当地之有声望者多人，商论创办学校之事。是日，氏忽当众前袒一臂，用刀割肉一片，誓曰：‘今日为杭州旗城女学校成立之日，我以此血为记（纪）念。如此校关闭，我必以身殉之。’遂于九月十六日开校。校中经费，虽杭州都统德捐洋四十元，又拨公款八十元，留东八旗同乡会会员捐洋百元，端午帅随员喜捐洋五十元，八旗众官捐洋十元八元，以及零星捐款，统计约得三百余元，卒以无长年的款，支持甚难。今秋复以款绌，致课期时有间断。氏以此校无起色，由于无长年的款，而请款颇费踌躇，郁郁者非一日。继期请款之必得，遂密缮函八封，藏于桌内，复缮禀一扣，开办女学四柱帐（账）单一纸，预先服毒，欲乘舆赴两堂递禀。家中人见其神色有异，继而查得茶碗中有烟迹，遂大哗，唤同戚友竭力救治，已不及矣。氏临气绝时，开目尽力言曰：‘此禀递上，有长年经费矣。’遂死。年三十五岁，时为光绪三十一年十一月二十五日。”

多么刚烈的女子！令人由衷地敬佩！

她的死，也折射出当时兴办女学面临怎样艰难的困境。在一个有几千年历史传统的国度，观念转变永远难如登天，任何开风气之先的行为，都有可能将自己推向毁灭。所以，她从一开始，就抱定了必死的决心。最终，也用鲜血兑现了自己的诺言。这，就是那个时代所孕育出的传奇女子。

请记住她的名字——惠兴。请记住她创办的学校名字——贞文女学。

她，并非第一个，也不是唯一一个创办女子学堂的人，何以说她造就了女子学堂的春天呢？这还得从中国近代女子学堂的创办说起。

前文曾提及，开近代中国女学风气之先的是西方来华传教士。正是在他们的带动下，中国人的教育观念才悄然发生转变。戊戌前后，中国第一所女子学堂终于诞生。1897 年 11 月，一位名叫经元善的实业家在上海创办经正女学。他有一段话说得很精彩：

“中国人数号为四万万，而妇女因不读书，遂不能明天下之事，凡言论事功，皆依靠男子，则中国人去其一半矣。西人谓吾为半教之国，乍闻之必愤惊，然细思之，非半教而何也？”

不过，经元善因反对己亥立储被通缉，女学堂也随之停办。此后，中国女学之路蹒跚前行，走得异常艰难，直到惠兴自杀事件发生，才迎来根本性转折。

惠兴之死，在北京引发巨大的连锁反应，先是《北京女报》主人张筠芗为其开追悼会，随后北京淑范女学校为其举行隆重追悼会，紧接着各大报纸纷纷报道此事，《顺天时报》更将其称为“中国六千年来女界第一伟人”，迅速在北方地区掀起一股风潮。

最关键的是，戏曲界的介入让惠兴殉学事件彻底变得家喻户晓。《惠兴女士传》的新戏迅速被编排出来，并进行了规模盛大的公演。公演时先请志士上台演讲。演讲加演戏，具有极强的鼓动性，感动了无数观众。据报纸记载，戏园里出现“忽闻哭声起于南楼之下”，且“大号不止，警兵闻知，即前去劝解，方始停哭”的一幕。时人评论说：“北京戏园二百余年，此乃感动之第一声也。”随后，该戏又在天津等地公演，均大获成功。

在惠兴自杀事件的推动下，北京自 1906 年之后形成了兴办女学堂的高潮。《大公报》报道说：“自惠兴女士一死，北京女学逐渐发达……风气之开，进而愈上，不禁为我中国前途贺也。”

1907 年 3 月 8 日，“千呼万唤始出来”的学部女学堂章程正式颁布，标志着中国女子教育的合法化。这，显然与惠兴自杀事件的推动密切相关。

附惠兴遗书：

“众学生鉴：愚为首创之人，并非容易。自知力薄无能，初意在鼓动能事之人，如三太太，凤老太太，柏、哲二位少奶奶，以热心创此义务。谁知这几位，都厌我好事。唉！我并非好事，实现在时势，正是变法改良的时候。你们看汉人创兴学务，再过几年，就与此时不同了。你们不相信，自己想想，五六年前是怎样，这两年是怎样啊！我今以死，替你们求领常年经费，使你们常常在一处上学……你们不必哭我，只要听我一言，以后好好事奉先生，听先生教训，总有益于身的。与外人争气，不要与同部人争意气，被外人笑话。话长心苦，不尽所言。十一月二十三。”

祥说：从遗书中可知，惠兴创办女学的本意，乃在于兴满排汉，但这并不影响其殉学一事使得中国女子教育迎来春天这一客观事实！她，不应被忘记！

西方对清末立宪的态度令人大跌眼镜

虽说历史的发展自有其轨迹，但很多时候，她更像一个小姑娘，会突然变得蛮不讲理，让人摸不着头脑。或许，历史的最大魅力，竟在这里。

谁能料到，运转几千年的老大帝国，会被一场鸦片战争拖入泥潭，从此变得无所适从。

如果用一个字来概括近代国人的心态，那就是：急！

如果再用一个字来概括近代中国的情势，那就是：乱！

焦急和混乱，在中国败给日本，尤其是经历八国联军劫难之后，就日趋暴烈——革命暗潮涌动！

清末十年，有所谓新政。这是两次逃亡的慈禧，为了挽救大清危局，进行的一场自我救赎运动。就在不久前，她犯了一个大错，竟然充满幻想地鼓动义和团排外。盲目排外，乃是逆时代潮流而动的大错。结果，八国联军打了进来，清朝二百年基业再次受到重创，清朝政权的合法性也随之降到冰点。此时，皇族如履薄冰，绝不容自己再犯任何错误，否则，必将陷入万劫不复之地。搞新政，一是为了消解革命思潮，转移人们视线；一是为了向西方人证明，自己并不野蛮。当然，总归还有“自强雪耻”的意思在里面。慈禧曾亲口说：“我总是当家负责的人，现在闹到如此，总是我的错头；上对不起祖宗，下对不起人民，满腔心事，更向何处诉说呢？”

君主立宪，是新政的一个大项。外有康梁一派持续宣传，内有朝廷大员极力鼓吹，君主立宪已然成为一种最时髦的思潮。尤其是，日本竟然打败了俄国，取得日俄战争的胜利。这，给本就蠢蠢欲动的朝野，又打了一针兴奋剂。日俄战争，乃为争夺东北，作为当事人的中国，只能保持局外中立，当真是奇耻大辱！然而，人的心态有时就是难以捉摸，那时的清朝，竟有好多人把这场战争的结果与中国的未来联系起来。原因何在？其时正值人种优劣说大为盛行，白种是否真的优于黄种，都取决于这一场看似不太均衡却又让人抱有一丝希冀的战争。最终，代表黄种人的日本在这场人种大战中意外胜出，给了中国人满满的希望：日本社会与我们那般相似，他们能做到的，我们也能做到。核心，在于君主立宪！

当然，立宪的直接目的，在于消除满汉畛域，打掉革命党的存在基础（革命党打出的口号正是：排满）。

对于古老的中国而言，宪政是新鲜事物，要想搞好，出国考察就成为不可或缺的一环。于是，五位大臣承载着厚重的历史使命，踏上了西天取经之路。派谁出访，着实让清廷费了一番脑筋，好不容易确定下人选，没想到在火车出发前一刻，终究还是出了意外。革命党人吴樾的一颗炸弹，不仅延缓了出访日程，而且更换了出访人选。这个举动，说明革命党人对于清廷搞宪政多少还是心怀忧虑的。若真给了国人自由和民主，那也就没有革命的必要了。

不管清廷搞宪政有多少诚意（因派别而异），也不管中国人对此抱有多少怀疑，考察宪政终究还是落到了实处。关键是，“单纯的”外国人都信了！对于五大臣出访的目的，外媒无一例外地总结为：考察宪政。

英国《泰晤士报》：“这个使团将周游列邦，目的是考察各国宪政制度。”

德国《科隆日报》：“为了学习日本、美国和重要的欧洲国家的宪法、政治制度和经济体系。”

日本《外交时报》：“初中国上下颇有反对新政者，今则以日俄之战而大梦骤觉，昔之反对者今亦公认，然以宪法非其旧有，乃遂有派遣大臣考察各国政治之策焉。”

文明同化，才是西方打开中国大门的终极目标。所以，对于中国要走宪政之路的做法，他们自然是欢迎之至，并给予了乐观估计。法国《亚洲殖民会报》预言：“诸大臣来欧调查法制，归国改良后，清国必成强国。”英国《摩宁普士报》则称，日本作为一个岛国都能变革成功，中国“一旦发愤为雄，不难驾而上之。”所以，考察团所到之处，均受到该国“推诚相待”，舆论也“纪其行程，志其踪迹”。法国并未因不久前发生的南昌教案而给考察团脸色；美国则“派员照料，接待甚优”；俄国则表示“凡有可致力之处，务必竭力相助”。

最值得玩味的，是日本态度。日本驻华大使内田康哉专门宴请五大臣，并在致辞中盛赞考察宪政为中国“富强之先声”。日本国内媒体也持相同看法，《每日新闻》报道称，代表中既有军机大臣，又有地方督抚，“属于破格之特例”，由此“中国朝廷之深自奋起即此可知”。

对于外国包括日本的真诚期盼，实在不必以“阴谋论”轻易加以怀疑。

自从堂堂天朝上国输给区区蕞尔小国以后，中国人的心态普遍变得异常激进，总想着能够一下子找到那颗灵丹妙药，解决所有问题，即“毕其功于一役。”于是，一场并没有动摇根基的甲午战争，和一场荒唐至极的仇洋运动，联手将洋务三十年的成绩统统否定，原本可以继续大放异彩的“中体西用”思想，也被无情地抛弃在历史垃圾堆里。大清这艘航母，再次拖着那笨重的身躯，茫然无措地急速转了向，而转得太急，注定要船毁人亡。

变革进行到一定程度时，必然会触及政治体制，这是不可阻挡的规律，但没有土壤的栽培，就很容易变成空中楼阁，只需轻轻一碰就会摔得粉碎。清末搞立宪，就完全是外力逼迫下的举措，其实未必是最佳时机。即便要搞，也绝不能一口吃个胖子，否则必定噎死。

对此，外国媒体尤其是英国媒体看得相当清楚。《泰晤士报》："中国幅员辽阔，政治管理松散，政治改革牵涉问题太多，最终只能通过缓慢而且痛苦的过程才能实现。"《摩宁普士报》认为，中国如果骤行改革，必将激起守旧派的激烈反对，存在极大崩盘危险。《司葛司门报》甚至明确说，立宪改革对中国社会承受力是一个巨大挑战，"能否不至破裂则未可知"，中国十二年后将立议院的计划"似太急迫"。

换句话说，在外国人看来，宪政可以搞，但是——别太快！

慈禧压根就没想真正搞立宪，她的目的无非是以立宪之名，行集权之实。后来的载沣，不过是这一政策的继承者和执行者罢了。然而，满轻汉重、内轻外重的格局已然运转数十年，又岂是朝夕间可以扭转过来的？当皇族内阁出台后，那层薄薄的面纱褪去，满洲贵族真面目暴露无遗，伤透了立宪派的心，把他们彻底推向了革命方一边。

武昌起义爆发后，尽管清廷立马废掉皇族内阁，答应立宪派所有请求，也已经无力回天。这些曾拉下脸来多次去请愿的士绅们，终究还是转身离去，走得毅然决然。退一步讲，即使清廷真心搞立宪，别说革命派等不及，就是立宪派也没有耐心等那么长时间。他们恨不能一夜间迈入宪政行列，实现强国之梦。如此说来，国人与外人对清末宪政的节奏观感真是天差地别。或许是因为，一个是局中人，一个是局外人！

最有意思的是，当外国人普遍担心的革命爆发后，他们并没有惊慌失措，相反，竟然同样表达了热烈欢迎，一如期盼立宪那般真诚。其中的奥秘，也并不难解。君主立宪和民主共和，同属西方民主制度，并没有绝对的高下之分（中国人在进化史观影响下，认为民主共和更先进）。最关键在于，辛亥革命是一场“低烈度”革命，既没有引发大范围社会动荡，也没有对在华外国人造成一丁点伤害。相反，整个过程中，除了部分会党之外，革命派无不尽心尽力地保护外国人的生命和财产安全。且看下面几则史料：

李提摩太：“这次的革命是不可思议的兵不血刃的一次。”

麦高温：“整个中国革命史上还没有哪次革命像最后这一次流血这么少。”

明恩溥：“整个世界都惊讶中国能够开始并完成一场理性的革命，其流血之少，在任何东方国家中从未有过。”

归根到底，外国人所担心的，并非革命本身，而是义和团式的排外“革命”。

平心而论，满洲贵族搞集权似乎也没有错。按照君主立宪的逻辑走下去，自己也没什么实权了。既然都是死，不如放手一搏。历史演进到这里，对于他们来说，这是一个结，一个解不开的死结！

祥说：由君主专制到君主立宪，是一种平稳的过渡，尽管辛亥革命并未造成大的社会动荡，但在时人看来，由君主专制直接跨向民主共和，步子迈得有点大。袁世凯重新搞君主立宪，多少是因为感受到国人对皇帝的思念。只是，在那个没有最激进、只有更激进的年代里，任何往回走的行为，都会遭受最严厉的打击。时至今日，每每说起这段历史，多少人会扼腕叹息。其实，擦肩而过的，未必一定是美好。错过，自有错过的理由！

西方女性在中国从“番妇”变身“美人”

如今，漫步于城市街头，发现外国女性的身影，是件再平常不过的事情，不会有人为此感到惊诧，甚至眼睛都不会在她们身上做任何停留。然而，几百年前的中国，却将外国女性视为洪水猛兽、大乱之源，严禁她们踏上国土。直到那场因鸦片而起的战争爆发后，这一政策方才被废除，外国女性在中国人心中的形象才慢慢改变。

清朝实行较为严厉的闭关政策，通过制定《防范外夷条规》等一系列章程，试图将自己与世界隔绝开来，“逍遥”地活在“桃花源”里。好在为了彰显天朝地大物博，拯救“外夷”小命（清人普遍认为少了中国的茶叶和大黄，外国人会大便不通而死），还保留了几处通商口岸（乾隆年间撤掉三个，只保留广州一个口岸）。尽管允许外国人来华经商，但是做了种种限制。其中，就包括：外国女性不许居住广州夷馆，只准居住船上。

1751 年，有个荷兰商人擅自带着三位女性进入广州，虽未引发冲突，但引起清朝官员的警惕和重视，认为“例当驱逐”。为了防止再次发生此类事件，清廷明确规定：“嗣后有夷船到澳，先令委员查明有无妇女在船，有则立将妇女先行就澳寓居，方准船只入口；若藏匿不遵，即报明押令该夷船另往他处贸易，不许进口。”从此以后，外国女性可以合法地居住在澳门，而不必困在船上。

那年月的海上航行，比不得现在，漂洋过海到中国，往往需要半年以上。旅途疲惫，甚至充满凶险，好不容易到达目的地，却无法携眷同行（一般会在中国逗留半年左右），这令外国商人十分恼火。因此，这一不人道的政策经常会引发彼此间的摩擦和冲突。最典型的，是发生在广州的“盼师夫人事件”。

盼师，是英国东印度公司驻粤大班，他对清廷的上述政策十分不满，所以公然予以挑衅，成了第一个吃螃蟹的人（之前也有外国女性到广州，但都是偷偷摸摸，住几天就离开了）。1830 年 10 月 4 日，盼师携夫人和葡萄牙婢女，光天化日之下，大摇大摆地坐着轿子进入商馆。盼师之所以明目张胆地这样做，背后恐怕是有英国政府的支持，目的就是要向清廷的政策发起冲击。

一周后，两广总督李鸿宾勒令“番妇”“夷婢”（即上述两位外国女性）退回澳门，不得在广州停留。然而，不仅盼师拒绝执行命令，而且英国商人也纷纷提出抗议（清廷规定，外国商人不得直接与天朝官员接触，所以，命令由行商转达）。10月20日，李鸿宾再次通过行商向盼师下达严令，如果三天之内不将“番妇”遣回，将派兵入馆驱逐。盼师一看天朝来硬的，立即通过海军司令调来一百多个士兵，全副武装进入商馆。一时间，双方剑拔弩张，形势随时可能失控。

事实上，当时清廷是害怕引起中外战争的，因为刚花了好多钱镇压了一次边疆叛乱，实在打不起另一场仗，这也是为什么后来道光派林则徐到广州禁烟时，反复叮嘱“切莫开启衅端”的原因所在。所以，李鸿宾所谓出兵驱逐，不过是虚张声势罢了。后来，行商伍受昌出面调停，以盼师身体有恙需要人照顾为名，让两位女性暂留广州，待病好后再行离去。最终，她们在广州共居住50天后，退回澳门。清廷为了显示天朝威严，将一个向盼师提供轿子的行商谢五革职，并发配新疆。

盼师事件发生后，道光帝于12月8日下谕旨，重申严禁“番妇来华”政策。1831年3月，李鸿宾等重新制定了《防范夷人章程》，措施更为详细、严厉。此后十年内，此类公开挑衅事件未再发生。不过，双方的矛盾越来越深，以致这一政策成为后来鸦片战争爆发的原因之一。

那么，清廷缘何一定要把外国女性拒之门外呢？四个字：“夷夏大防”！

中国人一向看不起外国人，往往用“夷”“番”“蛮”等字眼来称呼，而外国女性袒胸露臂的服饰以及其他很多生活习惯，都被视为“有伤风化”。而且，如果允许她们进入广州长期居住，势必扩大华夷接触范围，难免引发所谓“不轨”行为。同时，来华商人如有家眷陪同，身后无所牵挂，定居的可能性将大大增加。这些，都被清廷视为影响天朝稳定的不利因素。

说到底，还是所谓天朝思维在作祟。

《南京条约》谈判开始后，英国代表璞鼎查明确将这一问题提了出来，认为中英相距 7 万里，往返一次需一年多，如不允许携家眷来华，于情理不合。清廷代表耆英向道光帝请旨，并在奏折中说：外国船只之所以难以控制，是因为“飘忽往来于洪涛巨浪之中，朝东暮西，瞬息千里，是以能为遥患”，如果提供固定住所给外国人，再允许他们携带家眷，那么他们的顾虑就会增多，控制起来会比较容易。而且，“英夷重女轻男，夫制于妇，是俯顺其情，即以暗柔其性，似更不必遇事防闲”。这番话，显然是在吃了败仗之后，不得不做出妥协，又不想丢掉天朝威严的情况下，寻求自我安慰罢了。

从此以后，外国女性就可以名正言顺地进入开放的五个通商口岸。1844 年中美签订《望厦条约》后，女传教士被允许到内地传教。随着后来越来越多不平等条约的签订，来华外国女性数量迅速增加。

不过，清人对她们的印象并没有发生什么本质变化，只是无法阻止而已。

那么，鸦片战争前后的中国人，究竟在哪些方面看不惯西方女性呢？

首先是服饰装扮。亨特曾这样记载：“盼师夫人可说是集会中的美人儿，她的服装是真正伦敦式的，这非常引起我们的羡慕，可是在中国看来，则十分可怕了。”即使开明如林则徐者，也不能接受。他于 1839 年巡视澳门时，曾在日记里记载：“夷服太觉不类……妇女头发或分梳两道，或三道，皆无高髻。衣则上而露胸，下而重裙。”

其次是男女伦常。西方讲究婚姻自由，男女平等，甚至常有女性凌驾于男性之上者，而这与中国男尊女卑观念格格不入。林则徐在上述日记中称："婚配皆男女自择，不避同姓，真夷俗也。"黄懋材游历上海时，对"番妇性骄侈，为夫者一听其意指气使，不敢稍息"的现象十分不理解。

按理说，随着西方女性来华数量迅速增多，中国人对她们的看法应当逐渐改变，但事实却非如此。

大致自鸦片战争前夕，英国人开始意识到"夷"字含有歧视之意，遂偶有抗议，至《南京条约》签订时，文本中即没有出现"夷"字，后来在《天津条约》中干脆明确规定清廷不得再使用"夷"字。而且，经过两次战争的失败后，中国人懵懵懂懂地意识到，西方似乎并不属于未开化的野蛮世界，甚至很多地方要比中国文明。

自洋务时期起，"番妇""夷婢"这类称呼逐渐退出国人的话语系统，代之以"西国妇女"。不过，女性服饰及礼仪等，仍属于"中体西用"之"体"的层面，即大本大源的祖宗之制，绝不可动摇。故而，人们对西方女性的称呼虽然发生变化，但对于她们的服装打扮、言谈举止、价值观念等，仍大都采取排斥态度。

在清人看来，西方女性在各个方面都与中国传统儒家伦理相违背，故各类批评，在士大夫笔下随处可见。兹简单举出几例：

"男与女面相向，互为携持。男以一手搂女腰，女以一手握男膊……女子袒露，男则衣襟整齐……殊不雅观也。"

"家事皆妻倡夫随，坐位皆妻上夫下，出外赴宴亦然。平时，夫事其妻如中国孝子之事父母，否则众訾之。"

"泰西则子不养父，臣玩其君，妻贵于夫，三纲沦矣。"

"妻可置妾控夫，尤为可笑。"

"在西人不识阴阳，其立教遂不别男女，然言天既有阳而无阴，何以立教反抑男而尊女？违天而行，不亦颠倒剌谬之甚耶……女制男，阴抑阳，事事倒置。”

“女年二十有一，便纵其任意择夫，尽有屡择方配之人，不以先奸后娶为耻。青年碧玉，到处求雄；皓首孤孀，尽堪招偶，一至于斯！”

即使像薛福成、曾纪泽等主张学习西方富强之道的洋务派官员，也无法扭转头脑里的传统观念，对西方女性的种种行为皆表示反对。比如，薛福成就认为下面的现象“稍违圣人之道”:“男子在道，遇见妇女则让之先行。宴会诸礼，皆女先于男。妇人有外遇，虽公侯之夫人，往往舍弃其故夫，而再醮不以为异。夫有外遇，其妻可鸣官究治，正与古者扶阳抑阴之义相反。女子未嫁，每多男友，甚或生子不以为嫌。所以女子颇多终身不嫁者，恶其受夫之拘束也。”他还对当时西方涌起的女权运动表示极力反对，认为:“妇女独立，则人不愿生子，而人类将绝，岂不大可畏哉。”

尽管风气未开，观念未变，但是在一片批评声中，仍能发现些许微弱的肯定声音。比如，王韬说:“女子与男子同，幼而习诵，凡书画、历算、象纬、舆图、山经、海志，靡不切究穷研，得其精理”,“中土须眉有愧此裙钗者多矣”。他竟然公开承认中国男性不如西方女性，可谓大胆。

郑观应称赞“泰西女学与男丁并重，人生八岁，无分男女，皆须入塾，训以读书、识字、算数等等，塾规与男塾略同”，倡导兴办新式女学，可谓见识不俗。

李圭则认为西方女子“举止大方，无闺阁态，有须眉气”，不由“心甚敬之，又且爱之”。

特别是,《点石斋画报》中出现了不少有关西方女性形象的正面报道。比如,《美妇司舟》一文就称，美国妇女伊丽莎白因学习航海技术成绩优异，鲜有男性超越于她，于是被任命为某轮船船长，总理这条船的一切事物，而她的丈夫也在这条船上，官衔是大副。

《西妇善御》一文，则描绘了一位将脚踏车“驯服”的西方女性，并称：独轮车、马车等交通工具一般都是男人驾驶，如今西方女子对驾驶自行车技巧娴熟，其行如飞，身轻如燕，令人钦佩。

《女侠泄愤》一文，讲述的是一位奥地利女子，因好友丈夫出轨却不思悔改，所以她替朋友出头，与“渣男”展开决斗的故事。画面中，男女各执利器，而“女侠”正边跑边撸起袖子，右手执长刀紧追对方不放。被追赶的男子手中也一样握有武器，但左臂已经鲜血直流，无力对敌正欲逃跑。

此外,《离婚奇谈》和《丑夫被控》两文则讲述美国妇女在离婚事件中行使自己的权利的故事。

由此，西方女性在中国的正面形象开始萌生。

至 20 世纪初，西方女性在国人眼中的形象来了一个大逆转，从原来的“番妇”变为“美人”“美女”，类似称呼，在报纸上随处可见。需要注意的是，此处的“美人”“美女”并非仅仅指向外貌，而是更看重内在，将西方女性视为榜样和典范。这一时期的知识分子，已经很少关注西方女性的服饰和礼仪，而将重心放在了外貌背后的国民品格上。比如：

西方女性普遍接受教育。“欧美诸国，女学校林立于都会，女学生络绎于道途，及其卒业，或为美术家，或为哲学家，或为文豪家，或为悲剧家，或参预夫政治，或从事于侦探，或投身看护妇……”

西方女性普遍自立并贡献于社会。“泰西女子，无有如中国之终身坐食，不能生利者。”“女子立身端正，心地光明，有独立之精神，无服从之性质，为国舍身，为民流血，其遗迹见于历史者，不可胜数。”

有意思的是，由于西方女性背后折射出的是西方文明，所以她们不仅成为中国女性的典范，而且成为中国男性的榜样。在当时的舆论中，很多人都有中国男人不如西方女性的言论。比如，“荷兰者……寻常女子六岁未有不入学，十五岁而未有不毕业于高等者。且其普通社会，女子不通英、法、德何国之语言文字，则谓之无教育之民。今吾中国民其自思，以男子而能通无论何国之语文者，几何人哉？曰人某，数年前游学德国，以民家为居停。居停之老妪暇时与之谈，则能知德国与日本海岸线之长短与比例，如数家珍。今吾国民其又自思，以老师宿儒能知本国海岸线之长短者，几何人哉？"

当然，在女权等问题上，革命派与改良派之间存在相当大的分歧。前者这样说："旷观欧美文明各国，男女同等，如结婚也，选举也，莫不力争平权，诚以处二十世纪新鲜空气中，不自由毋宁死也。泰西之女士，如维多利亚之英明，罗兰夫人之豪侠，其伟绩丰功，啧啧人口。"而康有为则对西方女性因崇尚自由不愿生育表示担忧，说："天与人权之理既明，则妇女独立之势日盛，大化浩浩汹汹，转移而人不知也，亦安能逆之哉？若顺风而趋，则人道之灭绝可忧也，吾于法美妇女之趋势有惧焉。"

事实上，西方女性是一个非常笼统和模糊的概念，既有共同性，也有差别性，而且当时她们绝非尽善尽美。梁启超就曾说："美国号称尊女权，然亦表面上一佳话耳，实则纽约之妇女，其尊严娇贵者固十之一，其穷苦下贱者乃十之九。娇贵者远非中国千金闺秀之所得雍，下贱者亦视中国之小家碧玉寒苦倍蓰焉。以文明之地，结婚既难，而女性复多于男性数倍，故怨旷之声，洋洋盈耳，以华人之业贱工者，而中下等之西女，犹争愿嫁之，则其情形略可想矣。"然而，能像梁氏这样做出敏锐观察的实属凤毛麟角。而且，即使看到些许不足，大部分知识人也选择了有意忽视，目的就是在中国打造出一种新的"美人"典范，进而能够在中国社会激起波澜。"娶妻当娶苏菲亚，嫁夫当嫁玛志尼。""作自由舞台之女杰、女英雄、女豪杰，其速继罗兰、马尼他、苏菲亚、批茶、如安而兴起焉。"这样的话语，将时人的急切心情展露无遗。

这番努力还是很有效果的，清末十年的妇女解放成为一个转折点。

《点石斋画报》曾发表一篇名为《裙钗大会》的文章，报道了中西女性一同举办中西女学堂第四次筹备会议的盛况，文中称赞这次盛会“诚我华二千年来绝无仅有之盛会也，何幸于今日见之”。

祥说：西方女性在国人心目中的形象之所以会在20世纪初迎来大转折，是因为甲午战争尤其是义和团运动失败以后，东方文明在西方文明面前输得彻彻底底，中国人开始真正抛弃所谓天朝上国的陈腐观念，承认自己不如外国，而向西方学习也开始跨越“中体西用”的鸿沟。改造国民品性，重新塑造“新民”成为知识分子的重要使命，而作为“半边天”的女性自然也在“新”的行列。于是，自戊戌维新时期即已开始的妇女解放运动，至此大盛。而西方女性形象，恰好可以拿来作为典范。

“缠”与“放”的较量：三寸金莲的前世今生

在世界东方，曾经有一个古老的帝国，至少从宋代开始，那里的男人们就产生了一种极为变态的审美观念，即：迷恋小脚女人！于是乎，“三寸金莲”（大于四寸称“铁莲”，四寸称“银莲”）应运而生，并流传千年。这个帝国，名叫中国。

关于缠足，有很多传说。《古今事物考》云，商纣王宠妃妲己是一只狐狸精，而且是一只不合格的狐狸精，功力尚浅，变不出脚丫子，不得不以帛裹之，是为缠足之始。这当然是无稽之谈。最早对缠足加以明确记载的，是《道山新闻》，谓：“以帛缠足，令纤小屈上，作新月状。”这与后世流行的向下缠足还不太相同。根据鞋子的形状来看，大致到宋代，确有女子开始缠足，明代则大为盛行。

至于缠足为何会兴起，清代有位女子曾写有这样一首诗，颇能道出个中原委，诗曰："三寸弓鞋自古无，性成本是赤双足。不知裹足从何起，起自人间贱丈夫。"除了男人恋足的变态心理和审美外，缠足也是对古代女子的一种"规训"，就像养一只听话的鸟儿一样。当然，也不是所有中国人都缠足，很多少数民族就没有缠足的习俗，有些地区的劳动女子也不缠足。

满族女子，即无缠足习惯。清人入关后，曾下达两个命令：一为剃发令，一为放足令。结果，无数汉族男性为此丢掉性命，其余则"剃发留头"，反而女子放足政策未能如愿施行，故民间有"男降女不降"之说。

早在明末清初，即有士人对缠足这一恶习加以抨击，如毛稚宾写有《禁缠足表》，谓："念娇姿之婀娜，何敢毁伤？"清嘉庆年间，袁枚亦在《牍外馀言》中批评说："女子足小有何佳处，而举世趋之若狂？"最典型的，还要属道光年间李汝珍所写长篇小说《镜花缘》，书中多处抨击缠足陋习，如第十二回借君子国宰辅之口对"天朝"之人说："吾闻尊处有妇女缠足之说。始缠之时，其女百般痛苦，抚足哀号，甚至皮腐肉败，鲜血淋漓……试问鼻大者削之使小，额高者削之使平，人必谓为残废之人；何以两足残缺，步履艰难，却又为美？"此番驳斥可谓精彩绝伦！书中还有一则故事，讲的是让一名男子尝尽缠足苦头，最后大喊"情愿立即处死"，读来令人拍案叫绝！

太平天国运动爆发后，缠足恶习一度受到巨大冲击，一来是因为两广地区缠足之风本就较弱，二来是因为残酷的战争和繁重的生产都需要女子的参与。不过，洪秀全采取的是以严刑酷法方式改变习俗的做法，明确规定："令女馆妇女悉去脚缠，夜间女百长逐一查看，有未去脚缠者，轻者责打，重则斩脚。"这与清人入关强迫剃头并无二致。定都天京以后，随着女子重新退居二线，缠足之风很快恢复。所以，太平天国的妇女解放，并不具有近代意义。

真正从现代文明角度对缠足恶习展开攻击者，最早是来华传教士。他们自 19 世纪 70 年代开始，就不断以发传单、出书籍、印报纸、做演说等各种方式宣传缠足的危害。当时有《缠足论》一文，称缠足恶习“其残忍不亚于火葬、溺女”，批评中国腐儒“泥于重男轻女之见，坐使中华女子，遭此浩劫而莫之拯”。该文认为：缠足恶习在世界上遍寻不见，只有中国才有，还自负为什么文明教化之国呢？而要想扭转这一世风，只有从女子教育入手，让女子读书明理，自然“不禁自绝”。传教士还组织了很多不缠足团体。“厦门不缠足会”是中国最早的不缠足团体。可以说，传教士在戒缠足方面，开了风气之先，逐渐影响了中国士大夫的看法。

戊戌维新时期，士人中接受中国不如西方这一看法者迅速增多，以西方现代文明为标准，缠足自然属于不文明陋习。于是，维新人士在社会上（主要是大城市）掀起一股不缠足浪潮，不仅借助报刊进行大规模宣传，而且发起、组织了为数众多的不缠足团体。时人谓：“缠足之事不早为之，则变法者，皆空言而已矣。”“欲救国，先救种；欲救种，先去害种者”，只有放足才能“母健而后儿肥，培其先天而种乃进也”。据说，康有为向光绪上奏请求下旨放足时，遭到李鸿章的讥笑。李鸿章对他说：女人缠足这种小事你也要管，未免太琐碎了，留点精力筹划国家大事吧。康有为则说：这是小事吗？全国一半人口在这条枷锁之下，不能有所作为，正是中国积弱的主要原因之一。1898 年，光绪曾经下诏，要求各省督抚劝诱禁止缠足，并无多少效果。只有在上海等大城市，不缠足宣传成效较为明显。

不缠足运动遇到的阻力，一是来自于守旧的士大夫，一是来自于民间对习俗的固守！所以，即使以行政命令方式来强制推行，也未能取得显著成绩。

第一次不缠足高潮的真正到来，是在辛亥革命时期。尽管革命派在宣传方式和内容上，与维新派并无太大差别，但在宣传力度和广度上绝对要甩他们好几条街。因此从城市深入到广大的乡村，一时间不缠足蔚然成风。这里主要有几个原因：一是，清廷再度下令禁止缠足；二是，士大夫观念在八国联军侵华后发生巨大转变；三是，革命浪潮风起云涌，不缠足与剪辫子一同成为革命的身体符号；四是，许多女子加入到不缠足运动中来。

1912年，中华民国成立，南京临时政府明令禁止缠足。“五四”新文化运动时期，冲出家庭牢笼，追求个性成为时代潮流，缠足旧俗遭到更大冲击。中国共产党成立后，将革命运动深入广大农村，缠足也就一步步走向了穷途末路。

当然，缠足作为一种维系了千余年的旧俗，尽管遭遇了一次又一次时代浪潮的冲击，却仍能苟延残喘，至今仍能觅得踪迹。

祥说：缠足是古代男权社会对女性进行身体规训的手段之一，是男女权力、地位失衡的最真实写照，理应被扔进历史的粪坑中。

“男女大防”被妓女在茶馆、戏园里打破

时间，确实是个非常有意思的东西，它能让一切事物都发生变化。哪怕这个事物已经延续了上千年，也无法避免被改变的命运。变化，有时候天崩地解，而更多时候，则润物无声。

谁能想到，中国这个古老、守旧，将“男女大防”视作比生命都重要的国度，竟然会开放到“无耻”的程度。

人们不禁要问，这个传统观念，究竟是在何时，以何种方式被率先打破的？又是谁，开了风气之先呢？

近代以来，中国大门被强行打开，通商口岸日渐增多。在这些中外文

明交汇下的新兴城市里，特别是租界（相当于化外之地），新的市民阶层开始形成，而且由于人口流动频繁，商业高度繁荣，政府控制减弱，以及道德束缚松弛等，人们的生活方式和态度日益发生变化，尤其表现为休闲娱乐生活的空前丰富。大概到19世纪70年代，休闲娱乐业已经颇具规模，如茶馆、饭馆、酒楼、戏园、书场、烟馆、妓馆等，几乎遍布大街小巷，档次也有高有低。

“男女大防”的旧观念，就是在这股西化的大潮下逐渐被淹没并打破的，地点主要是茶馆、戏园和烟馆等。

中国古代也有茶馆，但大都比较简陋，功能也比较单一。晚清以来，茶馆开始在城市中迅速盛行。而且，在通商口岸出现许多装修豪华、功能多样的大型茶楼。当时，上海最有名的要属阆苑第一楼。时人这样记载：

“洋房三层，四面皆玻璃窗，青天白日，如坐水晶宫，真觉一空障翳。计上中二层，可容千余人，别有邃室数楹，为呼吸烟霞之地，下层则为弹子房。初开时，声名藉藉，远方之初至沪地者，无不趋之若鹜。近则包探捕役，娘姨姘头，以及偷鸡剪绺之类，错出其间。”

这哪是茶馆啊，根本就是会所嘛。

注意，关键是“娘姨姘头”的出现。

按照传统礼俗，像茶馆这样的公共娱乐场所，是禁止女子入内的，为的就是防止发生有伤风化的淫乱之事。哪个女人敢进去，是会遭到官府制止的。然而，通商口岸里有极为兴旺的娼妓业，人多热闹的茶馆无疑最受她们青睐。官府也已无力控制！渐渐地，到茶馆去休闲娱乐的女子越来越多。时人这样记载：

“不特妓馆，即良家有浓妆靓服，乘风踏月而来……且有三五成群，韶年秀质，举止羞涩，不类闲花者。”

戏园的情况，也差不太多。最早进入戏园的女人，同样是妓女，她们应邀去陪客人听戏。

烟馆更是如此，而且不限于通商口岸。像在北京，女子吸食鸦片也非常普遍，与男人一起在烟馆里吞云吐雾。时人这样记载：

“烟馆内男女杂混，偃卧床上，日夜吹吃，恶臭冲鼻，烟气逼人，令人作呕。妇女亦有吃之者，皆曰：但吃鸦片，不论男女。而淫情甚炽，不可抑制。”

所谓“男女大防”，也就渐渐不攻自破了。

1884年的《申报》，还专门有文章对此现象加以批评，认为女子出入茶馆、戏园、烟馆等公共场所，会引诱男人，导致淫乱，最终使男人破财毁业。事实上，地方官也曾下令禁止，但成效甚微。

一旦某种现象在社会上受到广泛批评，说明它已经十分盛行！当时，经常会有公子哥与妓女同坐一辆马车“游观街市”，当时人称“飞车拥丽”，乃街头一景。

祥说：在近代都市里，妓女永远走在时髦最前列，穿新装、化新妆、看电影、开汽车、拍照片等，都是她们冲在最前面。如此说来，她们对于社会风气的变化，恐怕也是有不少贡献的。

中国人花了30年才接受自行车

若论自行车在中国什么时候最流行，恐怕要属改革开放之初即20世纪80年代末。那时候，无论是穷乡僻壤，还是长安街上，到处可见各式各样的自行车。换句话说，自行车是那个年代的特征与标志。如今，尽管满街跑的已是四个轮子的汽车，但在很多人心中，自行车的魅力依然不减当年，因为它承载了几代人的记忆。

今天，我们就一起回到过去，看一看自行车是如何传入中国，又如何被国人所接受的。

现存史料中最早记载自行车在中国情形的，可能是1868年11月24日的《上海新报》，报道是这样写的：

“兹见上海地方有自行车几辆，乃一人坐于车上，一轮在前，一轮在后，人用两脚尖点地，引轮而走。又一种，人如踏动天平，亦系前后轮，转动如飞，人可省力走路。不独一人见之，想见者多矣。询之外国人，据云，外国地方马路平坦之极，有一人乘此车与马赛之，经六点钟时候，行一百三十五里之遥，车迟到半点钟工夫。因有逆风，所以后到，若非逆风，力过于马也。又闻外国水陆军营新报云，现在兵丁欲与兵官商量，皆作此车以代行路之力而养其兵之锐，且免背负行囊器械之劳，到战场，车弃一旁，兵有养息之力，易于前进，诚良法也。即中国行长路，客商尽可购而用之，无不便当矣。”

文中最后一句说明，这篇报道的目的是在中国进行自行车的商业推广。不过，那个年代的中国人并不买账，最早在中国骑自行车的，仍然是来华外国人。《孽海花》第三回“领事铺张赛花会，半敦生演说西林春”，就以细致的笔墨描写了英国驻上海领事馆里举办的“西人赛花会”的情景，里面曾提及“楼下门口，青漆铁栏杆外，复靠着数十辆自行车”。1875年，《万国公报》刊文称：“自行车，西人所创，上海行亦有年。”《图画新报》亦报道说：“西人喜用脚踏车，取其迅疾也。近闻美国自造者不敷所用，故向英国购买，约值洋一万元云。”

最初，骑自行车的外国人主要是传教士，因为自行车为他们奔波各地提供了极大便利。1899年，澳大利亚的一本自行车杂志曾这样写道：“在那个国家（指中国）自行车给传教士们帮了大忙了，即使是最坏的路况，他们也可以骑着自行车一口气走个几百公里路。”很多传教士喜欢到中国乡村去传教，当他们骑着自行车出现时，往往引来中国人的围观，“密若堵墙”，“诧为奇异”。《上海四马路洋场盛景图》木刻版画，表现得是上海租界的十种新奇图景，其中一组图景就是两个西方人骑着一辆自行车，其中一位还是个穿着灯笼裤的西方妇女。

自行车之所以在中国打不开市场，主要有以下几个原因：

首先，自行车在西方同样属于新事物，技术方面尚不完善，前轮大，后轮小，没有刹车，也没有橡皮车轮，骑在上面并没有多少舒适感。

其次，中国道当时路情况比较糟糕，就连上海的大部分道路都是坑坑洼洼、凹凸不平，相比坐马车和人力车而言，骑自行车具有相当的危险性。

再者，骑自行车需要一定技巧，学习的过程中会不断摔倒，“非练习两三月不能纯熟”（与现在不一样）。而且，自行车价格比较昂贵，能买得起的只有贵族阶层，而他们是绝不愿意花费大价钱买一个会让自己摔跤、出丑的物品的。下面一段话最能体现当时中国所谓精英群体的傲娇心态：

“自行车到我国来的时候，年代已不可考，但总在海外通商以后……因为国人习性和习俗，不役人的就役于人，很少肯使用自己的力气，为自己服役，所以只有坐车和抬轿拉车，除了使用自己天然的两腿走路以外，自己坐车自己使力会被人笑话的，因之自行车虽传到了我国多年，还是未被扩大的利用。”

时光荏苒，直到 20 世纪初，中国人才开始真正接受自行车这一新事物，而此时距离自行车传入中国已过去整整 30 年！

甲午战后尤其是八国联军侵华以后，中国作为天朝上国的优越感被彻底打掉，举国上下不得不接受中国已经“由文变野”的事实，开始把西方作为文明标准，相应地也就把西方传进来的一切事物视为先进的、美好的。对于这种社会心理的转变，陈旭麓先生所论最为精彩：“这种心理征服的结果，不仅反映于封建统治者的奴颜与谀态，反映于作为社会中坚的士大夫阶层的精神支柱的分崩离析，而且更广泛地反映在普通民众阶层从排外到崇洋的风气的急剧转化。随之而来的，便是欧风美雨驰而东的文化变迁趋势和以西洋为文明的社会心理认同。”

这一时期的报纸，对于自行车不再是惊奇、嘲讽，而是热烈地赞美。比如《赛脚踏车》一文这样写道：

“脚踏车，一代步之器也。曷足以彰明典礼，而未始不可以鼓动性情。前年，海上尚不多见，至近年来，始盛行之。本届庆祝英皇之日，各西商喜脚踏车之多而乘坐者之众也。于是豪情霞举、逸兴云骞，共集于泥城桥迤西之赛马场。车则钢丝如雪，轮则机括维灵，一升一降，不疾不徐，如鹤之飞，如鹰之隼，瞬息逾里，操纵在两足之间，而东洋车不能方斯迅疾，马车亦无此轻扬，由其驾驭之熟而练习之深也。以视跑马之专藉马力，跑人之专用人力者，迥乎不同矣……行见脚踏车之利用，日盛月新有进而益上者，此特小试其端耳。”

需要注意的是，这一时期自行车技术以及中国道路情况并未有多少质的变化，因此自行车被广为接受，显然是人们心理变化的结果。换句话说，自行车和其他来自西方的新事物一样，都成为文明、先进和现代的符号。报纸上开始大量刊登有关自行车的广告，上海甚至出现了专门供人骑自行车聚会的公共空间，相关赛事也开始迅速流行起来。

从此以后，骑自行车成为城市生活的时髦，并迅速向乡村蔓延。

祥说：在诸多西方传入中国的新事物中，自行车颇具代表性，能够充分反映出国人对待西方文明的态度转变。中国人花了近30年时间，才真正接受自行车，说明隐藏在物质背后的发挥决定作用的，是观念！

解放膝盖：跪拜礼的废除过程

跪拜礼，是中国古代最为常见的礼仪之一，最初并不带有尊卑贵贱的等级色彩。在床还没有产生之前，人们都是席地而坐，“两膝著地，以尻著踵而安者为坐”。当需要向对方表示敬意时，则将腰杆挺直，臀部离开脚跟，实际为一种跪姿，而以手触地，则为拜姿，以头触地，则为叩首（这种坐姿，在日本仍有保留）。后来，桌、椅、床等成为日用品，中国人不再席地而坐，站立着进行作揖成为常用礼节，而跪拜礼就逐渐被赋予了浓重的等级色彩。清人入关之后，跪拜礼的繁琐程度达到顶点，分一跪三叩首、二跪六叩首、三跪九叩首。

那么，这一延续了几千年的传统礼仪，是如何在近代走向衰落的呢？

最早对这一礼节发起冲击的，不是中国人，而是来华的外国使节。中国实行闭关锁国政策后，外国人经常派遣公使来华，希望打开中国大门，建立正常的国家关系。然而，外国公使觐见中国皇帝时，总是被要求行三跪九叩的大礼，因为，当时的中国自视为“天朝上国”，天下唯我独尊，其余的国家和民族都是未开化的蛮夷。直到第二次鸦片战争后，外国公使常驻北京，多次要求觐见皇帝，仍被清廷拒绝，原因就在于外国公使坚决不行跪拜礼，而清廷则坚持认为跪拜礼“事关国体”。最后，双方达成妥协，外国公使觐见同治皇帝行鞠躬礼，但由三鞠躬增加到五鞠躬（也是醉了），日本则坚持行三揖之礼。就为这一礼仪问题，双方交涉长达三四个月之久，最终的结果，实际上已经动摇了中国跪拜礼的权威和根基。

清廷之所以妥协，除了实力不足以外，还因之前已有两次破例行为。1866 年 3 月，清廷向国外派出了以斌椿为首的第一个考察团，他们在谒见西方元首时并未采取跪拜礼，而基本遵守西式礼节。同行的张德彝在《航海述奇》中说："其君臣相见，无山呼跪拜礼，只垂手免冠而已。"这是中国人对西式官场礼节的较早记录。两年后，清廷正式派出了第一个使团——蒲安臣使团，随行的官员志刚、孙家谷等均采用西方通行的握手或鞠躬礼，即使在蒲安臣去世后依然如此。孙家谷曾这样写道："秋后渡西洋，抵英吉利岛国，见其女君，礼节不过进退三鞠躬而已。彼此立谈，无跪拜之文。"

随着中西方文化碰撞、交流程度的加深，介绍西方礼仪制度的书籍开始大量出现，而清廷出使西方各国人员也越来越多，中国人对西方礼仪的认识更加广泛而深刻。尤其是，随着中国面临的民族危机日益严重，很多有识之士开始反思传统礼仪与民族奋起自救的关系，以审慎的态度对中西各方面的差异进行分析比较。进步的中国人认为，传统的跪拜礼俗，只能培养人们的愚忠愚孝思想，泯灭国民的独立人格意识，因而发出了废除以跪拜礼为主要标志的繁琐礼制的呼声。

谭嗣同在《仁学》一书中，揭露、抨击了历代封建统治者利用"繁琐拜跪之仪"，束缚、钳制臣民百姓思想，"以挫其气节"的卑劣目的与险恶用心。梁启超在1897年任教时务学堂之时，即曾将废除跪拜与变法图强、维新救国联系起来。"今日欲求变法，必自天子降尊始，不先变去拜跪之礼，上下仍习虚文，所以动为外国讪笑也。"尽管他们的呼声非常微弱，也没有对决策者产生实质影响，但却开了思想启蒙的先河，继之而起的革命派在宣传革命的同时，也对跪拜礼等旧礼俗予以猛烈攻击。

正所谓："叩头也，请安也，长跪也，匍匐也，唱诺也，恳恩也，极人世可怜之状，不可告人之事，而吾各阶级社会中，居然行之大廷，视同典礼。大臣之入朝，缙绅之上公堂，红员新进之夤缘于府第，此天下所仰望而不可得者，而举所谓叩头、请安、长跪、匍匐、唱诺、恳恩之各种金科玉律，以为之倡。”长此以往，人们毫无国民、公民、民主意识，必将酿成“奴隶之风俗”。资产阶级革命派首先身体力行，在革命队伍内部以同志、先生相称呼，以握手、鞠躬代替跪拜与长揖之礼。

1910 年 10 月，资政院内一些较为激进的民选议员，终于公开而大胆地提出了“请废跪拜礼节”的建议案。1912 年 2 月 12 日，清隆裕太后带同宣统皇帝在清宫养心殿举行了清王朝，同时也是中国数千年来封建专制制度的最后一次朝见仪式。袁世凯内阁的外务大臣胡惟德、民政大臣赵秉钧、邮传大臣梁士诒等人，第一次摒弃跪拜礼，以三鞠躬礼朝见了隆裕太后和宣统皇帝。示以森严等级观念、贬抑人格尊严的跪拜礼至此已在国家政治生活中寿终正寝。

1912 年 3 月，南京临时政府内务部、教育部通知已宣布独立的各省军政府，可照旧致祭文庙，“惟除去拜跪之礼，改行三鞠躬，祭服则用便服”。其后，又明令废除社会交往中的叩拜、相揖、请安等旧礼节，改行鞠躬礼。8 月 17 日，中华民国政府颁布《礼制》规定：男子平常相见，施脱帽礼；公务活动中施脱帽一鞠躬礼；庆典、祀典、婚礼、聘问等隆重场合，施脱帽三鞠躬礼。女子礼与男子礼相类，惟不脱帽。中华民国临时政府最终以法律形式废除了在中国实行了数千年之久的跪拜礼。

值得注意的是，早在 1906 年，两广总督岑春煊就在辖内地区试行三揖之礼，规定下级进见上级无需跪拜，并很快蔓延到江苏、江西、湖北等省份。其时，正值君主立宪思潮涌起。这一现象折射出部分官员经过对比中西礼仪后，尝试摒弃传统礼仪的心态上的微妙变化。

当然，跪拜礼的废除过程，始终伴随着反对派的攻击。梁启超提出废除跪拜礼时，湖南士绅就曾批评说：“竟欲易中国拜跪之礼，西人鞠躬，居然请天子降尊，悖妄已极。”后来，康有为也曾批评南京临时政府废除跪拜礼的行为，认为：“中国人不敬天，亦不敬教主，不知其留此膝以傲慢何为也。”而且，礼俗的变迁是社会变迁的最后堡垒，不仅进展迟缓，而且表现出极大的地区差异性。时至今日，跪拜礼也并没有绝迹。

祥说：个体的跪拜行为无可厚非，要警惕的是其背后等级观念的复活！

公厕在上海的出现和发展

厕所，有户厕与公厕之分。春秋战国时期，战争频繁，为了解决守城军民的如厕问题，就在城头上设置临时厕所，以垣墙围之，高约八尺，这就是最早的公厕。汉代都城，开始出现“都厕”，至唐宋时数量倍增，一直延续到明清时期。

不过，我们今天所使用的“公厕”概念，是指从西方传进来的公厕，最早是1864年由上海工部局在公共租界花园弄（今南京东路）修建的。1887年，法租界十六铺码头、金利源码头修建了两座带有小便池的公厕。至19世纪末，随着上海现代化的加速，公厕不仅数量增加了，而且质量提高了。装有煤气灯，使用水泥混凝土，用自来水冲刷，把原先的土式坑厕远远抛在后面。早期的公厕，大都设置在公园内。当然，公厕也是分男女的，尤其是女性被解放以后，女厕数量明显增加。中国人自己修建的公厕，是在1909年，由地方精英集资在租界外南市侯家路修建。

公厕之所以发展迅速，一是因为上海城市化进程加快，人口暴增；二是水电煤气等城市设施的完善以及水泥等技术的提高；三是人们的公共卫生观念也慢慢发生了改变。当时很多人抱怨说：“若当夏令，则满城皆污秽，即不见坑厕，而秽气亦扑入鼻。观掩而过者，几欲闷死”，“居城内者，如终年在鲍鱼之肆，以致鼠疫诸症，感而即发，其何以堪。”公厕开始普及后，城市环境的确得到改观，很多传染性疾病也得到控制。

1917 年以后，租界当局为了减少开支，就把公厕经营权对外承包，还搞竞标。承包人必须做到以下四点：免费开放；按时缴费；力保清洁；禁止有伤风化之事发生。如厕者有需要厕纸的，承包人可以售卖，但不得强迫购买。但是，中标者为了降低成本，增加利润，往往削减维护成本，抬高纸价，引来很多怨言。

在这种情况下，私有公厕应运而生。其实，私有公厕在 19 世纪 80 年代就存在了，目的是“集粪”。后来，这些私有公厕也改进了设施，几乎与公有公厕两分天下。这是因为，经营一所公厕，利润相当可观，主要是粪肥和厕纸这两项。举个例子。有个人叫李镜龙，曾经担任国民革命军连长，但军中薪水太少不能养家，就携一家老小留在上海，费尽周折，说尽好话，终于从“粪业大王”马鸿记那里租得公厕一所，从此迅速脱贫致富，以此为生长达十余年。当年，在上海滩，靠着经营公厕发大财的数不胜数！

随着公厕数量的不断增加，维护不善、环境太差、纸价太高等问题相继产生。为了改变这一现状，政府当局不断出台新的政策，以规范公厕市场。此后，再经过长期的发展，就有今天的局面。

祥说：公厕，不仅能展现城市水平，而且能体现市民素质。

是谁公开刊登了中国第一则征婚启事

人们之所以把 1840 年之后的历史称为近代史，是因为这次的转型不同于以往的王朝更迭，乃是带有根本性的“天变道销”。在这一过程中，婚姻观念的变化相比军事、经济等领域而言，显然要滞后一些。在近代前半个世纪里面，人们仍然大致遵守着传统的婚姻观念和礼俗，所谓父母之命、媒妁之言仍是不可动摇的原则。换句话说，不论男女，都只有在入洞房掀起红盖头的那一刻，才能知道你娶（嫁）得究竟是男人还是女人。这一切，在发生义和团运动这一中西文明模式大碰撞之后，开始发生极速变化，中国的“西化”步伐明显加快，渗透到社会生活的方方面面。

20 世纪初，甲午战争的失败激发出留日高潮，大量青年奔赴日本，学习西方文化，所谓婚姻自由的新观念，就是由他们带回中国，也终于迈出了在报刊上公开征婚的第一步。

1902 年 6 月 26 日，天津《大公报》刊登了第一则征婚启事，内容如下：

“今有南清志士某君，北来游学。此君尚未娶妇，意欲访求天下有志女子，聘定为室。其主义如下：一要天足。二要通晓中西学术门径。三聘娶仪节悉照文明通例，尽除中国旧有之陋俗。如有能合以上诸格及自愿出嫁又有完全自主权者，勿论满汉新旧、贫富贵贱、长幼妍媸，均可。请即邮寄亲笔复函，若在外埠能附寄大著或玉照，更妙。信面写 AAA，托天津《大公报》馆或青年会二处代收。”

简单点说，就是只要符合不缠足、有文化、遵西礼这三个要求，其他民族、出身、家庭、长相等统统不是问题。这在 20 世纪初的中国，简直是石破天惊、引领新潮，以致一个月后，上海《中外日报》再次刊登这则启事时，重新起了个标题——《世界最文明之求婚广告》。

那个时候，女权主义已经开始形成，各种相关言论也时常见报。林宗素就是一位著名的女权主义者。她看到广告后，马上给《中外日报》写信，对征婚者隐姓埋名的做法大加抨击，认为是对妇女的侮辱。实际上，征婚者之所以隐姓埋名，除了大男子主义外，恐怕更多地还是担心来自社会和家庭的指责。

1905 年，留日学生王建善在上海《时报》上刊登了一则征婚启事，详细介绍了姓名、住址、职业等个人情况，反而对女方没有提任何的要求，以此表达对女性的尊重。

最有意思的，是他拟的标题为《通信结婚法 · 敬告女同志》，既用“同志”一词以示平等，又发明了以通信交流感情的新兴方式。广告称：“西人言中国人婚配如牛马，任人牵弄，此言殊酷，近人所以有自由结婚之说也。然吾国教化幼稚，骤令男女会合，或反紊纲纪，识者又忧之。余以为宜由男女互通信，先各抒衷曲，质疑问难，徐议订婚，既可免嫌疑，又不致妍媸误配，诚一夫一妻偕老同穴之善法也。”很显然，他之所以发明这个办法，是为了绕开“男女大防”这一固有观念。

没想到，这个办法很有效。不到一个月，王建善就收到了回音。这给他很大鼓舞，遂在报纸上详细解释、倡导这一恋爱方式，后来干脆编写成书，名为《通信订婚法说明》，竟然成了畅销书，足见当时情窦初开、一心冲破牢笼者大有人在！

随着中外交往的频繁，中外通婚就成为一种必然的新现象。（不知当年制定“严禁番妇来华”政策的人，听到这一消息，会作何感想？）不过，一般是中国男人娶外国女人，很少有中国女人嫁给外国男人的。

“中外通婚”这一现象不仅令很多中国人难以接受，即使是外国人，也对此抱有轻蔑态度。比如,《中外日报》就刊登过一篇《女教士嫁华人》，这样写道：

“美国传教女士哈尔佛生，本系医生，现定意嫁一华人篮子英，不数日即当成婚。有住广东省城西二人，曾呈请美副领事，派医验女医生是否病狂……官律司云：唯洋妇嫁华人，例无禁止，即现在西人娶华妇者，亦所时有，事同一律。”

虽然外国人对于自己女同胞嫁给中国人，甚至要派医生检查一下是否有病感到十分耻辱，但仍然遵照法律，不予干涉。

不过，由于中外生活习俗等各方面差距较大，新婚之后往往产生各种矛盾，于是就引发了第一起涉外离婚案，当事人是清朝大理院推事李方和英国人拍尔利。李方向顺天府衙门提出申请，经批准后离婚，而没有采取传统的“出妻”方式，同样反映了观念的进步。耐人寻味的是，李方在呈词中把“不守妇道”作为提出离婚的理由。至于究竟是真的不守妇道，还是一种文字游戏，那就不得而知了。

此外，随着人们婚姻观念的变化，西式的婚礼越来越流行，那时叫“文明婚礼”，而且逐渐从大城市蔓延到乡村。比如，1920 年编写的《呼兰县志》里就有这样一段记载：“近年满、汉各族婚礼多采新式，名曰‘文明结婚’……为最合时代之佳制也。”

祥说：基层社会习俗和观念的变化，虽然没有上层政治变革来得轰轰烈烈，却是西化程度的重要指标。因为，观念、礼俗层面的变化，永远要比物质、技术层面的变化，难上十倍、百倍、千倍，甚至万倍！

洋人篇：
请摘掉“有色眼镜”

教科书里的大反派其实是洋务运动总顾问

研读中国近代史，有一个外国人是无法绕开的，因为他对中国的影响几乎涉及内政、外交等方方面面。

然而，我们的中学和大学历史教材，无不只强调一点——把持中国海关近半个世纪，是英国侵略中国的总代表。

他波澜壮阔的一生，却在“革命史范式”下被浓缩为这么一句。时也？命也？历史书写范式直接影响人们对历史的认知，在这里体现得淋漓尽致。

21 世纪的今天，我们要大声呼喊：“脸谱化”的书写可以休矣！

今天，让我们重新认识这位将生命最好的年华留在中国的英国人——罗伯特·赫德。

赫德（1835—1911），出生于英国北爱尔兰亚尔马郡波塔当，1853 年毕业于贝尔法斯特王后学院。

他 19 岁来华，先在香港接受见习翻译的培训，随即被派往英国驻宁波领事馆担任翻译。1859 年，他辞去领事馆职务，参加中国海关工作，任广州粤海关副税务司。1861 年，他取代李泰国成为海关总税务司。从此，他骑在东方巨龙身上尽情施展才华，像蝴蝶飞舞般忽左忽右，一时间让人难以分辨，他究竟是英国人，还是中国人。

机会总是留给有准备的人。赫德能够年纪轻轻执掌海关总税务司，除了时代为他提供了绝佳机遇以外，与他超乎常人的努力密不可分。赫德是一个兴趣极为广泛，而做事又极为用功的人，早在英国接受教育时，即涉猎语言学、逻辑学、经济学等诸多学科，这些帮助他被免试派到中国。当他踏上东方这片土地、捧起古色古香书籍的那一刻，他就彻底沦陷，对中国文化产生浓厚的兴趣。对于一名翻译人员来说，能够与中国人沟通，能够阅读、书写基本汉字足矣。然而，赫德并未止步于此。他迷上了中国传统典籍，经史子集几乎无所不读；他对这个古老帝国的一切都感到好奇，像海绵一样不断吸收着水分。这让他不仅跨越了语言的障碍，而且弥合了文化的差异，摇身一变成为一个“中国通”。

接触不久，奕䜣等人就改称“我们的赫德”。

自此，赫德一步步进入大清权力中心。

当然，我们不能忘记，这伴随着海关主权的丧失。

1854 年，英美法三国借小刀会起义之机，夺取了海关管理权，之后派李泰国在上海建立了第一个税务司海关——江海新关。1859 年，何桂清发札谕，任命李泰国为各个通商口岸海关的总税务司，按照上海模式，分别设立海关。

所以，赫德的海关建设并非从零做起。但是，海关真正走向完善，则是赫德上任之后。他为此付出大量心血，一手打造出全新的海关管理制度。核心只有四个字：垂直管理。

“(把海关)改造成帝国政府的统一集权机构——与通过地方当局对海关控制的松散体系形成鲜明对比——以及在每个开放口岸建立统一的，尽可能一致的海关管理办法。”

下面，就是见证奇迹的时刻：

一个各自为政、条块分割、执法混乱、贪污盛行、关商勾结、效率低下的破败机构，摇身一变，成为管理规范、执法统一、工作高效、关商和谐、队伍廉洁的机构，号称“零腐败”！

让清廷一众大员乐开花的是，海关税收竟然在短短几年时间里，由每年200万两，上升到2000万两，相当于之前每年国库收入的三分之一。我的天啊！这是超级玛丽吃了蘑菇呀。此后，多少洋务费用，多少赔款，皆出自海关。

赫德很快成为总理衙门的座上宾，到总理衙门就跟到了自己家一样，这从他的日记中能清楚看到。随着双方交往的不断加深，赫德开始向奕䜣等人频繁地灌输许多理念，最著名的就是那篇《局外旁观论》。

为了能够让总理衙门官员接受，赫德采取了软硬兼施的写作策略，既有威胁之语，又站在中国立场，系统分析当前清廷面临的困境以及自强的方法。写完后，他十分得意，在日记中写道：“可能引起轰动。”没想到的是，奕䜣瞟了一眼后，说：“究系局外议论，且亦非急切能办之事。”根本没当回事。

就在赫德大失所望时，因为一个人的出现，事情又有了转机，这个人就是英国驻华公使阿礼国。阿礼国以照会形式，向清政府递交了威妥玛写的《新议略论》。在内容主旨上，它与《局外旁观论》几乎如出一辙！两位英国驻华大员竟然说出了一样的话，奕䜣马上就意识到了问题的重要性。很快，这两篇文章被抄录给沿江、沿海各督抚研讨，瞬间引爆晚清政坛。褒奖声、谩骂声都铺天盖地而来。赫德对中国时局的分析可谓切中时弊，又夹杂着威胁口吻，这对倾心洋务的地方督抚触动极大。他们一面批评赫德的狼子野心，一面加快了洋务步伐。李鸿章就说：“外国猖獗至此，不亟亟焉求富强，中国将何以自立耶。”遂将正在筹办的江南制造总局扩大规模，大量延聘西方技术人员。

换句话说，《局外旁观论》为洋务运动打了一针兴奋剂，在某种程度上起到檄文和号角的作用。

总理衙门对赫德，从最开始的防范，到中间的信任，最后演变为依赖，甚至是过度依赖。

久而久之，赫德俨然成为清廷的总顾问，影响遍及内政各个方面，甚至能够影响封疆大吏的任命，而邮局系统的建立也是他一手促成。

晚清第一个正式外交使团，是世界外交史上最奇葩的使团，因为代表中国出访各国的，是一个名叫蒲安臣的美国人！但是，这个奇葩的使团最后竟然大获成功，成为中国外交走向近代化的突破口。

这一使团的出现和确定，赫德的意见起到十分重要的参考作用。我们来看《北华捷报》的报道：

“这一决定……乍听之下……当时使我们不能相信……我们可以肯定地说，无论发表的如何突然，蒲安臣的任命是经过长期和缜密的考虑的。我们的记者说，‘此事是同赫德商议之后才提出的’。我们相信，这个计划是发自赫德的头脑。”

当然，赫德对清朝外交的影响并非只有这一点，像组织中国参加万国博览会，设立海关驻伦敦办事处，等等，范围亦十分广泛。

除了海关、内政、外交之外，赫德在军事方面也提出了很多建议。不仅如此，他还涉足军火购置，试图染指北洋海军，谋求总海防司一职，可以说始终觊觎清朝海军。只是，军事问题事关重大，是清廷的底线，并没有让赫德有机可乘。

纵观赫德近半个世纪的表现，简直就像一个双料间谍，一会儿是英国代理人，一会儿又投入清廷怀抱，立场真心让人傻傻分不清楚。

对于这样一个复杂人物，把他简单说成是侵华代表，或者是清廷雇员，都有失偏颇。

一言以蔽之：只有当中西之间没有矛盾时，他才是清廷雇员，并推动中国的近代化。

中国第一任驻英大使郭嵩焘曾在日记中记载了他和赫德之间的对话，这段对话很能说明问题。

郭嵩焘："君自问帮中国，抑帮英国？"

赫 德："我与此都不敢偏袒。譬如骑马，偏东偏西便坐不住，我只是两边调停。"

郭嵩焘："无事可以中立，有事不能中立，将奈何？"

赫 德："我固是英国人也。"

清廷曾先后授予赫德八大头衔，最高为死后追封的太子太保。由此可见，赫德在清廷心目中的地位。

祥说：尽管赫德首先维护西方尤其是英国的利益，但他的种种行为又切切实实推动了中国的近代化，这是无法抹杀的。我们不能因为他是外国人，就一棍子打死，这是莽夫的表现。

酒后吹牛吹出史上最奇葩外交使团

举办宴会，是古今中外皆有的习俗，其名目之繁多和怪异，足以令人瞠目结舌。在中国几千年历史上，饱含政治色彩、改变对弈格局的著名宴会如鸿门宴等，亦广为世人所传诵。不过，晚清有一场宴会，它不为人知，平淡无奇，丝毫没有鸿门宴的刀光剑影和惊心动魄，却出人意料地如“化骨绵掌”般层层发力，在近代长河中引起阵阵涟漪，影响中国足足一百年。

众所周知，古代中国以“天朝”自居，其余皆为蛮夷，所以在中国人心目中，并没有现在所谓的外交观念（这是上文中的外交需要加引号的原因）。正所谓：“理藩而已，无所谓外交也。”我们甚至没有“世界”观念，有的只是“天下”观念。正所谓：“普天之下，莫非王土。”

中国人自以为地大物博，无需对外交流，之所以在广州还留下一个口岸，是因为要彰显天朝的胸怀。当时的中国人包括后来的林则徐在内，无不将此看做对蛮夷的恩赐。闭关太久，活在自己的想象里，终究会坐井观天、夜郎自大。所以，当西方人三番五次遣使来华，想与中国沟通时，我们已然丧失了基本社交能力。

英国人先后派出了马戛尔尼、阿美士德等，全都无功而返。1834 年，英国人决定再做最后一次努力，又派出了一位名叫律劳卑的驻华商务监督来撞南墙。结果不仅撞得头破血流，还差点提前引爆中英战争。

怪只怪律劳卑太傻太天真，竟然胆大妄为地直接向时任两广总督的卢坤递交“公函”。什么？没毛病？毛病大了！按照清朝规定，来华外人无权直接向大清疆吏递交任何文书，必须由洋行代为转交。关键是，你们是蛮夷，应该递交“低一格”的“禀帖”，竟然敢用“平行款式”的“公函”，咋不上天呢！让我们透过卢坤给皇帝上的奏折来感受一下这位天朝官员当时的虎威：

“中外之防，首重体制。该夷目律劳卑有无官职，无从查其底里，即使实系该国官员，尔不能与天朝疆吏书信平行。事关国体，未便稍涉迁就，致令轻视。”

事关国体，谁敢说没毛病。

就因为这一点，双方最终在广州内河刀兵相向，好在没有演变成战争。有人说，这不大题小做吗？中国人最看重的就是一个“礼”字，正所谓“丧地事小，丧礼事大”是也。想当年马戛尔尼、阿美士德来华，都是因为中西礼节不同而遭到驱逐。

活在两个世界的人们，终究无法像恋人那样试着理解对方，当矛盾达到焦点时，战火终于还是烧到了家门口。没有悬念的，我们两次都输了。第一次丢了香港，第二次丢了皇帝。万幸的是，挨了耳光后，我们开始有反应了，尽管很微弱，尽管很迟钝，但是很珍贵。

一个重要的标志就是，第一个专门的外交机构——总理衙门破茧而出。那场神奇的饭局，就因它而起。

两次惨败之后，骄傲的中国人终于低下头颅，承认在某些方面不如“蛮夷”，正式拉开了洋务运动的帷幕！外交上，也终于要派出第一个使团了。这是因为，第二次修约期限眼瞅着就到跟前了，已经到了不得不遣使的时候了。最关键的是，中国人知道了《万国公法》（国际法）的存在，据说里面明确规定，违背条约，对方是可以发动战争的。与其坐以待毙，不如主动出击。

负责此事的，是人称“鬼子六”（因搞洋务，与外人亲近，故得此美名）的奕䜣。别看他表面风风光光、踌躇满志，实际上晚上总失眠，头发大把大把地掉。因为，这次的事情，远没有想象中那么简单。正在这时，一场总理衙门举办的送别宴会像及时雨一样拯救了他，和他的头发。

是谁这么牛，需要总理衙门出面送别？

他，就是这次宴会的主角之一，来自大洋彼岸的美国人——蒲安臣。

蒲安臣是谁？他是美国共和党创始人之一，后来被派到中国任驻华公使。1867年，任职到期，他准备重新杀回美国政坛，焕发第二春。临行前，总理衙门为他举办了一场高规格的宴会。俗话说：无酒不成席。而人一旦喝了酒，总是喜欢吹牛，不论是中国人，还是外国人。

喝到兴处，蒲安臣开始拍着桌子开始大吹特吹：“以后有事，找我！兄弟不是外人，一定倾力而为，能做的，和使者不会有差。”正所谓说者无心，听者有意（后来的事实证明，说者恐怕也有心）。当时，奕䜣一听到这话，浑身一个激灵，一拍大腿，说：“着啊！”经过一番深入交谈（此处省略一万字），奕䜣向朝廷禀告了此事。经过反复斟酌、广征意见后，朝廷竟然同意了。

史上最奇葩的外交使团就此诞生！堂堂天朝，竟然让一个大胡子美国人担任大使？这个决定一公布，连洋伙伴们都惊呆了。《北华捷报》发表评论说：“这一决定……乍听之下……当时使我们不能相信。”

莫急莫急，凡事皆有因果，历史也不外乎因果二字罢了。

为什么选择一个外国人？

正常人都知道，任用外国人担任使节，是外交大忌。难道大清朝就没有正常可用之人了吗？当然不是。奕䜣等人又何尝不明白，派一个外国人代表中国去和西方国家谈判，要承担多么大得风险。那么，清廷又缘何做出如此脑洞大开的决定呢？

难道是因为蒲安臣长得帅，又热情？No。清廷不点头，再热情也没用。

难道是因为蒲安臣在华期间表现棒棒哒？No。他落实美国“合作政策”，的确表现不错，但，依旧没用。

难道是因为赫德从中大力斡旋？No。赫德的意见发挥了重要作用，但仍然没有击中问题核心。

难道是……最尴尬的无人可派？No。缺乏外交人才，但真要派也不是没有办法。

核心原因只有四个字：礼仪冲突！

这是个老问题，但并不妨碍它成为关键问题。中国人要求体现天朝地位和威严的三跪九叩礼，外国人则要求遵行体现国家平等的握手鞠躬礼。一旦采用西式礼节，就意味着中国的天朝上国地位一去不复返，这是清廷无论如何都不能接受的！《天津条约》规定中外互派使节，然清廷始终逃避。正是因为礼仪问题没谈拢，咸丰宁可死在承德，也不愿意回京，很大程度上也是因为不愿意接见外使。清廷一直奉行“鸵鸟政策”，能拖就拖，即使小皇帝回京也依然不见。理由是：皇帝年幼，你们又长得太丑，会吓到宝宝。可怜各国公使，虽然顺利进驻北京，却始终未能一睹我天朝小皇帝的风采。

蒲安臣的出现，让这一问题迎刃而解。即使如此，临行前，清廷依然在礼仪方面对他做了诸多约束。蒲安臣老奸巨猾，表面上全部答应，一出国就把这些统统抛到了九霄云外。

尽管清廷当局出于无奈，派蒲安臣代表中国出访各国，但其实内心忐忑不安、七上八下。

出乎所有人意料的是，蒲安臣这个美国人尽管首先维护自己国家的利益，推行“合作政策”，获得最大化的商业利益，但同时也表现出相当的职业道德，尽心尽力为中国谋划，最后死在出访途中。

表面上看，蒲安臣使团取得的最突出成绩是，签订了中国近代史上第一个平等条约（尽管是形式上的）——《蒲安臣条约》。实质上，这次出访对中国的影响要远远超出于此：

它向西方各国表达了中国融入世界的诚意，并加快了这一进程。

它与西方各国周旋，一定程度上维护了中国的主权。

它促成了中国近代第一次官派留学，翻开了中国留学史新的篇章。

最最要紧的是，它成为化解中外礼仪冲突、推动中国外交近代化的突破口。蒲安臣并未遵守约定使用中国礼节，而一切遵照西式礼节办理。他死后，随行的清朝官员在出访其余各国时，竟然同样采用了西式礼节（出门见见世面是多么重要）。世间事就是如此，只要勇敢迈出了第一步，剩下的路就好走许多。五年之后，同治帝在北京正式接见外国驻华公使。七年之后，中国第一个驻外使节诞生——驻英公使郭嵩焘。

蒲安臣使团出访所带来的连锁反应，像极了“化骨绵掌”，一层层力量接踵而至，最后喷薄而出、排山倒海。而这，必须要感谢那场送别宴会。

祥说：对于近代中国来说，完成从华夷体系向条约体系的转变，绝非易事，而蒲安臣使团则在机缘巧合下扮演了撬动地球的那根杠杆！当然，与同时期岩仓使团带给日本的巨大变化相比，蒲安臣使团对中国近代化的推动作用，还是略显轻微了些！

传教士打造的避暑胜地

中国地大物博，名山无数。不过，任何一座名山都有一个被发现的过程，没人光顾的山，只能是座荒山。如今与庐山、莫干山、北戴河齐名的四大避暑圣地之一的鸡公山，就在古代几千年历史上籍籍无名，直到一条铁路的出现和一名传教士的到来，命运才被改写。

1600 年前，郦道元在《水经注》中写道：“汉武帝元狩四年，封北地都尉卫山为侯国也。有九渡水注之。水出鸡翅山，溪涧瀿委，沿溯九渡矣。其犹零阳之九渡水，故亦谓之为九渡焉。”

这是现存最早关于鸡公山的历史记载，那时它的名字很傲娇——鸡翅山。

明朝时，有个叫岳东升的信阳籍举人曾登上鸡公山，写了一首名为

《鸡公石》的诗："鸡头石在千山里，芳草诗传亦有名。突起云霄疑健斗，乍惊风雨欲长鸣。绛冠日晓丹霞拥，绣羽春晖锦树生。身世百年真一助，夜深起舞不胜情。"

到清末，鸡公山的名称被最终确定下来，很少有人再称它为鸡翅山了。

这座山长期以来不为人知，只有周边地区的居民偶尔上山打猎、砍柴，明朝时开始有人进山居住，但为数极少。

它的宁静被打破，是因为一条铁路的修建——京汉铁路。铁路在中国落地生根差不多花了20年时间，至1889年，朝廷终于同意修建京汉铁路。由于花费巨大，张之洞上奏建议分段修建，而最早修成的是汉口至信阳段。1902年，这段铁路正式通车，一路鸣叫着从鸡公山下经过。在鸡公山下，还修建了新店车站。

京汉铁路的修建，让鸡公山开始进入人们的视野，而它真正成为一座名山，得感谢一位传教士——李立生。

李立生是挪威人，出生于1853年，1882年移居美国并入了美国籍，1890年到中国，先后在上海、汉口定居，后来准备到信阳开展传教事业，结果被义和团运动打断，被迫回国。1901年，他重返中国，携带家人乘坐京汉铁路前往信阳，因为那时铁路只修到广水，所以他们从广水下车，雇来牛车和人力车继续赶路。这是他第一次近距离接触鸡公山。那么，他为什么要特意考察鸡公山呢？

答案是寻找避暑之地。他的女儿回忆说，李立生告诉他的妻子，他要到附近的山上作一次旅行，考察是否有适合的避暑之地。他不想让他的妻子和孩子在来年夏天受平原酷暑之煎熬。李立生有个婴儿几乎死于痢疾，身体一直虚弱。

这里有一个背景，就是中国通商口岸的开放大致由沿海到沿江，而被称作四大火炉的城市几乎都在长江流域。所以，每年到酷暑，传教士们就到处寻找能够避暑的地方。

当真正登上鸡公山后，李立生欣喜若狂，简直没有比这里更好的避暑之地了。树木茂盛，气候凉爽，还有无数汩汩喷涌的泉水，水质纯净、甘甜可口。回到信阳，他马上就开始筹划在鸡公山建房事宜，花了 156 两从一个姓叶的地主手里买了一块长 3 里、宽 2 里的山地，并向当地知州报税建房四栋。一个夏天的时间过去，一栋三室一厅的房子就拔地而起。第二年夏天，李立生一家就住了进去。

1905 年，李立生“复报经驻汉美国领事，亲诣游览，极言山径深幽，泉源甘美，气候凉爽，适宜避暑。且俯临新店车站，扼武胜关之背，于南北交通，形势至关重要。登临西文报章，并将所买山地，除自建避暑庐舍外，分段作价，陆续转卖于洋商教士。”经过他的宣传，一大波蓝眼睛传教士涌向鸡公山，纷纷购地、建房，到这年年底，已有各国房屋 27 处，外侨近百人。

当时，来华传教士根本不把中国地方政府放在眼里，很多人开始在鸡公山私自修建房屋并对外出售，引来当地民众的抗议，之后演变为一场为时数年的地权纠纷案。最终，清廷收回了鸡公山的主权，并制定了相关章程。

对于传教士齐聚鸡公山的景象，刘景向曾在《鸡公山竹枝词》中生动地描述道：“孤客游踪信步移，云深不辨路多歧。桃源真有新天地，十里风飘九国旗。”他们来到此地，开始是为避暑，后来慢慢地将其作为传教场所。有意思的是，随着基督教影响的扩大，中国本土的道教和佛教也开始上山传教，收徒讲学，而且香火很盛。三派各自划定区域，互不打扰，和谐相处，成为近代一大奇观！

随着鸡公山的不断开辟，各种基础设施均被建造起来，教堂、医院、酒馆、旅馆、邮政局、电报局、电话局、操场以及公共浴池等一应俱全，甚至成立了专门的管理机构——“鸡公山北沟协会”。这样一来，鸡公山名义上归中国所有，其实在性质上已经变成“租界”。当然，华人也有自己的管理机构——“公益会”。

除了上述基础设施之外，鸡公山最负盛名的，就是传教士建立的教会学校以及数量众多的西式建筑。《鸡公山志》记载：“鸡公山别墅群落形成于1904—1938年间。在此期间，先后有多个国家的牧师、传教士、富商巨贾和中国官僚军阀蜂拥而至，建造起中西各式别墅300余余幢。几经战乱和自然损坏，现存212幢。各国教会建121幢，外商建57幢，中国官僚军阀、地主豪绅建34幢。”中国官僚、军阀、地主、豪绅的加入，让鸡公山真正成为享誉全国的名山，当时，还有人修建了“鸡公山避暑山庄”的别墅群，供这些大佬们居住。

除了教民和商贩之外，鸡公山还活跃着两类人群：一是搬运工人，一是守屋人。京汉铁路只能把人们送到鸡公山下，想上去，要么徒步爬行，要么坐轿子，于是搬运工人应运而生。此外，鸡公山的房屋，很多都是为了避暑而建，平常基本空着，这就催生了很多守屋人。

祥说：一座原本毫无名气的荒山，竟然摇身一变，成为中国四大避暑胜地之一。如此说来，传教士对近代中国的影响真是无处不在啊！

第二编

天朝上国的掌权者

太后篇：

叶赫那拉的权谋与奢靡

君临天下有多难？慈禧：分两步

若论权谋之术，她认第二，整个大清没人敢认第一。她是谁？

她就是三次垂帘听政，统治清朝近半个世纪，人称“清代武则天”的慈禧（老佛爷）。她对权力的欲望达到痴迷的程度，一生善于抓权、夺权、集权，是宫廷政变专家。

慈禧是镶蓝旗人（八旗：正黄、正白、正红、正蓝、镶黄、镶白、镶红、镶蓝），17岁入宫，封号为“兰贵人”，极得咸丰宠幸，仅用5年时间就晋封为懿贵妃（连升三级），在宫中地位仅次于皇后钮祜禄氏。

为什么会有火箭速度？除了她本人天生丽质、善解人意外，她为咸丰生下唯一的子嗣，当是主要原因，正所谓“母凭子贵”是也。

慈禧受宠到何种程度？她经常帮着咸丰披览各省奏章。当时，太平天国运动爆发，各地军报像雪花一般涌向北京，咸丰实在忙不过来，就让写得一手好字、又颇具政治头脑的慈禧来助他一臂之力。男女搭配，干活不累。咸丰换得一身轻松，却不知已经为后来的变局埋下祸根。

慈禧本来就是有权力欲的女人，这样干政的机会多了，对权力的欲望自然就会越来越膨胀。而咸丰临死前为身后事所做的种种安排，彻底激怒了慈禧。

1861年，咸丰病死在避暑山庄，6岁的载淳即位，尊钮祜禄氏为母后皇太后，又称慈安太后；尊叶赫那拉为圣母皇太后，又称慈禧太后。

当皇帝不容易，当父亲更不容易。咸丰明白自己给儿子留下了怎样一个烂摊子，也知道当皇帝是多么痛苦的一件事情，在内心最深处不愿意儿子遭这份罪，但身处皇家大院，命运无法由自己做主。既然他无法将儿子从中解脱出来，那么就必须保证儿子顺利承继大统，安全成长起来。

咸丰临死前冥思苦想，终于想出一条锦囊妙计。归结为四个字，就是：权力制衡。

一方面，任命肃顺等八人为辅政大臣。朝政还需专业人才来打理，但得防着他们，保不齐哪天他们欺负自己儿子年幼，另立新君，那就不好玩了。

一方面，将自己最喜爱的两枚私印“御赏”和“同道堂”分别赐给儿子和皇后，所有谕令需首尾两印齐全方才有效。

慈禧呢？仅落得个“以生母身份代行皇帝职权”。

时人称这个权力架构为“垂帘辅政，盖兼有之”。

表面上看：完美！

可惜，这一身后事的安排得罪了两个人，结果平衡局面很快就被打破。

第一个得罪的就是慈禧。慈禧心想：这摆明了防着我啊！亏我给你暖床那么久，一点实权不给我啊。算你狠。不给没关系，老娘我自己抢。

慈禧不仅有野心，而且有手腕。她迅速分析形势，得出结论：若想上位，必须分两步走。第一步，就是缓和与慈安的关系。

慈禧和慈安之间，其实没什么难以化解的深仇大恨，无非就是女人之间的争风吃醋。当时，咸丰宠幸慈禧，有事没事就往她寝宫跑，虽说没到“从此君王不早朝”的程度，但确实荒废了不少朝政。慈安一看，这是要当昏君的节奏啊，自己要承担起后宫之主的责任才行啊。

于是，她想出了一条妙计。只要咸丰去慈禧那里过夜，慈安就派小太监搬着马扎在外面朗读圣祖圣训，有时候她自己也去，当功课来做。这正是：“屋内春光无限，屋外圣训不断。”搞得咸丰相当难受，这可是会落下病的。慈禧也十分不爽。还有一次，慈安趁着慈禧来请安的机会，要治她魅惑皇上之罪，刚要动刑，咸丰颠颠颠跑进来，说：“皇后免责，兰儿已有娠矣。”

为了“化干戈为玉帛”，慈禧经常去找慈安请罪，说以前都是我不好，求姐姐原谅，再说也不能全怪我，皇帝来了，也不能往外轰啊。紧接着，一把鼻涕一把泪，控诉八大臣：臭男人不要脸，欺负我们孤儿寡母。咱们才是一家人，得团结在一起。

久而久之，慈安这一关算是过了。《十叶野闻》里曾经记载说：咸丰临死前，给慈安留下一道密诏，说，如果慈禧安分守己倒也罢了，如果她有什么不轨举动，可出示密诏，立即赐死，永绝后患。这要是遇到狠毒的主，新皇登基之日，就是慈禧见上帝之时。可惜，慈安性格温和，没有上进心。后来，她把密诏拿给慈禧看，吓得慈禧连忙跪倒在地。慈安笑着说：咱们情同姐妹，无话不谈，何必留着这个密诏！啪，扔到炭盆里给烧了。

咸丰对身后事的安排，得罪的另一个人，就是自己的六弟——奕䜣！

一下整出八个辅政大臣，愣是没奕䜣的份。还能不能好好做兄弟？还能不能愉快玩耍了？

其实，两人矛盾由来已久。在皇位争夺战中，咸丰靠一场假哭上位，令奕䜣很不痛快！后来，英法联军进逼北京，咸丰逃到热河，但让奕䜣留守，与外国人议和。奕䜣很生气，心想这不是让我当炮灰吗，万一像两广总督叶名琛那样被抓到印度加尔各答不就麻烦了嘛。然而，皇命不可违。

咸丰无论如何不会想到，让奕䜣留守北京这招看似高明的棋，却成就了奕䜣，使得自己冥思苦想出来的权力制衡格局一朝被打破。因为，外国人竟然真的遵守条约，从北京撤兵了。奕䜣议和成功，迅速在北京聚集起一股强大的政治势力，可谓因祸得福，捞足了政治资本。

所以，咸丰一死，奕䜣就已经存了夺权的心思。

精明的慈禧对此看得清清楚楚，于是迈出了第二步：与小叔子奕䜣联手！

一场计划周密、惊心动魄的宫廷政变，就此上演，而慈禧也从此以垂帘听政的方式君临天下！关于政变的过程，人们都耳熟能详，但很少有人知道，早在政变之前，肃顺就已经与懿贵妃（慈禧）结下了梁子。那么，这个梁子是怎样结下的呢？

咸丰，是一个勤奋的皇帝，但不是一个有才华的皇帝，更不是一个具有开拓精神的皇帝。如处于古代的太平盛世，他或许尚能守成，但处在近代的天翻地覆中，他的一切努力都只是徒劳。在朝堂上，他最倚重的大臣是肃顺；在后宫中，他最宠爱的妃子是懿贵妃。这两位，都傲娇，又都记仇，本来就不太容易处到一块。不过，由于肃顺得到咸丰崇信，懿贵妃对肃顺基本是礼让三分，恭而敬之，甚至是有意结好。《清代野史》中说：不但当时的诸位嫔妃皆小心谨慎地对待肃顺，“孝钦（慈禧太后）亦在鱼贯之列，不能独异”。《清稗类钞》也说：懿贵妃“隐冀得肃以自援”。可惜，肃顺权势滔天，又目空一切，在“谂知后（懿贵妃）之往事，良轻后”，根本没把这个 20 来岁的女人放在眼里。如果是一般女人也就罢了，偏偏懿贵妃是个权力欲极强的女人，又偏偏是心胸狭窄的女人，虽然她表面没有发作，但其实肃顺的张狂已经在她心中扎了根刺，只待一个合适的时机到来，这根刺就会被连根拔起。

1860年9月，英法联军兵临城下，咸丰帝下令顺天府征集数百辆马车，对外宣称要率军亲征，实则是准备外逃。当时的上谕这样写道："即将巡幸之预备，作为亲征之举。"孰料，消息一出，各位王公大臣纷纷上奏，劝说皇帝不要离开北京，民间也是谣言满天飞，"众情益涣，岌岌可危"。咸丰为了稳定大局，不得不又下令把所有车马"分别发还"。没想到，局势迅速恶化，咸丰不得不逃往热河，而仓促之间，根本无法聚集那么多宫廷车马，除了皇帝以外，其他人只好一律乘坐从民间雇来的车马。

这可坑苦了一帮佳丽妃嫔。她们一个个平常颐指气使，享尽荣华富贵，哪遭过这个罪啊。尤其是进入山区以后，车辆左右摇晃，上下颠簸，简直无法忍受。当时，负责整个队伍的，正是肃顺。懿贵妃曾多次以讨好的口气甚至"涕泣乞请"肃顺，让他帮自己换一辆好点的车子。肃顺本就被一路上遭遇的各种困难搞得焦头烂额，心烦气躁，哪有工夫搭理这类矫情的要求，便没好气地说：现在沿途地方官员都逃避一空，到哪里为你找辆好车？中宫的皇后坐的也是民间临时雇来的马车，"尔何人，乃思驾中宫上耶"？翻译过来就是：皇后都是这待遇，你算老几？被一阵抢白的懿贵妃表面上不敢说什么，但内心恨极了肃顺。

一个不知道体谅难处，一个说话伤人自尊，矛盾的种子已悄悄埋下。

紧接着，又发生了一件事，将双方的矛盾再次加深。在逃跑的路上，因为沿途官员已经不见了踪影，不能按时供应饭菜，所以，无论是咸丰皇帝，还是王公大臣，抑或后宫嫔妃，都只能"以豆乳充饭"，甚至要挨饿。结果，有人向懿贵妃报告说，肃顺那里有酒有肉，食品丰富得很，懿贵妃遂认为这是肃顺有意刁难她。

抵达承德后，众人虽暂时安稳下来，但食物供应仍然非常紧张。懿贵妃又把这一切，归咎于肃顺暗中捣鬼。其实，这是错怪肃顺了。当时，咸丰曾亲笔朱谕："赏内廷主位饭菜一桌、大碗菜二品、小碗菜二品、碟菜二品、大馒头一碟十个、小菜四碟、老米饭、粉汤卧果、白煮羊肉。钦此。"由皇帝亲自赏肉，食物的短缺程度，由此可见一斑。懿贵妃因此而与肃顺再次结怨，真的有点小家子气了。

综上，慈禧与肃顺结怨，完全是因芝麻蒜皮的小事。所以，后人评论说："灭门之祸，起于饮食之微。"短短十个字，却一针见血，道出个中原委！

祥说：慈禧与肃顺，这两位能够左右咸丰帝的人，竟然因为马车和饮食问题结怨，最终在权力争夺中斗个你死我活，不禁让人唏嘘不已。当然，这些只是起因，并非决定性因素。肃顺死于非命，还得"感谢"他的主子——咸丰。咸丰自以为把身后事安排得天衣无缝，孰料棋差一招，反倒送了肃顺的性命。

姜是老的辣：戊戌变法期间慈禧的战略

近年来，关于百日维新中慈禧的态度，一种新的说法甚嚣尘上，认为慈禧归政光绪是出于真心，自己想在颐和园养老，最后发动政变乃是不得已而为之。事实上，权力是慈禧生命的全部，她绝无可能眼睁睁看着权力从指缝间溜走。颐和园养老？开玩笑！

表面上，慈禧从维新变法中抽身，实际上一刻都未放松。事变后，她曾亲自对光绪说："我虽人在颐和园，而心时时在朝中也。"以历史学的后见之明来看，慈禧在这一百多天里的表现，竟然暗含一个"三步走"战略。

第一步：故意退让。

甲午战争后，中国被瓜分的危机越来越重，而且这种危机感已弥漫整个朝野，变法思潮开始涌起。不过，真正揭开维新变法序幕的，是一个人的去世，他就是鬼子六奕䜣。奕䜣因中法战争被罢黜，甲午战争后又被重新起用。他反对康有为等年轻改革家的主张，很大程度上制约了光绪帝。1898年5月29日，奕䜣去世，很多具有政治敏感的人都意识到上层政局可能要变，认为洋务时代马上要成为过去。康有为也觉得这是千载难逢的良机，就让翁同龢鼓动光绪抓紧变法，而光绪也想抓住这个机会，推动维新事业。

光绪当时对庆亲王奕劻说："太后若仍不给我事权，我愿退让此位，不甘作亡国之君。"慈禧听说后很生气，说："他不愿坐此位，我早已不愿他坐之。"奕劻极力劝说，慈禧答允说："由他办去，俟办不出模样再说。"奕劻回来和光绪说："太后不禁皇上办事。"所以，就有了1898年6月11日《明定国是诏》的颁布，这时距离奕䜣去世只有13天。这13天里，只有4天光绪是独处，其余时间都与慈禧在一起。因而，《明定国是诏》是当时最高统治层的共识，并没有背着慈禧。

慈禧的确不反对变法，甚至说"今宜专讲西学"。后来两派关于废不废八股产生争论，也是慈禧拍板废掉。所以，娘俩的矛盾点并不在于要不要变法，而是谁来主持变法。那么，这个时候慈禧为什么要主动放权呢？这是因为，一则三年训政期限已满，光绪已成年；一则甲午战争后，举国上下，不论满汉，许多人都大骂慈禧，甚至有人搬出了"牝鸡司晨"，认为女人当政乃是凶祸之兆。

第二步：背后控制。

变法开始后，光绪猴急猴急的，上谕跟不要钱似的一个接一个下发，令人眼光缭乱，无所适从。他为什么这么着急呢？一是，他眼看着帝国就要灭亡，心急如焚，想尽自己的力量改变现状，于是开始拼命研究西学。这个变化非同小可，可以说他是整个清代帝王里最懂西学的。张元济曾回忆说："甲午战争后，中国承认朝鲜独立，我们放一个公使到朝鲜去，国书由总理衙门起草。国书的稿子将大清国大皇帝高一格写，朝鲜国王低一格写，光绪用朱笔批在旁边，说我们已承认朝鲜独立，不应当低一格写，斥责总理衙门大臣思想腐败。"光绪又年轻，容易感染康有为等人的激进情绪。

二是，这其实也是一场政治豪赌。如果光绪变法成功了，就能收获政治威望，一举将实权夺过来，彻底摆脱慈禧的控制。因为，他实在受够了，不仅生活不能自主，连婚姻也不能自主。慈禧给指配的隆裕太后实在太丑了，自己喜欢的珍妃又得不到慈禧的认可，处处遭到慈禧的刁难。

可惜，光绪还是太不成熟了！

新政开始后的第五天，朝廷就接连下了几道诏书。

一是新任的高级官吏必须在向皇帝谢恩后再去向太后谢恩；

一是只要光绪在颐和园办公，所有事务都应告诉太后；

一是罢免翁同龢；

一是让荣禄担任直隶总督。

新皇刚要大展拳脚，结果这几个谕令一出，就像一张大网一样把光绪笼罩其中，动弹不得。因为，人事权和军政权都被慈禧牢牢控制在手里。

慈禧明白，一旦光绪真的变法成功，她就真的只能在颐和园颐养天年了，毕竟光绪才是大清朝最具合法性和正统性的统治者，只是缺少政绩而已。野史记载，有一天荣禄去颐和园看慈禧，当时慈禧正在扎花，荣禄就拍马屁说：老佛爷花扎得真好啊。没想到慈禧长叹一声，说：往后啊，我也就只能扎花了。由此可见，她很惆怅，作为女强人，一旦没了政治可以玩耍，整个人都感觉不好了。

第三步：果断出手。

事实上，有第二步作为后盾，整个变法已被慈禧牢牢掌控住。光绪就像孙猴子一样，根本无法跳出老佛爷的五指山，失败是早已注定的事。不过，只要光绪不闹出大动静，慈禧是没有理由出手的。所以，她一直在等，等新旧两派矛盾激化的那一刻。

没过多久，这个机会就送上门来了。那就是，礼部六堂官被光绪集体革职事件的发生。光绪没有政治经验，过早触及了满洲守旧贵族的权益，而人事问题，也是慈禧的底线，因为人事更迭就意味着权力更迭。

光绪帝想启用一批通达英勇的年轻汉族新锐，罢免一批老朽昏庸的满族大臣，甚至要成立新的“议政局”，彻底撇开军机处，这让慈禧无法忍受。还有一点，当时在康有为等人的建议下，光绪一度产生请日本人做变法顾问的想法，这也是老太太没办法接受的。

娘俩之间再度发生争吵。据记载，慈禧说：“小子为左右荧惑，使祖宗之法自汝坏之，如祖宗何？”光绪则辩解称：“时事至此，敌骄民困，不可不更张以救，祖宗在亦必自变法。臣宁变祖宗之法，不忍弃祖宗之民、失祖宗之地，为天下后人笑，而负祖宗及太后之付托也。”两人不欢而散。随后，光绪赐杨锐“衣带诏”，并听取他的意见，下旨让康有为速速出京。未曾想，康有为误判形势，认为光绪被囚禁，变法已然失败，遂连夜制定“围园杀后”计划，并派谭嗣同深夜向袁世凯求援。

矛盾激化至此，慈禧已无需再忍，遂果断出手，囚禁光绪，斩杀“六君子”，再度垂帘听政，君临天下！

可怜的“囚徒天子”光绪，几年后终被慈禧用一碗老北京酸奶毒死！

祥说：宫廷之内无亲情，只有政治。

慈禧镇压戊戌变法却继承康有为衣钵

民国时期清史大家萧一山曾有一段评论：清末新政“似较戊戌百日维新时所举之条目为多，其实全未出光绪帝当时变法之范围……不过分一事为数诏，延百日为五年而已”。

一语道破天机：清末新政根本就是维新变法的翻版！

为什么仅仅相隔两年，慈禧的态度就来了个一百八十度大转变呢？个人以为，原因主要有以下三点：

首先，慈禧为她的头脑发热付出了巨大代价，同时向全世界宣战的意气风发很快就被列强的枪炮击得粉碎，惶惶不可终日。在听说自己未被列入“祸首”而免于治罪后，对于外国的态度就基本只剩唯命是从四个字了。西方一直希望中国搞改革，这样可以获得更长远的利益，而这也同样是发起东南互保的一众地方督抚的共同诉求。所以，除了改革，慈禧别无他路可走。

其次，慈禧本来就不是地道的顽固派，当年对洋务运动的广泛支持就充分说明了这一点，而发动维新政变不过是因为光绪、康有为等触碰了她的权力底线罢了。慈禧绝非不懂世事的“老妖后”，而是一个好学之人，不仅喜欢读古典名著，而且对于《海国图志》等介绍世界知识的书籍也爱不释手。维新变法之初，慈禧并不反对，曾说“今宜专讲西学”，八股取士也是她拍板废掉的。当时，光绪读的《日本国志》《英法政概》《校邠庐抗议》等书，都曾向慈禧汇报，慈禧说：“苟可致富强者，儿自为之，吾不内制也。”换句话说，慈禧心里很明白，只有向西方学习，才能让大清变强。

最后，清末新政是慈禧为了挽救大清朝危局的一场自我救赎运动。因为她刚刚犯了鼓动义和团盲目排外这种逆时代潮流而动的大错，导致八国联军侵华，国家主权和财产大幅度丧失，自己政权的合法性已经大大降低了，绝不容再犯错误。搞新政，可以对抗革命思潮、转移视线，同时可以向西方人表明自己并不像义和团那样野蛮、保守，当然也有“自强雪耻”的意愿在里面。慈禧曾说：“我总是当家负责的人，现在闹到如此，总是我的错头；上对不起祖宗，下对不起人民，满腔心事，更向何处诉说呢？”

当然，对权力极度痴迷的慈禧自然不可能真心进行政治制度的改革，但是随着新政的深入，君主立宪逐渐成为一种思潮。一是因为康梁等人继续在海外宣传，一是张之洞等朝廷大员也开始主张，最关键的是日俄战争的爆发。我们今天看，日俄战争为争夺东北，在中国进行战争，是很大的耻辱。但在当时很多人看来，这场战争其实关乎中国未来的命运。为什么？当时人种优劣说也就是白种优于黄种的说法很盛行，所以很多人把这场战争看做是人种大战，结果日本战胜，中国人认为同样是黄种人，我们也可以崛起；再者，日本是实行了君主立宪才强大的，所以立宪一下子成了思潮。在这种情况下，慈禧不得不打出“宪政”这张牌。

需要说明的是，康有为的“公羊三世”“托古改制”等思想，的确在某种程度上缓解了慈禧等人对西方政治制度的恐惧感。

祥说：慈禧发动的一场政变，让六君子血染街头，康有为逃亡海外，自此双方成为死敌。康有为不止一次想弄死慈禧，慈禧对康有为也恨不能食肉寝皮。但撇开个人恩怨，从清末新政和维新变法两次变革内容来看，慈禧又确实继承了康有为的衣钵。历史，有的时候就是这么任性！

慈禧逃难过得很苦？回銮财物装了三千车！

人活一世，难免会脑袋发热，做出些错误决定。普通人犯错，至多毁了自己人生；统治者犯错，却可能误了国家。晚清历史上，就有这么一位老太太，因为一时气愤，竟然鼓动义和团盲目排外，并“豪气地”同时向十一国开战，酿成无法挽回的恶果：毁掉北方 30 年洋务成果，一夜回到道光前。

她，就是慈禧，一个充满争议的女性君主！

犯了错，就要为此付出代价：逃难（美其名曰：“西狩”）。

提起这段历史，人们脑海里往往浮现出老太太穿着粗布衣服，吃着泡馍的狼狈情景。殊不知，那样的穷人日子，她只过了十天。在此后一年多的时光里，她的生活虽没有在京城来得奢华，但比起一般百姓生活，实在不知强多少倍！

国家大难临头君王只顾逃命。为什么一定要逃？因为外国人把她看做“贼首”，不逃就没命了。但对外不能这么说，否则堂堂天朝负责人，情势不妙就脚底抹油，实在说不过去。

官方说辞是：慈禧本来想留在北京，与外国人决一死战，与大清共存亡，但架不住底下臣子们死劝，这才“从善如流”，弃城“西狩”。正如清廷颁布的上谕所说：

“我本决意不出宫，一老妇耳，生死何足介意，而端王、澜公劝予即行，复以乔装相劝”，“造至七月二十一日之变，朕（光绪）与皇太后（慈禧）誓欲同殉社稷，上谢九朝之灵，乃当哀痛昏瞀之际，经王大臣等数人，勉强扶掖而出。”

一个大义凛然、威武不屈、以身殉国的君王形象跃然纸上，可谓栩栩如生。然而，世人皆知，官方说辞至少要打对折，甚至一真九假。后人研读史料，切记注意分辨，千万别被当事人给忽悠。

早在天津陷落时，慈禧就想跑了。这完全是她自己的主意，大臣们除了极个别的，根本没人劝她逃跑，大都主张无论战与和，君王都应与京城共存亡。光绪更是跪在地上苦苦哀求：“无须出走，外人皆友邦，其并兵来讨拳匪，对我国家非有恶意，臣请自往东交民巷向各国使臣免谈，必无事矣。”这个请求被慈禧无情拒绝，在她看来，“不孝儿子”又在趁机“夺权”！儿媳妇珍妃也直言进谏，结果惨遭投井噩运。

最可笑的是，对于具体出逃日期，大臣们一无所知。据王文韶回忆，他 21 日一大早进宫，才发现两宫太后已不见踪影，在后面足足追了一个月才见上面。

“当两宫仓促西幸，京师王宫近臣，强半不知，其能追随扈从者，仅端、庄两王及澜公等数人而已。”

京城官员尚且不知，勿论地方督抚！

这真是：国家大难临头，君王只顾逃命！呜呼哀哉！

既然要低调出逃，车马随行等势必无法与正常出巡相比，嫔妃和宫女都没带出来，只有几个太监和王爷贝勒，少数官员以及八旗兵千余人等。临行前一晚，慈禧只睡了一个时辰，天还没亮就偷偷摸摸出了京城，身上穿着蓝布夏衫，最珍爱的头发都没来得及梳理。因为走得实在太仓促，铺盖行李等都没有，只得睡在炕上，更别提睡衣了。吃得同样很差：小米粥。

有人或许会好奇，为何不命沿途官员、百姓进贡物品呢？看看这段史料就明白了：“沿途各铺户均闭门逃遁，到处均无从购物，故凄惨处尤觉非笔墨所能详记。”

应该说，对于长期养尊处优的慈禧来说，头三天是她一生中最难熬的时光，处于缺食、缺水、缺衣、缺床状态。再看一则史料：

“连日奔走，又不得饮食，既冷且饿。途中口渴，命太监取水，有井矣而无汲器；或井内浮有人头。不得已，采秫糍杆与皇帝共嚼，略得浆汁，即以解渴。昨夜我与皇帝仅得一板凳，相与贴背共坐，仰望达旦。晓间寒气凛冽，森森入毛发，殊不可耐……我已完全成一乡姥姥，即皇帝亦甚辛苦。”

盼星星盼月亮，到第四天，终于有个县令出来迎驾。据他回忆，慈禧当场放声痛哭，说：“予与皇帝连日历行数百里，竟不见一百姓，官吏更绝迹无睹。今至尔怀来县，尔尚衣冠来此迎驾，可称我之忠臣，我不料大局坏到如此。”随后，就向县令伸手要吃的（真饿急眼了）。

县令本来提前准备了一席佳肴，但被散兵游勇给抢走了，等接回慈禧时，就剩一锅小米绿豆粥，和五个熟鸡蛋了。要换在京城，谁要敢把这些东西呈上慈禧饭桌，必定会被杀头。但此一时彼一时，人在极度饥饿状态下，只要能下嘴，就都是美味！这个县令，也因为这一锅小米粥和五个鸡蛋，受到慈禧宠幸，一路随行，从此改变命运。

之所以沿途人烟荒芜，是因为慈禧一行专挑偏僻地方走，生怕被外国人抓到。如果将逃难和回銮时经过地方的行政级别做个对比，绝对是一个天上一个地下。这样的日子持续了十天，直到她们进入山西境内，岑春煊率众前来护驾，方才结束。

当时，李鸿章等一众大臣纷纷上书，请求慈禧回銮。但老太太打心眼里害怕了，不仅没有回銮，反而马不停蹄地继续西逃，一直逃到了西安，这一呆就是一年。从太原到西安的行程，“沿路供张完美，非如前此仓皇困苦之情形矣”。

1900 年 10 月 26 日，经过两个月的颠沛流离，慈禧一行终于成功逃到了古城西安，那颗惊慌的心也终于可以安下来了。

上天好像故意要让慈禧感受下民间疾苦，当她们进入西安时，正赶上一场大灾荒。（清朝是历代以来自然灾害最为严重、最为频繁的时代，尤其是光绪时期，几乎没停过，这难道也是末世景象？）此情此景，对于慈禧亦产生较大冲击，入驻西安之初，的确是一切从简。

“复以陕省哀鸿遍地，民不聊生，正宵衣旰食之时，所有御用衣服，概以大布为之。诸王大臣等仰体俭德，不敢稍涉奢侈，遂亦一律穿用布袍。”

慈禧住的行宫，官方记载为“仅蔽风雨而已”，虽不免夸张成分，但简陋情形亦可想而知。当时，有官员提出把地面换成新的，被慈禧拒绝。

“由俭入奢易，由奢入俭难。”列位看官如果以为慈禧就此戒掉了奢侈生活，那就太高看这位“清代武则天”了。

随着大量贡物被运到西安（贡物怎么来的？你说呢！），慈禧故态复萌，又开始大搞排场。别的且不论，单从吃饭就能看得明明白白。

西安行宫御膳房仿照北京御膳房格局而设，分为荤局、素局、菜局、饭局、茶局、酪局、粥局、点心局等，每局的厨师大概十人，另外还有太监专司管理其事，每顿饭总数在一百多道。（溥仪曾在《我的前半生》中说，隆裕太后每餐的菜肴有百样左右，要用六张桌子才能放下，这是她从慈禧那里继承下来的排场。《走向共和》有慈禧吃饭的桥段，真不是乱拍。）慈禧喜欢喝牛奶，但灾荒年奶牛极少，官员花了好几个月时间，才找到六头奶牛，养在行宫里，开辟专门的牧牛院。单这一项，每月就开销几百两。慈禧又喜欢喝冰镇酸梅汤，就派人到百里之外的太白山拉冰。凡此种种，不一而足。

当然，与京城相比，西安的生活确实可以用“节俭”二字来形容。但你绝对想不到，慈禧“西狩”一年多竟然花费了几百万两白银。时人一句话就道出了个中原委：

“除了贪污中饱之外，差不多全是为了表示帝王之尊的排场而糟蹋了。”

如果用“寒酸”来形容慈禧出逃，那么她的返程之旅（回銮），可以称得上“奢华”！一前一后的对比，真乃“天渊之隔”！

尽管慈禧假惺惺下谕旨，“饬各州县官不得妄事供张，一切务从简约”，但看到沿途官员尽心尽力筹划出一条繁华大道时，老太太心里是极为满意的。看看英国记者描绘的西安场景吧：

“有人在西安看见两宫启銮时情形，甚是热闹。八月二十三日，是起銮头一天，已见大小官员陆续起身。跸路经过的地方，一路上挂灯结彩，高高搭起黄锻扎成的彩棚，街道都用黄色土铺面。挨家门首摆设香案，另外还有茶尖台子，台面上青果、糖果各色干点一应俱全。二十四日黎明，号手吹起号筒，传令预备。城门大开，只见车马走卒纷纷齐集。到七点半钟，街路上人山人海，拥挤得人马难行。不多时，便有武官带领马队步队，前来驱逐闲人。闲人驱尽，只看见旗帜鲜明，迎风飘动，刀枪剑戟，照耀日光。到七点四十五分钟，先锋马队先出，后来是大小太监，再后是披马褂骑马的御前侍卫，再后是御舆数乘，里面安放些要紧奏折文件。再后是御前顶马卫队。当下传令众人跪伏，百姓立即跪伏路旁。缓缓的皇帝黄龙舆到了，舆用十六人肩抬，二十人手扶。其余有三乘銮舆，都是预备不用，却同坐的一般无二。全用黄缎绣龙，银嵌珠宝。皇帝銮舆过去以后，接着便是皇太后銮舆。太后身穿黄锻龙袍，长面、高颧、大口、厚唇，双目炯炯，精神好得很。但是比旧年到陕西时候，已觉老得许多。太后銮舆过去以后，接着便是皇后。皇后玉貌甚是秀雅，只因满脸涂抹脂粉，反把天然的本色遮盖住了，显不出美貌丽容，望过去象（像）是一位官家女子的模样。皇后銮舆过去以后，接着是嫔妃。再后便是端王的儿子，已亥年十二月间立为皇嗣的大阿哥。大阿哥怎样相貌，未曾看见。

大阿哥轿子过去以后，随后是各位亲王、各位军机大臣以及随跸的各种官员。直到八下钟时，才出南门。若是从东门走，路可以省得许多，只因中国人相信风水，钦天监检时日，定方向，说要走南门，不走东门，是这一个缘故。”(《字林西报》，即原来的《北华捷报》)

随行人数也大为增加，仅正式官员就多达400位，毋论其他了。

惊掉人下巴的是，回銮队伍里有一支极为庞大的车队。其中，400车是一年来积攒下来的公务文件，3000车是金银珠宝！外国记者报道称：

“一年前他们狼狈逃出北京时，除了随身穿的衣服外，什么也没有带，而回京时，仅慈禧行李车，预备三千辆，金银、绸缎、古董、玩器，尚不胜载。”

“此番两宫回銮，行李很多，足足要用三千辆车子才得装满。”

沿途一线也是极尽铺张之能事，加之太监勒索受贿，可以说，每到一处，就祸害一处！

如此说来，这一年的时光，哪里是逃难，分明是打劫！

最后进京时，为表示新政决心，老太太乘坐的是——火车！

当然，火车内外，同样奢华无比，连马桶都有讲究！

那么，分明是落荒而逃，为何要搞得像凯旋呢？

“好叫中国四万万人知道现在的世界，比去年拳匪闹市，洋兵进京的时候大不相同。”

乍一听，貌似好有道理，细琢磨，简直混账无比！

祥说：慈禧最应该学习的，并不是欧美，而是为发展海军节衣缩食的日本天皇。

幸福在哪里：末代皇太后隆裕的悲剧

《大话西游》里说：人世间最痛苦的事，是曾经有一份真挚的爱情放在我面前，我没有珍惜，等失去的时候我才后悔莫及。

对于皇族来说，最痛苦的事，莫过于：亲手为王朝送终！

民间传说，慈禧太后花了四十年时间毁掉了大清王朝。这当然是无稽之谈，没有慈禧，大清早亡了，哪里还能苟延残喘几十年，甚至一度出现复兴局面？在慈禧眼里，大清是她的大清，哪怕拼尽全力，也要保它周全。她没想到，自己会因为拉肚子见了上帝，临上黄泉路前还捎带上了光绪。至此，清朝灭亡已是时间问题。

或许慈禧会心有不甘，但起码她是幸运的，没有亲眼看见大清帝国毁于一旦。另一位太后就没这么幸运了，她不得不亲自终结了王朝性命，还必须装出开心的样子。她，就是慈禧的侄女，光绪的表姐兼老婆，清朝最悲情的皇太后——隆裕。

人与人的差别，甚至是命运，往往在出生那一刻就已注定大半，所谓生而平等，不过是骗人的把戏。隆裕，叶赫那拉氏，满洲镶黄旗人，名静芬，小名喜子。降生在这样的家庭，能够拥有一切，却常常失去自由，而失去自由，也就意味着失去一切。最关键的是，她爸爸有个姐姐，叫慈禧。更关键的是，慈禧还把她指定为皇后。

可惜，光环的背后常常隐藏着痛苦和无奈。隆裕成了皇后，却没有收获爱情。光绪压根就不想碰她，倒不全因为她长得丑，更多是想表达对“亲爸爸”干涉自己婚姻的不满。而隆裕，也从未奢望过爱情，她的任务只有一个：监视光绪。这场婚姻，从一开始就是个错误。

有的时候，人不得不认命，尤其是女人。隆裕就这样恍恍惚惚度过了人生最美好的年华，直到光绪和慈禧先后病逝。一不小心，自己摇身一变，成了皇太后。那时，她无法预知自己会成为末代皇太后。历史的车轮向前滚动，方向逐渐无法控制，最终，一不小心民国，而促成这次历史性转折的，正是隆裕。如果她足够强硬，或许还能带领一众满族拼死一搏，可惜她生性软弱，被袁世凯连哄带吓，当朝痛哭，终于接受了《优待清室条例》，签发了《退位诏书》。

为此，黎元洪在一次演说中，称隆裕为“女中尧舜”。此后，这一称呼开始广为流传。真不知道隆裕听到这个词，是该开心呢还是伤心呢？

然而，“让国仍存亡国恨”，自觉愧对列祖列宗的隆裕，心中一直郁郁不乐，尝谓：“孤儿寡妇，千古伤心，每睹宫宇荒凉，不知魂归何所。”据说，她签署《退位诏书》时，曾说了一句话，无意间道出了清朝灭亡的重要原因。这句话是：“予三年深居宫中，不预外事，一般亲贵，无一事不卖，无一缺不卖，卖来卖去，以致卖却祖宗江山。”俗话说，病由心生。隆裕太后久郁成疾，终于在1913年过生日时一病不起，不久即撒手人寰，享年46岁。

按理说，已经民国了，一个过气太后的去世，似乎不会引起什么波澜。但出人意料的是，隆裕的突然去世，迅速引来社会舆论的高度关注，成为当时的新闻热点。这或许主要是因为，民国初年是一个过渡时代，虽然国体变更，但是国民依旧，很多人心里其实还对旧王朝充满感情。后来，袁世凯当皇帝时，陈独秀曾有一段评论说得极好：“袁世凯要做皇帝，也不是妄想，他实在见得多数民意相信帝制，不相信共和，就是反对帝制的人，大半是反对袁世凯做皇帝，不是真心从根本上反对帝制。”

当然，袁世凯对隆裕葬礼的高调处理，也是引发社会热议的重要原因。接到清宫内务府大臣世续的报闻后，袁世凯立即派荫昌、段芝贵、孙宝琦、江朝宗、言敦源、荣勋等数人，前往宫内帮助料理治丧事务，并命国务院发出通告二则：“据清室内务府总管报称，二月二十二日丑时，隆裕皇太后仙驭升遐等语，当经派员查检，医官曹元森、张仲元等所开脉方，俱称虚阳上升，症势丛杂，气壅痰塞，至二十二日丑时，痰壅薨逝。敬维大清隆裕皇太后，外观大势，内审舆情，以大公无我之心，成亘古共和之局，方冀宽闲退处，优礼长膺，岂图调摄无灵，宫车宴驾，追思至德，莫可名言。凡我国民，同深痛悼。除遵照优待条件，另行订议礼节外，特此通告！”

又：“兹逢大清隆裕皇太后之丧，遵照优待条件，以外国君主最优礼待遇，议定各官署一律下半旗二十七日，左腕围黑纱。自二月二十二日始，至三月二十日止，以志哀悼，特此通告！”

应该说，上述评价和待遇都相当高。其实,《优待条件》多少说明帝制终结得不彻底，但在当时亦不失为一种有效手段，给了各方一个都能接受的缓冲地带。

2月28日为祭奠之期，袁世凯臂带黑纱举哀致祭，并特备赙仪三万元。各地军政要员，也纷纷向清室发来唁电，几乎清一色的褒扬。

副总统黎元洪唁电称：隆裕太后“德至功高，女中尧舜”。

山西都督阎锡山唁电称：“皇太后贤明淑慎，洞达时机，垂悯苍生，主持逊位。视天下不私一姓，俾五族克建共和，盛德隆恩，道高千古。”

国民哀悼会的发起者吴景濂发表公启说：“隆裕太后以尧舜禅让之心，赞周召共和之美，值中国帝运之末，开东亚民主之基。顺天应人，超今迈古。佥谓美利坚之独立，受战祸者或七八年；法兰西之革命演惨剧者将数十载，虽伸民气，实苦生灵。前清隆裕皇太后，默审潮流，深鉴大势，见机独早，宸断无疑。诏书一下，化干戈为坛坫，合五族为一家，大道为公，纷争立解。盖宁可以敝屣天下，断不忍涂炭生民，所谓能以私让国。”

在袁世凯等人主导下，隆裕太后的葬礼享受了最高规格。一时紫禁城内外，冠盖如云，前往吊唁、祭奠的各界人士达数万人。从当时报纸来看，人们对隆裕的突然去世感到惋惜。《中国日报》说：“己丑年嫁光绪帝为嫡后，秉性柔懦，失西后欢；尤与光绪感情不洽，抑郁深宫二十余年。既无可誉，亦无可讥。惟清廷退位，后力居多，将来共和史中亦不失有价值之人物也。”“既无可誉，亦无可讥”这八个字，可谓精准道出了人们的同情心态。

驻京各国公使对隆裕太后的薨逝亦均表惋惜，除亲去太和殿致祭外，于哀悼会期间，各使馆均下半旗致哀。或许，他们是在向一个王朝，一种制度的终结致哀。

对隆裕太后感恩戴德的，还有一批王公旧臣。在他们看来，正是隆裕的识时务之举，才让皇室得以保全，才让清人免遭厄运。有位老臣这样说：

“太后生当此时，前有革命军之威势，日逼北京，后有宗社党之纷扰不已，而宫中府中俱有种种人物议论百出，日夜攻守，主战主和无所适从。幸太后善察舆情，深明大局，遂决定大计，肇造民国。仅免涂炭生灵之惨。”“倘使当时太后计不出此，断然反对革命妨碍共和，不但清室破灭无存，而海内生灵又陷涂炭，其惨苦情形岂可言哉！”

当然，也有一些人在接到太后逝世通电之后，迟迟不肯赴京奔丧，“依然轻裘肥马，徜徉于租界之中”。庆亲王奕劻就是其中一位，他寓居天津租界，却屡召不来。还有很多宗社党分子，他们坚持维护清朝君主政体，激烈反对清帝退位，主张以强硬手段对付革命党，怂恿续战，所以对隆裕太后颁发退位诏书深感不满，心怀怨愤。

此外，隆裕去世后，宫内群龙无首，后宫开始激烈的争权大战。清朝都已灭亡，他们却还在紫禁城那个小小的世界里上演尔虞我诈，当真可笑得很。不过，一群妃子、太监，也不能指望他们有什么更好地表现。何况，谁来主持后宫，就意味着谁来掌管民国政府每年给的四百万两银子。后来，袁世凯出面干涉，才算是了了这出闹剧。结果是："清廷未来之内政均归瑾贵妃一人主持，瑜贵妃不复过问。"

数年之后，冯玉祥发动北京政变，把皇帝尊号废除，宫内众人降为平民，赶出紫禁城。从此，世间再无皇帝。有，也是假的。

祥说：对于隆裕而言，或许，死亡已是最好的结局！

帝王篇：
有心救国，无力回天

“四无”皇帝咸丰竟靠“假哭”登基

做皇帝，是无数人梦寐以求的事情，哪怕只能做一天，也觉得此生无憾。对普通人而言，当皇帝只能在梦境里实现；对皇子而言，那金灿灿的宝座却并不遥远。然而，宝座只有一个，并非所有皇子都能坐上去，最后坐上去的也未必真正适合做皇帝，一不留神，就可能送了身家性命。

晚清，就有这么一位皇帝，本不是做皇帝的料，却机缘巧合登上了宝座，年纪轻轻就一命呜呼了。他，就是爱新觉罗·奕詝——咸丰。

哭，本来是一种情感的真实流露。但是，经过训练，哭也可以变成生存手段之一。一名优秀的演员，就能做到想哭就哭。任性！

不过，能靠一场假哭赢得皇位者，绝对是个中高手。

奕詝出生在 1831 年 7 月 17 日，是道光帝的第四个儿子。出生的时候，他不知道，就在两个月前，自己的大哥奕纬因犯了错被父亲不小心踢到命根而离开人世；他也不知道，正是大哥的离世，才让他有了争夺皇位的机会；他同样不知道，自己的后面，还相继会有五位弟弟来陪他玩耍。

君主社会里，立储是一等一的大事，马虎不得，因为一旦即位，便无可挽回。尽管有六位皇子待选，道光开始时并没有为此过于焦虑。老七、老八、老九因年龄太小被挤在门外，老五则因言行浮躁及母亲原因被过继给惇恪亲王。如此一来，只需在老四、老六中间挑选一位即可。可是，道光万万没想到，这个选择会让他如此纠结，以致在将奕詝的名字写在朱谕上后，仍在反复掂量。那个决定了两兄弟命运的立储匣如今安安静静地躺在中国第一历史档案馆，三面贴有封条，均有道光帝的亲笔签名，而正面封条上还写有“道光二十六年立秋”的字样，这正是他立储的第二天，当真是名副其实的纠结帝。（这也是清朝秘密立储制度的终点，后面用不到了。后继无人，气数已尽啊！）

奕詝成熟稳重，但缺乏才气；奕䜣才气非凡，却稳重不足。最终，道光的天平还是倾向了奕詝。一方面，是因为奕詝与道光脾气相近，另一方面，则是因为道光中了奕詝老师的计谋。

奕詝的老师是山东滨州人，名叫杜受田，官宦出身。他对道光的脾气摸得非常透，知道道光是个极为传统的“守成”皇帝，推崇“以孝治天下”。有一次，衰病的道光召两位皇子入对。临行前，两位皇子请教各自老师，奕䜣老师卓秉恬说：“当知无不尽，言无不尽。”杜受田则说：“阿哥如条陈时政，智识万不敌六爷。惟有一策，皇上若自言老病，将不久于此位，阿哥惟伏地流涕，以表孺慕之诚而已。”翻译成白话就是：如果你老爹说自己将不久于人世，问你该如何治国，千万别跟个二傻子似的大谈治国理念，在这一点上你骑着马也追不上奕䜣，唯一的办法就是，趴在地上痛哭流涕，哭得越惨，哭得越真，离皇帝宝座就越近。奕詝是老实孩子，一听师傅这么说，抓紧时间酝酿情绪，看见老爹时眼泪已经在打转转了。

道光也不负众望，问出了这一道影响晚清政局的高智商问题。一旁的奕䜣刚要把自己准备好的一套治国理念和盘托出，嘴都没张开，耳边就传来四哥杀猪般的嚎叫。哭得那叫个凄惨啊，当真是惊天地泣鬼神。奕䜣都愣了，抬头看看，老爹没死啊，好好的呀，你抽什么风啊。

这场发自内心的假哭，打破了恪守祖训、毫无创造精神的“纠结帝”道光心中的天平，最终倾斜到了奕詝这边。

成功转正当了皇帝后，奕詝还是很开心的，抚摸着宝座，如在梦里一般（我的天呀，我当皇帝了，以后早饭可以泡两包方便面了）。可惜，人倒霉了喝水都能塞牙缝。正当奕詝沉浸在唯我独尊的喜悦里时，砰砰两声，上天接连给他送来两份礼物：一份是太平天国，一份是英法联军。

洪秀全专门和奕詝对着干，这边刚登基，那边就起义。奕詝即位时不足 20 岁，20 岁遇到这种惊天动地的大事变，要想处理好，必须得有大才干才行。奕詝是有理想、有抱负的好青年，虽遇乱世，但仍想一展拳脚。最初，他极为勤奋（清朝皇帝都很勤奋），励精图治，大刀阔斧地进行了各种改革。最让普通百姓感到振奋的，莫过于惩处奸臣，重新启用林则徐了。在百姓眼里，几千年历史轮转，不出忠奸二字，奕詝也是这么想的。事实上，他所施行的种种措施，都没能超出祖宗之法那一套。

可惜，处于历史漩涡中的奕詝并不知道，此时的中国，正处于“天崩地解”的转折关头，祖宗成法已然失效，不迈出“向西方学习”这一步，再怎么折腾也无济于事。如果不是湖南出了个曾国藩，大清朝说不定就葬送在奕詝手里了。可怜一个大好青年，被残酷的现实压垮，不得不纵情声色，在腾云驾雾、翻云覆雨中欺骗自己。渐渐地，奕詝的世界里，只剩下了看戏、吸鸦片、玩女人！据《清朝野史大观》记载，他还曾恋上了一位真正有三寸金莲的山西小寡妇。刚刚 30 岁，奕詝就“挥一挥衣袖，不带走一片云彩”了！古语云：三十而立。本当年富力强，却一命呜呼，原本听着心里十分舒坦的“万岁万岁万万岁”，如今在天国怎么听都觉得那样刺耳。罢了罢了，云归云，土归土，世间的一切都已与奕訢无关。

世人皆艳羡权力，殊不知：权力，有时候能成就一个人，有时候也能压垮一个人。奕訢如果没有出生在紫禁城，而是一个寻常百姓家，哪怕是做一个亲王，或许没有显赫的权力，但说不定能一生无忧、长命百岁。可惜，历史不能假设！当奕訢在紫禁城降生的那一刻，他的命运就已经注定了。生在皇家，他，没得选。

君主体制下，皇帝治国才能的高低，直接决定了王朝的命运。鸦片战争没能把道光打醒，白白浪费了十年；太平军和英法联军倒是把咸丰打醒了，可惜，他偏偏没有救世之才，又白白浪费了十年。在极速变化的时代里，哪个国家会停在那里，等你二十年呢？

好在，咸丰死后，尽管洋务运动姗姗来迟，但毕竟来了！

祥说：咸丰既没有康熙的雄才大略，又没有乾隆坐享先帝之成的福气，他所驾驶的已经是一艘行驶了二百多年的破船。尽管他也想一展拳脚，无奈才华有限，反倒送了性命，误了国家。咸丰被后人称为“无远见、无胆识、无才能、无作为”的“四无”皇帝，而在皇位争夺战中落败的奕䜣后来却成为引领中国走向世界的人物之一。历史，总是这么顽皮！

咸丰对身后事的安排害死最心爱大臣

肃顺是协办大学士、户部满人尚书，颇受咸丰倚重，并有许多不俗的政治举措。1860年，他随咸丰帝逃到热河后，因少了其他政治派系的竞争，更深得咸丰帝的专宠信赖。据说他平时身穿便服，随意出入避暑山庄，“寝宫亦著籍，嫔御无所避”，俨然成为皇家事务的全权大总管，可谓权倾朝野，不可一世。咸丰帝之所以敢于放手重用肃顺，是因为他身体倍棒，对自己掌控局面信心百倍。而且，肃顺在很多国家大事上的态度与咸丰基本保持一致，对外都持保守态度，既不愿举手投降，又提不出切实可行办法（好尴尬）；对内都坚决主张镇压太平天国运动，并尝试重用一批汉族官员如曾国藩等，尤其是在整顿吏治方面，都主张“治乱世用重典”，可谓雷厉风行，为政严苛。

对于肃顺的专权行为，咸丰帝当然有所察觉，也做了一定的防范，但他就是想借助肃顺这种大开大合的行事风格与政治魄力，对积弊已深的官场来一次大清洗，希望借此重振大清雄风。换句话说，虽然肃顺行事严厉，甚至独断专行、飞扬跋扈，但是绝没有谋反之心。关键是，咸丰找遍朝野上下，能够帮着自己进行改革的，也只有肃顺这一派了。（奕䜣？防范还来不及呢！）

然而，这一切的前提是，咸丰身体健壮。登基几年后，由于看不到希望，无法挽救大清衰颓之势，咸丰逐渐开始自暴自弃，纵情于声色，终于搞垮了身体，眼瞅着就要去见列祖列宗了。他虽然资质平庸，但对于维护皇权一事可毫不含糊。因此，临死前的一段时间，咸丰已经顾不上考虑其他军国大事了，满脑子想的都是如何让自己的独苗顺利继承大统，并在成年之前安稳活下来。这个时候，即使肃顺自己没有逆反之心，咸丰在进行身后事的安排时，也必须要假设肃顺会谋反。

咸丰冥思苦想，终于让他想到了一个锦囊妙计，得意的做梦都夸自己聪明，睡觉都能笑醒。什么妙计呢？四个字：“权力制衡。”

咸丰需要防范的人有三个：肃顺（最倚重的大臣）、懿贵妃（最喜欢的女人）、奕䜣（最纠结的兄弟）。

所谓权力制衡的妙计，是这样子的：

首先，任命肃顺、载垣、端华、景寿、穆荫、匡源、杜瀚、焦祐瀛等八大臣为辅政大臣，“尽心辅弼，赞襄一切政务”。

当年，皇太极死后，由多尔衮、济尔哈朗两位亲王辅政，结果被多尔衮一人独揽大权，到顺治死后，孝庄为康熙选了索尼、苏克萨哈、遏必隆、鳌拜四位辅政大臣，目的就是防止一人专政局面的出现。这样说起来，咸丰最狠，直接来八个，互相制约，而且都是与皇族没有关系的“外人”，即使想挑战皇权，也缺少像奕䜣所具有的“血缘正统”这一致命武器，而这八位辅政，尤其是肃顺，做事果断，不讲情面，有法家风格，可以保证国家正常运转。

这一招，既限制了肃顺，又将懿贵妃和奕䜣排除在权力核心之外，让这对叔嫂根本没有机会干政。

其次，咸丰将自己最喜爱的两枚私印“御赏”和“同道堂”分别赐给皇后钮钴禄氏和儿子载淳，规定，凡是谕旨，在开头必须盖“御赏”印，结尾必须盖“同道堂”印，只有两枚印章齐全才有效。

这一招，是为了防止出现八大臣联合谋反的局面，所以赋予皇帝和皇后最后也是最高的决定权。

在咸丰看来，这种安排不仅将已经显示出权力欲的懿贵妃以及奕䜣挤在门外，而且有效遏制了肃顺大权独揽以及八大臣沆瀣一气的可能，可谓“完美”！

然而，这一制度安排有一个最大的漏洞，那就是皇帝太年幼，根本无法保管、利用自己的那枚印章。这枚印章的实际使用权也就顺理成章地落到了他亲生母亲慈禧手里。慈禧由于深得咸丰喜爱，很早就已经帮着夫君批阅奏章了，权力欲已经显露无疑，此时印章在手，可谓如虎添翼。

如此一来，本就不和的慈禧、奕䜣与肃顺之间更加势如水火。俗话说，天无二日人无二主，两者之间必有一死。后来的历史走向，也确实如此，慈禧和奕䜣联手发动了那场惊天动地的祺祥政变，彻底打破了咸丰那无比得意的所谓“权力制衡”策略。

肃顺从来没想过觊觎皇权，本可以安安稳稳地做重臣，没想到，被自己主子所安排的身后事卷到了皇权争斗的漩涡里，赔上了身家性命。当然，他之所以会在这场权力斗争中落败，是因为之前的为政风格过于严厉，得罪了一帮大臣。难怪王闿运会在《独行谣》中说：“祖制重顾命，姜姒不佐周。谁与同道堂，翻怪垂帘疏……祺祥改同治，御座屏波离。”

行刑之日，肃顺身穿白袍白靴，被捆绑于牛车之上，由官兵押解至菜市口大街，许多人沿途观看。因肃顺在戊午科场案和户部钞票舞弊案中处罚人员多达数百人，这些往日的仇家听说肃顺即将被处死，纷纷驾车前往观刑，拍手称快。在刑场上，肃顺不但不肯下跪，而且大骂不止。至于他都骂了些什么，无人敢详记，想来是骂西太后吧。

其实，肃顺除了专横跋扈、为政严苛外，在廉政方面还是很过关的，连他的政敌都无法就此做文章。章士钊曾说肃顺虽“微迷于声色”，但却“无贪黩之名”。这在贪腐成风的晚清官场里，可谓少见。

详说：咸丰临死前玩的“权力制衡”，再次证明，这位依靠“假哭”登上皇帝宝座的皇帝，真的不是一块“政治良玉”。

侄子·外甥·亲爸爸：光绪与慈禧的关系

相信看过影视剧《走向共和》的人，都会对“亲爸爸”这个称呼印象深刻，难免会产生疑惑：为什么身为九五之尊、堂堂七尺男儿的光绪，偏偏以一个男性称呼来喊作为女人的叶赫那拉氏呢？

咸丰帝去世后，两宫太后慈禧和慈安实行垂帘听政，联合奕䜣发动祺祥政变，把持了朝政。按照康熙以后不成文的祖制，当小皇帝年满 15 岁时，太后必须卷帘归政。1873 年，同治帝亲政。可惜，慈禧对这个儿子过于宠爱，疏于管教。同治整天出宫寻花问柳，一年后就死于梅毒（官方称天花）。

可怜呐！这可是咸丰与慈禧的独苗，偏偏这颗独苗又没留下龙种，后继无人，红灯亮起。选择谁来接班，就成了当时一等一的大事。其实，摆在满洲皇族面前的无非两种选择：要么从下一辈（“溥”字辈）中选择一位过继给同治；要么从同辈（“载”字辈）中选择一位过继给咸丰，都符合礼制。

最终，慈禧选择了载湉，也就是后来的光绪。其实，第一种选择必定被慈禧所抛弃，因为那样她就变成了太皇太后，以太皇太后身份垂帘听政，虽然也有先例，但为数极少（吏部主事吴可读极力主张第一种选择，后来在同治葬礼上“尸谏”西太后，然而，慈禧对权力的痴迷非一般人所能理解）。而同治同辈中人，只有光绪与咸丰、慈禧的血缘关系最近。光绪父亲奕譞是咸丰的七弟，母亲则是慈禧的妹妹。所以，光绪既是咸丰的侄子，也是慈禧的外甥。双重亲近，就使光绪成为最合适的人选，而且他当时只有 5 岁，完全符合慈禧垂帘听政、独揽大权的要求。

实际上，咸丰的六弟奕䜣也有一个儿子，名叫载澂，年龄与同治相当，理应也是当时皇帝的有力竞争者，但就是他带着同治逛遍了八大胡同，所以，直接被排除在外了。

光绪，就这样坐上了皇帝宝座！

或许是自己亲生儿子的去世对慈禧打击过大，她对光绪的管教相当严厉，可以用全面管控来形容。而慈禧既然再次垂帘听政，大权在握，所以处处都彰显自己的权威，称呼也是其中之一。慈禧的地位相当于太上皇，而在历史上太上皇只能由皇帝的父亲享有，所以她喜欢听光绪用“爸爸”这个男性称呼来喊自己。至于要在“爸爸”前面加上“亲”字，是因为慈禧和光绪之间乃是亲上加亲。慈禧曾经说过：“光绪皇帝的父亲就是醇王，他的母亲，是我的妹妹。我妹妹的儿子，就跟我亲生的一样。”在宫中居住过两年的德龄就在《清宫二年记》中说，皇帝及余等皆呼太后以男称。她曾亲耳听到，光绪每次向太后请安时都要说：“亲爸爸吉祥！”（据说，是李莲英暗示光绪用这个称呼。）

正是这种无所不在的控制，让光绪心中的怨念越积越深，这才有了后来借助维新变法之机进行夺权的政治豪赌。

据为光绪帝写《起居注》的恽毓鼎回忆说，当时慈禧得了痢疾，连续几天拉肚子，她听说光绪面露喜色（野史上说，光绪在自己屋里摆满了钟表，拼年龄。），很是生气，说“我不能先尔死”。随后，慈禧赏赐光绪一碗“塌喇”（酸奶），光绪喝后肚子疼得不行，当时有个御医叫力钧，人很实在，真就开方子治病，结果慈禧知道后说力钧怎么还不死，吓得他赶紧装病，把鸡血滴到痰盂里，假装咳血，逃出宫去。没多久，慈禧就下旨，让醇亲王载沣之子溥仪在上书房读书，授载沣为摄政王，第二天光绪就去世了。慈禧和载沣说，以后所有军国大事还是要经过她的训示，其实就是要故技重施，掌握权力，结果没想到自己也紧随光绪其后，相隔一天就去世了。

详说：近年来，有学者从大家长及女性心理角度分析，认为慈禧归政光绪乃出于真心。从选继承人的过程就可看出，这种说法恐怕站不住脚。慈禧作为女人并不幸福，政治和权力就成为她生活的全部寄托。一旦没了政治可以玩耍，整个人都感觉不好了。

光绪为救国掀起宫廷英语热

中国历史悠久，帝王无数，但要找能主动学习英语的，恐怕只有光绪一人而已。这是因为，中国长期处于朝贡体系的顶端，从来都是眼睛向下看外国，自然不需要主动学习外语，直到近代世界形势发生逆转，我们由文明国变成了野蛮国，不得不低下头、弯下腰，向西方学习。而要进入西方世界，外语尤其是英语就成了必要条件。不过，要自视为天朝上国的皇帝去主动学习英语，绝非易事，晚清足足花了半个世纪，才出了一个光绪！

关于光绪开始学习英语的时间，学术界有不同看法，不过最早的史料见于《翁同龢日记》，他说光绪"闻欲通泰西字义"，并"命奕劻带同文馆教习进见讲洋文"。这一年，是1891年。日记里还记载说："上于西文极用意也"，"近且洋文彻于御案"。可见，光绪学习英语十分用功，堪称学霸。不过，翁同龢对此不仅不支持，而且在日记里用了"伤哉"两个字，这与李鸿章推许"西士竟相圣贤"形成鲜明对比。这也是为什么后来维新变法开始仅仅4天，翁同龢就被光绪罢官的缘故，因为这位"两代帝师"，显然已无法跟上光绪西化的步伐。

光绪之所以热衷于学习英语，是因为受到外国入侵的刺激，眼见着大帝国就要亡在自己手里了，心急如焚，希望从外国人那里找到救世良方。这也是康有为靠着俄国和日本改革的书，就能把光绪忽悠了的原因。

那么，光绪的英文老师是谁呢？

据《翁同龢日记》记载，是同文馆的张德彝与沈铎。其实，清廷最早打算请留美学者颜永京担任光绪老师，但消息刚传出来，就被颜永京拒绝了。他说："每天教书，要我向学生跪拜磕头，我如何能做得到呢？"不过，后来他从报纸上看到光绪大刀阔斧地改革，曾惋惜地对家人说："假如光绪早下决心变法维新，我也许会去北京，可是，当时瓜分势蹙，我怎么能给一个亡国的君主做老师呢！"

张德彝和沈铎轮流为光绪上课，光绪破例让他们坐着讲课。这是个苦差事，因为上课时间是凌晨四点，老师必须半夜刚过就得入宫，一等就是几个小时，而授课时间只有半个小时。光绪是个好学生，上课贼准时，从不迟到、缺课，阅读和写作方面颇有天赋，但口语实在烂得不能再烂。他曾经计划在过年时用英语致辞，邀请各国公使出席活动，可惜老外们不给面子，谢绝前去聆听。不过，这点小挫折对于充满热情和斗志的光绪来说不算什么，他一如既往地学习英语，进步很快。

德龄就曾在《清宫二年记》中详细记载了光绪学习英语的事情，写道："他常常趁我空的时候，问我些英文字。我很惊奇他知道的字这样多。我觉得他非常有趣，两眼奕奕有神。他单独和我们在一起的时候，就完全变成另一个人了。他会大笑，会开玩笑，但一见到太后，就变得严肃、忧郁……他，在中国实在是一个聪明又有见识的人，他是一个出色外交人才，有极丰富的脑力，可惜没有机会让他发挥他的才能……我们常常谈到西方文明，我很惊异他的对于每一事物懂得那样透彻。"

又说："他很聪明，记忆力又惊人的强，所以进步很快，然而他的发音却不很正确。不久，他就能够阅读一般学校英文读本中的短篇故事了，而且能够默写得很好。他的英文字写得非常美丽，对于古字、美术字尤为擅长。太后见皇帝这样学习，也很喜欢，说她也想学，想来不久也得学会，但是只上了二课，她便没有耐心了再读下去了。"

受光绪影响，皇亲国戚中兴起了一股英语学习热。也可以说，当时学英语是一种时髦，就连慈禧都曾对英语产生兴趣。除了上面德龄的回忆，美国公使夫人萨拉·康格也曾记述过慈禧学英语的事情，只是慈禧没有坚持下去。据这位公使夫人回忆，在一次宫廷宴会上，妃嫔、格格们有的已经可以将祝词当场翻译成英语了。肃亲王甚至在府中专门办了一所学校，用来教授英语。当时，不少人都希望自己的孩子学英语。萨拉记述说，有很多贵妇向她说："我们希望自己的女儿学习英语，但我们的传统又不允许她们进学堂，我们能否通过您找一位老师在我们家里开一个班呢？"由此足见当时皇族对学习英语充满热情。

戊戌政变后，光绪的英语学习被禁止，但只是禁止老师授课，对于自学活动，慈禧基本睁一只眼闭一只眼，因为她的目的是隔断光绪与外界的联系，而并不反对学英语。她也不反对变法，只是害怕光绪夺权。

祥说：作为一国之君的光绪，如此热衷于学习外国语言，这在中国几千年历史上是具有典型意义的，只可惜他激情有余，经验不足，最终死于权力争斗。人生，有时候就是这么无奈。历史，有时候就是这么残酷。

为何变法刚开始光绪就革了翁同龢的职

戊戌变法仅仅开始四天，重臣翁同龢就被罢免，“开缺回籍”，也就是回家养老了。以往通行的看法是，翁同龢是被慈禧罢官，慈禧的目的自然是除掉光绪的“左膀右臂”，给这个有野心的儿子兼侄子一个下马威，从而让这场变法举步维艰。乍看起来，这种解释合情合理，但细究下去，就会发现，真相并非如此。

罢免翁同龢的不是别人，正是光绪皇帝自己！

那么，为何变法一开始，光绪就把刀砍向了自己的老师呢？

翁同龢是两代帝师，至维新变法时，已身兼军机大臣、总理衙门大臣、协办大学士、户部尚书等职务，可谓权倾朝野。作为中国官场上的老资格，尤其又担任皇帝老师，他难免会飘飘然，有时就会忘了自己首先是臣子，即先尊君臣之仪，再论师徒之情。于是乎，悲剧就在所难免。

根据翁同龢的日记记载，光绪发布变法上谕之后的这几天，师徒之间的关系可谓急转直下，或者说迅速恶化。6 月 12 日，翁同龢在日记中写道：

“上欲于宫内见外使，臣以为不可，颇被诘责。又以张荫桓被劾，疑臣与彼有隙，欲臣推重力保之，臣据理力陈，不敢阿附也。”

这段话道出了师徒二人在两个问题上产生重大分歧，一是接见外国使节的礼仪，一是推荐张荫桓问题。第一个问题，是自乾隆时期马戛尔尼使团访华就存在，且一直未能解决的问题。因为清朝自视天朝上国，把礼仪问题看得极重，始终不肯将外国人平等看待，而认为他们低我们一等。光绪帝是整个清朝皇帝中最懂西学的人，早就想改变这种情况，但每次提到这个问题，总是遭到翁同龢的极力反对，光绪为此发过几次火。至于张荫桓，是光绪想在变法中重用的人才，但遭到其他官员弹劾，就想让翁同龢推荐，没想到老师不给自己面子，长篇大论地反驳、顶撞。

雪上加霜的是，第二天（6 月 13 日），光绪帝想召见康有为、梁启超等人，再次遭到翁同龢反对，老师的意见是“宜稍缓”。这里需要说明的是，翁同龢虽然推荐过康有为等人，但其实他的维新理念与康有为等人有相当大的差距，尤其是读了《新学伪经考》和《孔子改制考》后，直接把康有为的著作称为“野狐禅”。

事实上，早在 1898 年 2 月胶州湾事件发生时，光绪命翁同龢前往德国驻华公使馆谈判，就遭到老师态度坚决的拒绝，最后只好派李鸿章前往。类似的顶撞事件可以说经常发生，尽管光绪没有实权，性格也比较软弱，但他毕竟是一国之君，不可能长期忍受翁同龢的顶撞甚至当面抢白。特别是当光绪开始主持变法时，急于成就一番伟业，既挽救大清，也挽救自己，所以大胆起用新人，推行各种新政，步子迈得很大，显然将年迈的翁同龢甩在了后面。当自己的新政举措一再遭到翁同龢的阻挠时，光绪内心已经将老师视为变法的障碍了，罢免之举也就事出必然。

光绪在罢免翁同龢的上谕里这样写道：“翁同龢近来办事多不允协，以致众论不服，屡经有人参奏，且每于召对时，咨询事件任意可否，喜怒见于词色，渐露揽权狂悖情状。”后面这句，说明光绪已经忍了翁同龢很久，实在忍不了了。

罢免翁同龢之后的第二天，光绪就召见康有为，任命他为总理衙门章京行走，许其专折奏事，紧接着颁发一连串的新政诏书，可谓放手大干一场。这说明，罢免老师是光绪自己的主意，并非受到慈禧胁迫。

很多人看历史，容易在不经意间犯一个错误，那就是由后向前推导历史。比如，由袁世凯称帝的事实倒推他出山时就有称帝想法等，其实不然。这里也是一样，不能因为慈禧镇压了戊戌变法，就认为她从一开始即反对变法。慈禧并不是一个极度保守的人，她很明白，要想挽救大清，只有向西方学习这一条路，甚至说过“今宜专讲西学”的话，怎么可能反对变法？她与光绪的矛盾在于，谁来主持变法，而她的策略，是以退为进，暗中控制。所以，在双方矛盾尚未激化时，慈禧并没有罢免翁同龢的必要。不过，对于光绪这一决定，慈禧是举双手赞成的，因为翁同龢后来经常对慈禧的专权表示不满。

总的来说，罢免翁同龢这一决定并不明智，变法尚未真正开始，就自断右臂，削弱自家实力，实乃昏招。当然，这是符合光绪性格和行为特点的，他满怀激情，锐意改革，但遇事冲动，操之过急。不久，他又罢免礼部六堂官，彻底激化了与慈禧之间的矛盾，最终招来杀身之祸。

祥说：任何时候，搞清楚自己的位置，都很重要！

没有金刚钻，偏偏揽了瓷器活：载沣的救国术

俗话说：没有金刚钻，别揽瓷器活。经验社会里流传的老话，必定包含着深刻的人生哲理。晚清最悲催的皇帝咸丰，就因犯下这个错误，毁了自己，误了中国。世事总是那么难料，谁能想到，时隔半个世纪之后，他的侄子竟然走了自己的老路，虽说没有毁了自己，却亲手把大清送上西

天。事实上，自咸丰以后的几位皇帝，都没能善终，要么中了梅毒，要么喝下砒霜，可谓处处透露着王朝的没落气息。

咸丰的这个侄子，也是同治的堂兄，光绪的胞弟，宣统的父亲，中国最后的摄政王——载沣。

每一个活到十八岁的人，都有专属于自己的十八岁，不论平平淡淡，抑或轰轰烈烈，皆独一无二。对于载沣来说，十八岁那年注定是一个不平凡的年份。一项伟大而又屈辱的使命，无声无息地砸到了他头上，直叫他眼冒金星。

在那场席卷北方大地而最终走向失控的义和团运动中，一个名叫克林德的德国公使被人开枪干掉（充满了阴谋）。事后，清廷被逼在事发处立碑（“一战”胜利后被拆掉重刻为“公理战胜”），同时派人赴德道歉。派谁出去，成了让满朝文武相当头疼的问题。正当清廷举棋不定之时，好心的新任德国公使穆德主动跑过来支招，向议和大臣李鸿章（晚清裱糊匠，古今背锅第一人）和铁帽子王奕劻推荐了醇亲王载沣（载丰心中肯定问候了德国公使全家不下百遍）。事实上，德国人眼光还是蛮毒辣的，找遍清廷上下，只有载沣最为合适。原因很简单，他身份之特殊，地位之显赫，远非其他亲王所能比拟，让他出使德国，最能彰显中国道歉的诚意。

1901 年 6 月 5 日，躲在西安吃泡馍的慈禧和光绪正式向载沣下达了任命书，头衔为“头等专使大使”。不明真相的还以为多 NB 呢，只有载沣自己知道心里究竟有多苦！稍感欣慰的是，他不是一个人在战斗，慈禧还派了前内阁侍读学士张翼和精通德语的参赞荫昌伴其左右。尽管出访过程一波三折（礼仪之争），载沣竟然有惊无险地圆满完成任务，表现可圈可点，收获了数不清的政治资本，由一个乳臭未干的小王爷，摇身一变，成为闻名中外的大人物。时人称：“从今一代擎天柱，要仗吾王手自擎。”如果说这些都是虚的，那么开阔了眼界，见识了西方强大，则是载沣本身实实在在的收获。对他来说，这次出访不啻为一次特殊的成人礼。

表面看来，上天似乎十分眷顾这位王爷，殊不知，此时已埋下后来变局的祸根。因为，这次出访让载沣坚定地认为："欲使皇室强盛，必先集中兵权。"而权力收归中央，恰恰是压倒大清王朝的最后一根稻草。

那次临危受命的出使，注定成为载沣人生的转折点。此后，他官运亨通，六年时间，就杀入了军机处。让他没想到的是，仅仅一年后，天大的馅饼（也是灾祸）竟然毫无征兆地砸到了头上，恍如梦境一般。光绪和慈禧这对近代史上最传奇的母子相继去世，把烂得不能再烂的摊子扔给了年仅3岁还在啃手指头的溥仪。载沣，以皇帝父亲身份实现了华丽的大转身，荣升摄政王，执掌天下大权。回想当年，二哥光绪登基时，好不艳羡，如今，自己也成了名副其实的"皇帝"，怎一个喜字了得？载沣在心中暗暗立誓，要尽情施展乾坤大挪移，扭转时局！

与载沣志得意满形成鲜明对照的是，有一个人在得知光绪、慈禧病危消息的那一刻，就开始惴惴不安，冥思保命之策。他，就是——袁世凯。

袁世凯何等的精明，那可是将权谋之术运用到极致的一代枭雄，其对时局的分析可谓十分老到，明白载沣一旦上台，绝无自己好果子吃。为嘛？还不是那倒霉催的"康党"半夜三更不睡觉，非要自己帮着"围园杀后"（交情没到那份上好不啦，再说手里那点兵也不够瞧的呀），最后自己没辙，只好向荣禄告密，导致六君子被砍头，光绪被囚禁（在他告密之前，慈禧已在京城动手，他的告密则让这场政变迅速升级）。

载沣虽然缺乏政治斗争经验，但也是相当精明的人物，不会傻到单纯为哥哥复仇。他对袁世凯动了杀心，实在是后者势力过于强大，身边无数人都在劝自己动手。可惜啊，载沣终究没有康熙大帝铲除鳌拜的果断，在征求张之洞等人意见后，罢免袁世凯了事。这背后，还夹杂着美国与日本之间挺袁、倒袁政策的争斗，非三言两语能说得清。总之，袁世凯得以全身而退，优哉游哉地在老家钓鱼，静待时机！

载沣并不像人们以往认为的那样平庸，只不过生不逢时，所有本领距离那个大变动年代的要求终究差了许多，如果生在王朝平静期，必然会是一位好“皇帝”。可惜，历史不能假设。老天爷把他捧上摄政王宝座，却没有赋予他相应的天赋能力，从开始就注定是一场悲剧。

以载沣为首的少壮派掌权之后，励精图治，从吏治、外交等各个方面入手，企图拯救这艘千疮百孔的破船。载沣早上 4 点入朝，先在办事殿、暖阁披览各奏折，5 点召见军机大臣，到 7 点钟左右稍事休息，8 点到上书房展读进呈的各讲义，9 点多再稍事休息。往往在休息过程中，仍阅览紧要奏折，回府已是 11 点。载沣还谕令内监奏事处每日将所进奉的章奏送至公所，以便随时详细批阅，且常有长批。勤政至此，不能不说他的确是一个有理想的好青年。

然而，大多数时候，勤奋并不一定能够改变结局。尽管载沣耗尽一身才华，但终未能恰当处理清廷内部、清廷与革命党、清廷与立宪派、满族与汉族、中央与地方这五大十分棘手的矛盾。尤其是，他借立宪之名，行集权之实，彻底伤透了那一批“老实巴交”的立宪派之心，使得他们在武昌起义爆发后站到了革命派一边，而且走得毅然决然，下手毫不留情。平心而论，从满洲皇族角度来说，搞集权并没有错。按照君主立宪的逻辑走下去，皇族也没什么实权了。既然都是死，不如放手一搏。历史演进到这里，对于爱新觉罗家族来说，这是一个结，一个解不开的死结！

如果不是载沣一上台就把袁世凯给革职了，或许他们还有的救。可惜，当起义爆发后，唯一有能力镇压起义的人在家钓鱼呢！等到载丰放下架子，重新起用袁世凯，一切就由人家说了算喽。

最终，大清朝这座矗立了近三百年的大楼，在一片排满声和剪辫子风潮中，轰然坍塌。云归云，土归土。历史，依旧卷着浪花向前行进，并不带有一丝留恋。从此，世间再无摄政王，只有赏花、遛鸟的落寞王爷。

祥说：诚然，无论谁登上这个宝座，处在那个位置，恐怕都无法挽救大清灭亡的命运。或许，这种结局，对于载沣，对于爱新觉罗家族，对于整个大清，都是一种解脱。可惜，他的儿子太年轻，看不明白，即使看明白了，也装糊涂，更不死心，终究走上了那条遭四万万人唾骂的叛国之路。卸下一身包袱的载沣，反而在关键时刻没有掉链子，保住了民族气节，从此大彻大悟，于深深庭院中，静观你死我活，笑看花开花落。

大臣篇：
一代人做一代人的事

“开眼看世界第一人”林则徐亦有局限

从世界范围来看，当历史演进到鸦片战争前夕时，中西之间早已完成彼此间的“文野转换”（西方人认为他们已经占据世界文明中心位置）。然而，自实行“片帆不得下海”政策以来的中国，长期处于基本封闭状态（保留一定的通商），仍然活在自我想象里，对于西方世界天翻地覆的变化茫然无知，事实上也不屑于去了解，而近乎偏执的坚守着那份“老子天下第一，你算老几”的骄傲。

于是乎，当英国人不远万里、气势汹汹地杀将过来时，双方的交流根本不在一个频道上，打得不是一套拳，真正的鸡同鸭讲。自此，无数令人啼笑皆非的事情在晚清七十年间轮番上演。即使是号称“开眼看世界第一人”的林则徐也不例外。让我们先来看一则林则徐奉旨到广州禁烟后发布的谕令：

我大皇帝一视同仁，准尔贸易，尔才沾得此利，倘一封港，尔各国何利可图？况茶叶、大黄，外夷若不得此，即无以为命，乃听尔年年贩运出洋，绝不靳惜，恩莫大焉……若鸦片一旦未绝，本大臣一日不回，誓与此事相始终，断无中止之理。况察看内地民情，皆动公愤，倘该夷不知改悔，惟利是图，非但水陆官兵军威壮盛，即号召民间丁壮已足制其命而有余。而且暂则封舱，久则封港，更何难绝其交通。我中原数万里版舆，百产丰盈，并不藉资夷货，恐尔各国生计从此休矣……今令洋商伍绍荣等到馆开导，限三日内回禀……毋得观望诿延，后悔无及。特谕。(《谕各国商人呈缴烟土稿》)

无论从禁烟、抗英还是后来关于防俄的预言来说，林则徐都是当之无愧的民族英雄。不过，无论是将“茶叶大黄”视作制敌之术（时人认为外国人以吃肉为主，没有中国的茶叶、大黄会大便不通而死），还是充斥满篇的“天朝”意识（中国人的世界观念表现为“天下”），说明林则徐的眼睛也只是睁开了一条缝而已，他用以应对英人的本钱显然还是根植于传统。

我们再来看被正史钉在耻辱柱上的琦善给道光帝写的一份奏折，他说：“内地实有可制外夷之权……则大黄、茶叶是也……盖（西洋各国）地土坚刚，风日燥烈，又日以牛羊肉磨粉为粮，食之不易消化，大便不通立死。每日食后，此为通肠之圣药。大西洋距中国十万里，亦惟茶叶是急，英吉利较近，皆不能离此。”英雄与“狗熊”、忠臣与“奸臣”的看法是何等相似！闭关的恶果，就是所有中国人都活在自己的世界里，关于西方的认知完全出于想象！

事实上，林则徐在鸦片战争前后的很多看法和行为，并不像我们以往认为的那样英明神武。认识历史人物（即使是民族英雄）应当遵循实事求是的、理性的学术独立原则。

比如，他对中英形势的判断就存在一定偏差。1839 年 9 月 1 日，他在《请严谕将英船新到烟土查明全缴片》中，向朝廷报告：“臣等细察夷情，略窥底蕴，知彼万不敢以侵凌他国之术窥伺中华，而其胠箧奸谋，总以鸦片为浸淫之渐。”后来的事态发展充分暴露了林则徐的妄自尊大。

他对英国海陆军的认识也同样如此。他断定英军船只适合海洋作战，一旦进入内河将威力尽失。1840 年 7 月 3 日，他在《英夷鸱张安民告示》中说：“彼若敢来内河，一则潮退水浅，船胶膙裂，再则伙食尽罄，三则军火不继，如鱼处涸河，自来送死，安能生全？”甚至当定海已被英军攻陷后，他仍坚持己见：“夷船所恃，专在外洋空旷之外，其船尚可转掉自如。若使竟进口内，直是鱼游釜底，立可就擒，剿办正有把握。”而且，在这份告示中，林则徐认为英军不是正常人，是“异类”，“一跌不能复起”，也就是膝盖不能打弯。当英军舰队攻占定海后，他在奏折中称：“一至岸上，则该夷无他技能，且其浑身裹缠，腰腿僵硬，一仆不能复起。不独一兵可以手刃数夷，即乡井平民亦足以制其死命。”这样的认识水准较之没有睁开眼的普通士大夫也实在高明不了多少！

必须注意的是，上述事情和看法是发生在林则徐赴澳门考察归来后，足见这次考察的含金量。而且，他经过此番考察，对欧洲人的印象十分恶劣，在日记中这样形容：“惜夷服太觉不类：其男浑身包裹紧密，短褐长腿，如演剧扮作狐、兔等兽之形。其帽圆而长，颇似皂役……其发多卷，又剪去长者，仅留数寸。须本多髯，乃或薙其半，而留一道卷毛，骤见能令人骇，粤人呼为鬼子，良非丑诋。更有一种鬼奴，谓之黑鬼，乃谟鲁国人，皆供夷人使用者，其黑有过于漆，天生使然也。”将西方人称为“鬼子”，将黑人称为“黑鬼”“黑奴”，充满了“华夷之分”下的种族歧视。

还有一点，是他在被发配伊犁后，曾经认真总结、反思过中英之间的差距，得出了诸多宝贵的认识。作为鸦片战争的当事人，他的反思可谓珍贵，但因被贬斥，担心再次惹祸上身，并没有向朝廷进言，而是眼睁睁看着大部分中国人沉睡在梦中。蒋廷黻就曾经对此做出过批评，说：“中国士大夫阶级最缺乏独立的、大无畏的精神。无论在哪个时代，总有少数人看事较远较清，但是他们怕清议的指摘，默而不言，林则徐就是个好例子。”

正所谓瑕不掩瑜，这些并不能抹杀林则徐作为民族英雄和爱国者的地位。尤其是，他在实地调查新疆情况基础上提出系统策略，并成功预言了俄国对新疆的侵略。“终为中国患者，其俄罗斯乎！吾老矣，君等当见之。”但就“开眼看世界”（范文澜语）这一点来说，恐怕睁开的程度有限。

林则徐最后死在赴广西镇压太平天国的途中，临死前高呼三声“星斗南”。“星斗南”究竟是指什么？有人说是“新豆栏”，洋行附近的一条街道名称，因为民间传说林则徐是被“食夷利者”即洋商及代理人贿赂厨子下毒致死。有人说是指“防俄”。个人以为，最接近历史真相的，可能是“心大南”（心即《心经》和《金刚经》，大即《大悲咒》，南即念佛声如“南无阿弥陀佛”等），是诵经念佛的简称。因为，林则徐笃信佛学（晚清学人中有相当数量倾心佛学，是一个非常有意思的文化现象）。

祥说：在以士农工商为主体的“四民“社会体系中，士大夫的认知水准极大影响着近代中国的走向。而直到输给日本，他们才真正跳出天朝思维的禁锢，承认“华不如夷”，开始奋起直追，可惜为时已晚。

杜受田凭什么获得谥号“文正”

谥号，是帝王、贵族、大臣、士大夫死后依其生前事迹给予的称号，有褒贬善恶的含义。古有“盖棺论定”之说，大都体现在这个“谥”上。谥号之首，当推“文正”。司马光曾谓：“文正是谥之极美，无以复加。”“文正”，可不是什么人都可以随随便便拿到的。当年，宋仁宗给老师夏竦亲自赐谥“文正”，结果因夏竦品行太过恶劣而遭到朝臣集体反对，最终不得不改赐“文庄”。

清人也十分看重“文正”这一谥号，清朝三百年，总数不过八个。其中，有一个山东人，他并无多少建树，死后却被特谥“文正”。他，就是咸丰皇帝的老师——杜受田。

他之所以能获此殊荣，最主要原因，是以帝师身份成功帮咸丰上位。

帝位之争主要在老四奕詝与老六奕䜣之间展开，奕詝成熟稳重，但缺乏才气；奕䜣才气非凡，却稳重不足。对此，道光帝一直处于纠结中。最终，历史的天平还是倾向了奕詝。一方面，是因为奕詝与道光脾气相近，另一方面，则是因为道光中了杜受田的计谋。

第一计：

一日，上命诸皇子校猎南苑。古时皇子方读书者奉命外出，临行时必诣师傅处请假，所以尊师也。是日，文宗至上书房，左右适无人，惟滨州（杜受田）一人独坐其中。文宗入，行礼毕，问将何处，以奉命校猎对。滨州乃耳语曰：“阿哥至围场中，但坐观他人骑射，毋发一枪一矢，并当约束从人，不得捕一生物。复命时，上若问及，但对：‘以时方春和，鸟兽孕育，不忍伤生命，以干天和，且不欲以弓马一日之长，与诸兄弟竞争也。阿哥以此对，必能上契圣心，此一生荣枯关头，当切记无忽也。’”文宗既至围场，如所行之嘱行之。时恭王所得禽兽最多，方故盼自喜，见文宗默坐，从者悉垂手侍立，怪之问其故，问文宗，曰：“无他，但今日，适不快，弗敢驰逐耳。”日暮，归复命，文宗独无所获。上询问之，是如滨州所教以对。上大喜曰：“是真有君人之度矣。”立储之意遂决。

第二计：

道光皇帝重病时，曾召集两位皇子觐见，将藉以决定储位。皇子各请于其师，卓（秉田）教恭王以上有所垂问，当知无不言，言无不尽：杜

（受田）则谓咸丰皇帝曰："阿哥如条陈时政，智识万不敌六爷。惟有一策，上若自言老病，将不久于此位，阿哥惟伏地流涕，以表孺慕之诚而已。"如其言，帝大悦，谓四皇子仁孝，储位遂定。

这两大计谋，尤其是那场发自内心的假哭，彻底打破了恪守祖训、毫无创造精神的"纠结帝"道光心中的天平，最终把奕詝成功送上了皇帝宝座！

咸丰是个苦命天子，登基后，外有西方列强虎视眈眈，内有太平天国掀起巨浪。咸丰又是个有抱负的好青年，虽遇乱世，但仍想一展拳脚。最初，他极为勤奋，励精图治，大刀阔斧地进行了各种改革。最让普通百姓感到振奋的，莫过于惩处奸臣，重新启用林则徐了。这些改革思路大都出自杜受田，可惜没能超出祖宗之法那一套，而在"天崩地解"的转折关头，不迈出"向西方学习"这一步，再怎么折腾也无济于事。所以，可以预测的是，在未来的某一天，不能帮皇帝拯救苍生的老师，必定遭到冷落。

不过，上天并没有给他们这个机会。因为，咸丰二年（1852 年），杜受田死了。

那一年，黄河决口，山东、江苏受灾严重。一心想做明君的咸丰派恩师杜受田亲自到灾区勘察施赈。当老师要启程时，咸丰皇帝竟"不觉感恋流涕"。杜受田一心想为咸丰皇帝排忧解难，可是天不遂人愿，在去往灾区的途中便"触暑染疫"。尽管如此，他仍"力疾治事，与源灏、宿藻等敷定施赈章程，疏陈而不言病"。他想为朝廷，为皇帝尽一份绵薄之力，但"至清江浦卒"。在最后一份奏折中，他仍然叮咛咸丰皇帝："贼氛未靖，河患未平，尤以敬天法祖，勤政爱民，崇节俭，慎好恶，平赏罚。"虽无新意，然一片忠心，天地可鉴。

杜受田病逝的消息传回北京，咸丰"震悼"，批阅遗章时不觉声泪俱下。他朱笔写到："回忆书斋景况，如在目前。奉使陛辞，情尤眷恋，方冀赞襄帷幄，谠论常闻。讵料相睽两日，晤对无期耶！"

杜受田的丧礼规格极高：赏陀螺经被，赏银五千两，赠太师，大学士，入祀贤良祠。灵柩回京沿途地方官妥为护送，准其入城治丧。灵柩运回北京后，咸丰先派恭亲王奕䜣前去奠醊，之后又亲自到杜受田家中祭奠，抚棺洒泪，甚是悲痛，在灵柩回籍时又派恭王目送。咸丰皇帝还援引雍正皇帝特批朱珪为"文正"的例子，称："杜授田公忠正直，媲美前贤。揆诸谥法，实足以当'正'字而无愧。"特谥"文正"。

杜受田之死，亦惠及家人。长子杜翰，时以翰林检讨放湖北学政，仅15个月就由从五品提升至正二品的侍郎，并进为军机大臣，后成为"八大顾命大臣"之一。

祥说：咸丰在老师杜受田的指导下夺得皇位，没想到毁了自己，误了中国；而杜受田在学生咸丰的指派下亲临一线，没想到送了性命，断了仕途。这对师徒的"纠缠"，也足以在历史上留下一笔。

肃顺的这项政策让中国人多留50年辫子

就中国发辫史而言，1851年是个特殊的年份。这一年，洪秀全率众在金田起义，后来建立太平天国。谁也没想到，这群"不中不西"的草莽英雄，竟然把大清朝搅了个天翻地覆，彼此划江而治长达14年之久。最关键的是，洪秀全也在头发上做文章，下令太平军一律蓄发，否则以死罪论处。所以，清军都喊他们"长毛贼"。

这场席卷全国的农民起义，本来是可以终结清朝生命的。最初，连外国人都说清朝要完了，纷纷遣使进入南京，可惜与洪、杨等人一接触，顿时明白双方的基督教根本不是一回事，转而从各个层面支持清廷。当然，外国的支持只是太平天国覆灭的次要因素，主要因素有两个：一是太平天国本身存在太多问题；一是汉族地方势力的强势崛起。要不是曾国藩、左宗棠这批汉族封疆大吏出来扭转局面，清朝早就去见上帝了，也是这批人开始搞洋务运动，让中国与世界接轨（满族也有几个，最典型代表是奕䜣，可惜道光没传位给他）。

我们都知道，清人入关后推行“首崇满洲”政策，六部官员里握有实权的通通是满人，武官就更不用说了，八旗印信全部由满洲都统掌管。一句话：千方百计对汉族官员进行限制，不让他们握有军政实权。《清朝野史大观》里曾有一段话：

“本朝君临汉土，汉人虽悉为臣仆，然究非同族。今虽用汉人为大臣，然不过用以羁縻之而已。我子孙须时时省记此意，不可轻授汉人以大权，但可使供奔走之役云云。”

那么，清廷是怎么舍得下决心给汉族大臣实权的呢？很多人肯定首先想到慈禧和奕䜣，认为是他们借助曾国藩等人的力量，延续了大清生命，甚至一度开创所谓“中兴”局面。这话没错，但不全对。

其实，这里牵涉到一项策略：以汉制汉。很少有人知道，最早提出并竭尽全力推行这一策略的，并非慈禧和奕䜣，而是另有其人。这个人，恰恰死在慈禧和奕䜣手里。他就是咸丰最爱，于“祺祥政变”中丧命的——肃顺！可以这么说，没有肃顺，曾国藩和左宗棠等人根本无法成就大业。

因为八旗、绿营兵力不足，而且不堪一击，咸丰不得已连续任命了40多个汉族团练大臣，以求尽快镇压太平天国。曾国藩在1853年1月21日接到协助湖南巡抚帮办湖南团练的命令，从此开始了“书生仗剑走天涯”的传奇之路，并学习他的偶像王阳明，以儒生带乡农，打造了一支军事劲旅——湘军。

湘军受到清廷重视，是在湘潭之战后，而这种“募勇成军”的做法也得到咸丰默许（曾国藩是第一个把团练变成正规军的）。1854年10月14日，湘军收复武昌。消息传到京城，举朝欢呼。咸丰更是兴奋得忘乎所以（别看这位皇帝无能，但真心想励精图治），马上下旨任命曾国藩为湖北巡抚，并对军机大臣说：“不意曾国藩一书生，乃能建此奇功。”没想到，军机大臣的一番话就像一盆冷水一样浇了下来：

“曾国藩以侍郎在籍，犹匹夫耳。匹夫居闾里，一呼，蹶起从之者万余人，恐非国家福也。”

咸丰马上想起了不能给领兵汉人以地方实权的祖训，“默然变色者久之”，随即收回成命。而没有实权的曾国藩，受尽地方官刁难，却毫无破解办法。

促使事情发生根本转折的，正是肃顺。他是当时整个满洲贵族里面唯一一个看透形势的人，即：只有重用汉族官员，才能挽救大清颓势！其实，对于满族统治者来说，这是个很矛盾的事。不给实权，清王朝在劫难逃；给了实权，中央权威势必衰微。正所谓“两害相比取其轻”，肃顺认为重用汉人乃利大于弊。于是，他把一大批有能力的汉人集结在自己周围，像郭嵩焘、王闿运、莫友芝、刘树堂等。而且，他对曾国藩、胡林翼等人充满敬佩，“常心折曾文正公之识量、胡文忠公之才略”。

于是，肃顺出手了！

在他的影响下，咸丰终于意识到重用汉人对维系清王朝安危的重要性。1855年4月13日，在肃顺力挺下，咸丰任命胡林翼署理湖北巡抚，就此吹响了“以汉制汉”的号角，成为他执政后期的根本方针。1860年6月8日，曾国藩得到两江总督一职，终于可以挺直腰板做人，从此一发不可收拾，而这也是肃顺的功劳。咸丰本意是调胡林翼过去，但在肃顺的建议下改变了主意。

“胡林翼在湖北措注尽善，未可挪动。不如用曾国藩督两江，则上下游俱得人矣。上曰‘善’。遂如其议，卒有成功。”

当然，咸丰之所以如此坚定不移地推行“以汉制汉”，也实在是因为除了湘军，已无兵可调。史书记载说：“四顾无人，不得已而用之。”一句话道出了咸丰的无奈。

肃顺还曾救了左宗棠一命。

1859 年，左宗棠将永州镇总兵樊燮以见面不跪有骄倨之罪革职。樊燮不服，遂勾结湖广总督官文。官文为了打击湘军势力，就弹劾左宗棠，还让他去武昌与樊燮对质。当时，朝廷下了密旨给官文：“如左宗棠果有不法情事，可即就地正法。”肃顺得到消息后，立刻着手援救。很快，胡林翼保举左宗棠的折子，星夜呈到咸丰案前。咸丰询问肃顺，肃顺趁机推荐，结果左宗棠不仅没死，反而名声大增，受到重用。1861 年 8 月，毛鸿宾实授湖南巡抚后上疏：“左宗棠识略过人，其才力不在曾国藩、胡林翼之下，今但使之带勇，殊不足以尽其长，倘畀以封疆重任，必能保境安民，兼顾大局。”后来左宗棠扶梓出关，平定新疆叛乱，成就一代伟业。

正是有了肃顺的保驾护航，曾国藩集团才得以做大做强。曾国藩出任两江总督后，大批保奏部将、幕僚等，每次都不少于三人，多的时候能达到九人，几乎都得到朝廷批准。后来，湘军大将几乎都手握地方实权！

所以，当曾国藩得知肃顺被杀时，大惊失色，可谓惶惶不可终日。因为，他不确定肃顺死后清廷能否延续重用汉人的政策，一旦变天，自己就会有杀身之祸。好在慈禧和奕䜣都是明白人，虽然杀了肃顺，但是继承了“以汉制汉”的策略，这才让大清“回光返照”。

王闿运有段评论很精彩，可谓一语中的：

“肃顺之学术经济，迥非时人之伦，军书旁午时，庙谟广运时，皆肃顺一人之策，故能成中兴之功。”

一言以蔽之：肃顺提出的这项政策，让大清多活了 50 年，也让中国人多留了 50 年辫子。

试想一下，如果没有肃顺的出现，清王朝必定终结在太平天国手里，而洪秀全等人一手打造的帝国，实在太不靠谱，尤其是推翻孔像、烧毁经籍等行为，激怒天下儒生，最终的结果可能是：

曾国藩等人于乱中取胜，建立新的王朝，开启洋务运动，走上与世界接轨之路。没了满清朝廷的干扰，近代化进程势必加速，民族复兴之路或许能走得更顺畅些。

而中国人，或许早就剪掉了辫子！

祥说：肃顺的“以汉制汉”政策，极大影响了历史进程。可惜，他在教科书中，仍然只能充当被杀头的角色。

千年科举史上唯一被处死的“一品大员”柏葰

自科举制度产生以来，因科场舞弊案丢命的官员不少，但从未出现过一品大员。至清咸丰时期，这一纪录终于被打破，有位官居一品的两朝重臣，因顺天府科场舞弊案被判“斩立决”。令人奇怪的是，他并没有从中捞什么好处，只得了区区 16 两纹银。那么，究竟是什么让他丢掉性命的呢？

1858 年，是顺天府乡试之年。按照惯例，每到这时，皇帝都会选派德高望重、学问优长的官员担任主考官。这虽然不是什么肥缺、要差，但却是一份贵差、显差。因为，凡考中者，都是主考官的门生，进入官场后，就可能成为亲信。也就是说，主考官既能博得延揽人才的美名，又能收获无数门生的实利。

谁会成为这个幸运儿呢？他就是今天的主角：内阁大学士、军机大臣柏葰。柏葰是正蓝旗人，道光、咸丰两朝重臣，早年上位正是因为在任江南乡试主考官期间查办贪腐，后因办案公正，曾于一年内连升五级。接到任命后，他异常高兴，却不知已大祸临头。

乡试地点在顺天府贡院，大门两边是明代大学士杨士奇题写的楹联："号列东西，两道文光齐射斗；帘分内外，一毫关节不通风。"最后一句的意思，是说考试过程防范严密，不会发生任何舞弊行为。然而，此次考试结果却打了这副楹联一个响亮的耳光！

一个名叫平龄的人，高中举人（第七名），结果招来无数学子破口大骂，在朝野上下引起轩然大波。因为，这是个地地道道的公子哥，平日里游手好闲，只知道听戏、唱戏，是有名的"票友"。时人说："戏子亦中高魁矣。"

清朝这艘大船运行了近两百年，早已千疮百孔，腐败不堪。咸丰登基以后，一直致力于整顿吏治，在肃顺的辅助下，实行铁腕手段，而如何在积弊很深的科举制度上撕开一个口子，正是他们一直苦思冥想的事情。于是，咸丰帝下令彻查此案。

这一查不要紧，重重黑幕被揭开。不但平龄本人的墨卷中有七处错误，由同考官邹石麟在其朱卷中替他改正过来，而且又查出其他有问题的试卷共计五十份之多。不过，这些都属于阅卷中的技术问题。最严重的是，广东人罗鸿绎托请同乡兵部主事李鹤龄，向同考官翰林院编修蒲安递"条子"，这就变为了违法的受贿舞弊罪。

当时，罗鸿绎与考试官事先约定，考试时第一篇文章的最后用"也夫"二字结尾；第二篇用"而已矣"三字结尾；第三篇用"岂不惜哉"四字结尾；诗则用"帝泽"结尾。这样，考试官很容易即可不露痕迹地认出请托作弊者的试卷，使得原来的"糊名易书"之法失去防弊作用。

其实，在评阅试卷时，身为主考官的柏葰原本欲将罗鸿绎的卷撤下淘汰，但蒲安委托柏葰的门丁靳祥予以劝说。柏葰一时耳根子软，竟然同意了，遂将一名叫李成忠的试卷撤下，取中了罗鸿绎。事后，蒲安只是象征性孝敬了柏葰16两纹银，自己则得了几百两。

其实，这类委托行为，在清朝历次科举考试中都屡见不鲜。按以往惯例，即使被查出来，也罪不至死。可惜，柏葰命不好，赶上咸丰和肃顺要借此立威（咸丰本想不杀，在肃顺坚持下改变主意），就成了他们“杀鸡儆猴”的牺牲品。

柏葰无论如何想不到，自己竟成了千年科举史上唯一被处死的“一品大员”。

不过，柏葰被押到菜市口刑场时，并未产生大限将至的恐惧感。这倒不是他视死如归，而是因为清廷有特赦惯例。凡奉旨由各衙门对诸臣拟定罪名之后，一般皆会由清帝以各种理由减罪一等，以示皇恩浩荡。特别是一品大员被判死刑押到刑场后，往往会有差官骑马送来特赦令，即“驾帖”。驾帖一到，即可改死罪为流放发遣等徒刑。

柏葰被押赴刑场之时，照例要摘去帽缨，一身罪犯之服，临行之前，也向着皇宫叩头谢恩，内心没有丝毫紧张情绪。他认为自己虽然有罪，但罪不至死。为了整肃科场之弊，咸丰帝必将重治其死罪于前；而为了顾念老臣，咸丰帝又必有恩典于后，刀下留人，将自己改为发遣新疆。

所以，他吩咐儿子说，此次皇上必有宽赦的“驾帖”下来，你先回家将一切远行所需之物准备齐全，只等圣旨一下，立即赶赴新疆。然而，“驾帖”没等来，倒是等来了一路痛哭的刑部尚书赵光（柏葰学生）。柏葰一见，即知大事不好，难逃此劫。他料定是肃顺从中搞了鬼，悲愤地诅咒说：“我死不足惜，肃六他日必同我一样。”

几年之后，柏葰预言成真，肃顺在祺祥政变中，被慈禧和奕䜣联手除掉。

祥说：平心而论，此次科场舞弊案确有敲山震虎的效果，尤其是树立了肃顺的权威，为他推行重用汉人、以汉治汉策略扫清障碍，一定程度上有利于汉族地方势力的崛起，延缓了大清的灭亡。不过，肃顺整顿吏治时，下手过重，树敌太多，结果在那场影响大清命运的政变中被一对叔嫂翻盘成功。

替慈禧办差的权监安德海为何被山东巡抚斩了

清朝同治八年（1869）八月初六的一个晚上，一名犯人被济南历城知县提到巡抚衙门，验明正身后，又被几个亲兵架着来到西门外刑场。随着号筒声响起，刽子手大刀一挥，一颗人头咕噜噜滚落在地。人头落地时，仍睁着眼睛，张大嘴巴，似乎不相信这是真的。

被砍头的，是个男人，不，严格来说是个不完整的男人，对于这类人，历史书上有各种称呼，诸如寺人、阉人、阉宦、宦者、中官、内官、内臣、内侍、太监、内监等。宦官始于周朝，终于民国，绵延几千年，可谓中国特色。

今天的主人公，是慈禧身边的当红太监（通常称之为“权监”），名叫安德海，是直隶南皮（今河北南皮县）人。史料显示，他于咸丰元年（1851）自阉后入宫做太监，年仅十岁（这个年龄敢自阉？存疑），人送外号“小安子”。没想到，他运气好得惊人，入宫不久即成为咸丰皇帝的御前太监。更让他想不到的是，自己的命运将很快与一个女人紧密联系在一起。她，就是叶赫那拉氏，当时的“兰贵人”，后来的慈禧太后。

慈禧于1852年入宫，为获得咸丰宠幸，便着意拉拢安德海。很快，慈禧就俘获了咸丰的心，备受宠爱，甚至搞得咸丰不想上朝。为此，皇后（后来的慈安太后）很生气，曾派小太监到慈禧宫外，在两人就寝时高声诵念圣祖圣训。正所谓：屋内春光无限，屋外圣训不断。可惜，慈禧很快生出了皇子载淳，地位更是扶摇直上。安德海巴结讨好，几乎有求必应，主动传递咸丰信息。在那场惊天动地的宫廷政变（祺祥政变）中，他奔波于北京、热河之间，冒死向“鬼子六”奕䜣汇报军情。政变后，他连升两级，成为四品太监，当时只有二十岁。

太监一旦受宠，往往会把那原本生理上的欲望转嫁到权力方面，得势后便飞扬跋扈，甚至不把大臣放在眼里（其实，也不只太监如此，都这样）。所以大臣们表面上都拉拢太监，其实内心恨透了这帮阉人。同治八年（1869）七月，在慈禧太后的默许下，安德海前往南方采办宫中物品，乘坐楼船沿运河南下，一路大张旗鼓，招摇过市，甚至打出钦差大臣的旗号，敲诈勒索，搞得地方官苦不堪言。当然，多数地方官都来巴结奉迎。

同月二十日，楼船驶入山东境内，抵达古城德州。安德海下令大船靠岸，大摆寿宴。第二天，他命人在船舱中并排放上两把太师椅，一把摆着龙袍和翡翠朝珠，一把自己来坐。船头插一面三角形、镶牙边的旗子，旗中间绘有一太阳，太阳中间则是一只三足乌鸦。船身两旁则分列两面大旗，一面写“奉旨钦差”，一面写“采办龙袍”。那场面，当真是锣鼓喧天，鞭炮齐鸣。安德海志得意满，过了有生以来最场面、最气派的一个生日。此时，满脸笑容的他还不知道，一场灾祸已悄然临头。

安德海之所以特意挂出那面“日中三足乌”小旗，就是为了向地方官示意，自己乃奉西太后懿旨办差。这个典故出自《史记·司马相如传》，即“幸有三足乌为之使”，下注：三足乌，青鸟也，为西母取食，在昆墟之北。这面旗子足以震慑那些官场上善于阿谀逢迎之徒，但同时也会激怒那些刚正不阿的清官。德州知州赵新得到消息后，马上带着两名心腹直奔济南，来到山东巡抚衙门，将此事汇报给山东巡抚丁宝桢。

丁宝桢（1820—1886年），字稚璜，贵州平远（今织金县牛场镇）人。道光二十三年（1843年）癸卯科贵州乡试举人，咸丰三年（1853年）癸丑科会试贡士、殿试第二甲第22名进士。咸丰四年（1854年）至咸丰六年（1856年）间，在平远、平越等地参与镇压教军和苗民起义。咸丰十年（1860年）授湖南岳州府知府，后调长沙府。同治二年（1863年）授山东按察使，次年迁布政使。同治六年（1867年）任山东巡抚，光绪二年（1876年）调任四川总督。在山东巡抚十年任内，治理黄河水患，并在济南建立山东机器局，力行洋务。

丁宝桢对安德海之种种恶行早有耳闻，马上召集幕僚商议办法，决定双管齐下：一面拜密折，以六百里加急送往北京；一面动用紧急公文，下令聊城知府、济宁知州、泰安知县及沿河各县，密切监视安德海一行，随时准备缉拿。此时，安德海乘坐的楼船行到临清后，因水浅无法前行，遂改乘车舆（20余辆），大摇大摆直奔泰山而来，于八月初二抵达泰安。丁宝桢即令总兵王正率部缉拿，从一口水井中成功将安德海缉拿，搜出珠宝无数，连夜解送济南。

丁宝桢亲自审讯，安德海有恃无恐，咆哮公堂，并口出大言："奉皇太后命，谁敢犯者，徒自寻死耳。"可谓气焰嚣张，狂妄至极。丁宝桢镇定如山，提审随从，查获龙衣一领、翡翠朝珠一挂，遂以"宦竖私出，非制；且大臣未闻有命，必诈无疑"定罪，奏请将安德海处斩。八月初六，军机处封寄的谕旨下达。上谕称："太监安德海，违背祖制，擅自出都，若不从严查办，何以肃宫禁而儆效尤？着直隶、山东、江苏各督抚速派干员，严密拿捕，拿到即正法，勿庸再行请旨。"丁宝桢遵照谕旨颁布文告，从大牢中提出安德海，验明正身，指认确实，即刻正法。

应该说，丁宝桢的判刑毫无问题。因为，清朝鉴于"明朝亡国，亦因委用宦寺"的教训，严防宦官专权干政，顺治十年（1653年）就明确规定：

太监“非奉差遣，不许擅出皇城；外官有与交结者，发觉一并处死”。安德海出京城购物，只是得到慈禧默许，并没有成文懿旨，更何况他胆大包天，竟然公开打出钦差大臣旗号，根本就是作死的节奏。

但问题的关键在于，安德海该死，却不见得谁都敢置他于死地，毕竟背后站着的是“清代武则天”。所以，这件事的背后，实则隐藏着上层权力争斗。关于是谁下的斩首命令，目前学界有四种看法：

一、丁宝桢的奏折在半道上被慈安太后和同治帝所截留，由他们商议后经同治帝下诏诛安德海。当慈禧太后得知此事后，安德海已毙命多时，无可奈何之余，只好顺水推舟，表示赞同。

二、鬼子六奕䜣密嘱丁宝桢乘机诛杀。祺祥政变后，慈禧与奕䜣之间的矛盾开始上升，而安德海倚仗慈禧，与奕䜣之间积怨甚多。

三、慈禧得到消息，并发“上谕”至济南，但丁宝桢一面出府接旨，一面命人将安德海斩首弃市，此乃“前门接旨，后门杀安”之说。

四、丁宝桢乃奉慈安太后懿旨诛杀安德海。《清史稿·后妃传》记载：“同治八年，内监安德海出京，山东巡抚丁宝桢以闻，太后（慈安）立命诛之。”

说白了，安德海是上层权力斗争的牺牲品，但也确实与其飞扬跋扈、树敌太多有密切关系。据相关史料来看，他与慈安、同治、奕䜣、丁宝桢之间皆存在矛盾，尤其是竟然不把皇帝放眼里，经常找小皇帝茬。所以，同治早就想弄死他了，只是一直没找到合适机会。

尽管如此，斩杀西太后身边当红太监，绝非小事，等于直接向最高统治者发起挑战。恐怕慈禧和安德海都没有料到，竟然真有人敢在太岁头上动土。偏偏山东出了个叫丁宝桢的巡抚，不畏权贵，大智大勇，利用矛盾，抓住机遇，果断诛杀安德海，不惜开罪西太后，举国震惊，朝野瞩目。时任湖广总督的李鸿章阅《邸钞》后，传示幕客说：“稚璜成名矣。”

直隶总督曾国藩则对其幕僚说："吾目疾已数月，闻是事积翳为之一开，稚璜豪杰士也。"

换句话说，这一刀，让丁宝桢声名鹊起，也留名青史！

令人意想不到的是，从安德海诛杀事件中获益最大的，竟然也是个太监——李莲英。

这位凭借一手梳头功获得慈禧宠幸的太监，在安德海死后不久即升为副总管，官衔升至四品，后又被提升为总管。而他之所以能得善终，恰恰是因为时刻牢记安德海的教训，不仅忠心事主，而且低调做人。他常对太监们说："天恩愈大，性命愈险，吾人不敢不慎。"

这十四个字，值得所有身处官场之人永远铭记！

祥说：安德海生前被斩首，慈禧死后被掘坟。举头三尺有神明，即使权势滔天，也应心存敬畏之心，否则必定踏入万劫不复之地。

李鸿章缘何被称为"亚洲野蛮人"

李鸿章的名号，在中国可谓无人不知、无人不晓。他是顶着"卖国贼"帽子的"晚清第一外交家"，与曾国藩、张之洞、左宗棠并称"中兴四大名臣"，被慈禧太后称为"再造玄黄之人"，被外国人称为"大清帝国中唯一有能耐可和世界列强一争长短之人"，与俾斯麦、格兰特并称"十九世纪世界三大伟人"。

除了上述晃人眼睛的名号之外，李鸿章曾因一件事而被外国人称为"亚洲野蛮人"，还差点引爆中外矛盾。它，就是——苏州杀降。

苏州乃江南重镇，历来备受重视。太平军攻占苏州以后，把它作为苏福省省会。忠王李秀成苦心经营，想把它建设成为第二个天京。对于太平天国来说，苏州的地位举足轻重。时任江苏巡抚的李鸿章，做梦都想攻占苏州。

1863年春，由李鸿章淮军和戈登“常胜军”组成的中外联合部队相继攻下常熟、太仓、昆新、吴江、江阴后，终于兵临苏州城下。太平军主将谭绍光（慕王）率众进行殊死抵抗，一次次击退来犯之敌。眼看久攻不下，伤亡惨重，李鸿章转而谋求“智取”之法。恰巧，戈登通过内线获得一个绝密信息。守城的太平军将领除谭绍光外，还有“四王”和“四大天将”，分别是纳王郜永宽、康王汪安钧、宁王周文嘉、比王伍贵文以及张大洲、汪花班、汪有为、范起发，这八人控制着苏州城内四分之三的兵力和六个城门中的四个，而且与主帅谭绍光素来不和，尤其是郜永宽，已经表露出投降之意。

戈登建议，采取诱降策略，兵不血刃攻克苏州，获得李鸿章同意。因为，淮军攻城主将程学启本来就是太平军降将，他手下副将郑国魁更与郜永宽等人颇为熟悉。经过一番秘密联络和谈判，双方约定：郜永宽献上谭绍光首级以及整个苏州城，李鸿章则保郜及部下性命，并给副将以上的人一定官职，由戈登居中担保。

12月5日，郜永宽遵守承诺，将谭绍光首级献上，打开苏州城门迎清军入城。没想到，惨剧就此上演。太平军八大降将满怀希望、兴致勃勃来到李鸿章营中，参加“升职”宴会，李鸿章命人奉上红顶花翎，八将不知是计，遂起身接受，士兵手起刀落，八颗人头滚落在地。与此同时，一场屠杀在苏州城内悄然展开，凡带南京口音者，“不分良莠尽杀”，眨眼间，数万首级纷纷落地，一代历史文化名城变为死城。

李鸿章之心狠手辣，实不输有“曾剃头”之称的曾国藩。在给曾国荃的信中，他洋洋得意地说，这次“拴杀伪王六，伪天将五，皆忠逆部下悍党，稍可自娱”。在给郭嵩焘的信中则说，这次“苏州、无锡苦战数月而得之，所以少惬意者，诱斩六伪王四天将，而解散忠党二十万之众”。曾国藩称赞说：“此间近事，惟李少荃在苏州杀降王八人最快人意”，“殊为眼明手辣”。朝廷也称：“所办并无不合”，“甚为允协”！因为，在镇压太平天国过程中，杀降事件时常发生，在朝廷和这些大臣眼中，这根本算不上什么大事。

其实，李鸿章之前并无杀降行为，而且屡次提拔表现良好的降将。此次反常表现，与“八王提出过分要求”“为清廷泄忿”以及“程学启建议”有关。此外，自己的弟弟弟李鹤章在几个月前太仓受降时，因太平军诈降而腿部中弹，差点丢掉性命。这也是很重要的原因。

让李鸿章没想到的是，这件“稍可自娱”的小事，竟然引起戈登的强烈反应。李鸿章的背信弃义，让居中担保的戈登勃然大怒，当时就提着洋枪要来找他算账，李鸿章则避而不见。戈登留下一份最后通牒，声称李鸿章必须下台，否则自己就率常胜军进攻淮军，还要把已经攻占的城池交还给太平军。他率军返回昆山，同时上书英国驻华公使，说明情况，要求英国政府进行干预。李鸿章起初很强硬，称：“此中国军政，与外国无干，不能为汝认错。”没想到，外国领事馆官员集体谴责，认为杀降是对人性的彻底背叛，外国将考虑不再帮助清政府镇压太平天国。老成的李鸿章这时才慌了手脚，赶忙进行各种解释和补救，好不容易才挽回局势，没有引发大的中外矛盾。

攻克苏州城，清廷论功行赏，给戈登的“常胜军”白银一万两加“头等功牌”。让所有人大跌眼镜的是，这个嗜钱如命的家伙，竟然拒绝了所有奖励！在清廷看来，这是对自己的巨大侮辱，简直无法忍受。后来，在赫德的调解下，双方关系才算缓和，戈登也接受了部分奖励。究其原因，乃是“杀降”已经触及西方人的价值底线。中国传统虽然有“杀降不祥”的说法，但在战争实际中，却并不真正重视，往往服从于情势。所以，从古至今，杀降现象可谓不绝于书。正因如此，曾国藩等人才会对李鸿章行为不加苛责，反而大加赞赏。中西之间价值观念的巨大差别，由此可见一斑。

四十年后，中国终于也逐渐抛弃了维系几千年的传统观念，接受了“善待俘虏”这一理念，即使“杀降”的理由再充分，也不敢公开进行屠杀，更不敢公开为此辩护。这，也是近代化的表现之一！

祥说：自古以来，战争必有死伤，然“苏州杀降”终属背信弃义，况太平军降将已然自断退路，并无异心，李鸿章此举实令人不齿。

“戊戌六君子”中竟有一人是间谍

戊戌六君子，一般被人们称为“康党”，因触及以慈禧为首的满洲贵族利益而被害。实际上，在六君子之中，至少有一位绝不是“康党”，而是一位封疆大吏安插在北京的密探。

他，就是——杨锐。他的顶头上司，就是——张之洞。

当年梁启超在《戊戌政变记》中，就曾明确指出，杨锐与张之洞之间存在亲密关系。他说：“张有子在京师，而京师事不托之子，而托之君（杨锐），张于京师消息，一切藉君，有所考察，皆托之于君，书电络绎，盖为张第一亲厚之弟子，而举其经济特科，而君之旅费，亦张所供养也”。

晚清重臣李鸿藻的孙子李宗侗也说，杨锐“后至北京遂担任文襄（张之洞）的‘坐京’。坐京者，等于民国初年之各省驻京办事处，不过后者为公开挂牌之办事处，而前者为秘密的，各省督抚皆有之”。

换句话说，杨锐是张之洞派到北京，专门搜集各种政治情报的密探！

近些年，关于这一问题，出现了最为直接的证据，就是张之洞与杨锐互相发的电报原稿。

张之洞发现杨锐，是在他担任四川布政使时，此后对杨锐一直非常关心。后来，杨锐考中内阁中书，出榜之前张之洞专门请熟人打探消息。电报这样写：“翰林黄仲韬：立候回电。春榜有名士熟人？速电示。四川杨锐中否？洞。”

后来，杨锐常驻北京，他能够获得总理衙门章京一职，是经张百熙保举而成，其实是张之洞暗中操作而成。杨锐在京的生活费，也基本由张之洞解决。“京。乔：帅赐三百金，由百川电汇，系作春季用。锐。”每月大概 100 两，这在当时也不是个小数目。

从来往电报中可以看出，张之洞交代杨锐的任务很杂，但最主要还是搜集北京的政治情报，如《马关条约》的内容及签订后朝廷的动向，以及随后出现的三国干涉还辽的传闻等。有一次，杨锐擅自做主，私下操作，请徐桐上奏光绪，“调张之洞来京面询事宜”。香帅接到电旨后，一头雾水，马上给杨锐发电：“急。京。乔：此次入觐，两宫意若何？政府有何议论？速示。仆衰病不堪，所言必不能行，且亦不能尽言，此行于时局毫无益处。瞻觐后即乞罢矣。钝。歌。”经杨锐解释后，香帅方明白事情原委。

戊戌政变发生后，张之洞第二天凌晨就得到消息了，对于康有为等人的落难，心中有几分窃喜，但听说杨锐被抓以后，马上给儿子张权等人发电文，要求查明事情原委，探听慈禧的下一步举动，并设法营救。他通过幕僚辗转联系上荣禄，希望荣禄出面保杨锐，但当时荣禄已经去了北京，是袁世凯回电，表示“遵办”，并将此意转达给荣禄。几个小时后，张之洞发电文给瞿廷韶，命他去找王文韶等设法搭救杨锐，同时也请盛宣怀做王文韶的工作。后来，主审官奕劻曾有意搭救杨锐，正是张之洞四处活动的结果。

很快，张之洞收到北京传来的消息，说杨锐安然无恙，并说杨锐曾在光绪面前弹劾康有为，那么，只要开堂一审，自然知道他并非康党，就可以获得释放。其实，杨锐被抓以后，一点都没害怕，在大牢里优哉游哉，与康广仁吓得尿了相比，简直是天壤之别。他之所以这么淡定，就是知道自己绝非康党，而且与康有为之间矛盾很深，料定一过堂就会真相大白。

但是，万万没料到，慈禧担心有外人干涉，直接下令处死六君子，根本没有走正常的审讯程序。杨锐就这样成了“冤死鬼”，当真比窦娥还冤！张之洞收到消息后，极为震惊，也极为悲痛，但无计可施。

几年后，张之洞署理两江总督，重游鸡鸣寺，“徘徊当年与杨锐尽夜酒谈之处，大为震悼，乃捐资起楼，为杨锐纪念，更取杨锐所颂‘忧来豁蒙蔽’句，曰‘豁蒙楼’”。

祥说：“戊戌六君子”中，能称得上“君子”者，恐唯谭嗣同一人而已。

户部尚书阎敬铭坚决反对颐和园工程

相信看过《走向共和》的人，肯定对户部尚书阎敬铭公然顶撞慈禧的片段印象极为深刻。一个财政部长，竟敢当面顶撞西太后，还想不想混了？如果不是当年影视剧的热播，估计很少有人知道晚清还有这么一号人物。阎敬铭是谁？他为什么敢顶撞慈禧？最后结局如何？

阎敬铭（1817 — 1892），字丹初，陕西朝邑（今属大荔县）人。清道光二十五年进士，历任郎中、山东盐运使、湖北巡抚、户部尚书，光绪时出任东阁大学士、军机大臣等要职。

他是中国历史上鼎鼎有名的理财专家，一生以廉洁著称，掌管大清财政多年，洋务时期与曾国藩、李鸿章等封疆大吏内外配合，共同打造清人所谓“同光中兴”，人送外号“救时宰相”。

谁能想到，这样一位治世能臣，早年曾因长得太丑被官场拒之门外，差点与仕途无缘。

清代科举制度有一项规定，叫做“大挑”，就是从参加明经科、明法科、明算科会试不中的举人中挑选优秀者直接授予官职，每六年举行一次。“大挑”的考试方式非常奇特，不考文章辞赋，而是将身材相貌作为录用标准，实际上是一种特科，目的在于让更多的举人能够为朝廷所用。主考官由皇帝钦点某个亲王大臣主持，将举人们每 20 人分一组，然后逐一看其身材相貌。最先被点名的三人名列一等，任命为知县，紧随其后的八人被淘汰，俗称“八仙”，剩下的委以教职。

阎敬铭是一位有追求的好青年，一心杀入仕途，为朝廷尽忠，但他中举之后，连续两次都未能考中进士，最后没法子，就去参加了“大挑”。可惜，他长得太丑了，两只眼睛一大一小，一高一低，又不到 170 厘米，还没做自我介绍呢，就直接被负责人敦亲王轰出去了，说他的形象有损大清颜面（颜值好重要）。

这次落选让阎敬铭深受打击，决心向世人证明自己的才华，于是继续埋头苦读，终于在 1845 年考中进士，而且进入翰林院。自此，他一路官运亨通，势头猛得挡都挡不住。上天虽然给了他一张夸张的脸，但同时又赋予他一身特殊的才华。

阎敬铭喜欢跟领导对着干，只认理，不认人。在湖北任布政使期间，就亲自查办了顶头上司湖广总督官文的卫队长强抢民女一案。这个卫队长实际是官文的娈童，平日里为所欲为，气焰嚣张。有一天，他闯入一户人家，欲行不轨之事，结果遭到剧烈反抗，一气之下杀死民女，然后扬长而去。民女父母到处告状，但都被压了下去。阎敬铭听说后，勃然大怒，亲自带人抓捕。卫队长躲在官文家中，阎敬铭去找官文，官文干脆谎称得病不见他。阎敬铭随即让人把被子抱来，在官文家一住就是三天三夜。官文没辙，请阎敬铭两位官员老乡来劝解，皆被骂走，最后只得出面替卫队长求情，甚至双膝跪地（看来两人是真爱啊）。最后，阎敬铭迫于压力，没杀掉卫队长，但重责四十大板，遣返回原籍。自此，声名在外，无人不服！

1882 年，他担任户部尚书，主管大清财政，查出一大批贪官污吏，掀开无数黑幕，最有名的要属查办云南省军费报销案，赢得一片赞誉。

阎敬铭对自己要求极为严格，真正地做到为政清廉。为官多年，始终穿一件褡裢布做成的袍子，毫不在乎外人目光，以致走在路上，没人知道他是朝廷大员。他还有一个特点，无论到哪里工作，都要带着自家的纺布机，让夫人“纺绩于大堂之后”。结果，很多人对他冷嘲热讽，他也不在乎，还到处指着衣服和别人说：“内中之絮，内人所手弹也。”

阎敬铭吃饭更是极其简单，不仅平日里粗茶淡饭，连请客都是如此。有一次，山东新学政上任，阎敬铭在家中设宴款待，竟然只有干烧饼。那位学政根本无法下咽，后来对别人说：“此岂是请客，直祭鬼耳！”

事实上，阎敬铭顶撞慈禧，不是一次两次了。慈禧太后嫁侄女时，既想讲排场，又不想自己出钱，让李莲英直接找阎敬铭办理。结果，阎敬铭连犹豫都没犹豫，当场拒绝，把老太太气个够呛。第二天，李莲英到户部，威逼阎敬铭拨款，又被顶了回去，一气之下，带着一群太监把户部衙门砸了个稀巴烂。阎敬铭十分生气，但又没辙，知道是慈禧搞的鬼，结果怒火攻心，生了一场大病，病好后，写了一首《不气歌》，贴在床头。内容如下：

他人生气我不气，我本无心他来气。

倘若生病中他计，气下病来无人替。

请来医生把病治，反说气病治非易。

气之为害大可惧，诚恐因病把命弃。

我今尝过气中味，不气不气真不气。

这当真是大清的悲哀，国家的悲哀，时代的悲哀！

平心而论，慈禧对阎敬铭还是相当看重的，因为后者的才华极为出众，把清朝财政整顿得井井有条，她甚至曾当面称呼阎敬铭的字“丹初”，这在君主专制社会是极为少见的，自唐宋之后，千年历史中仅此一例！慈禧对他工作的赞赏，由此可见一斑。

不过，老太太就像中了邪一样，不顾群臣反对，非要修颐和园，而且要挪用海军经费。阎敬铭极力反对，“力拒之”，坚决不拨款。西太后大为震怒，直接革掉了他的职务。（《走向共和》里的片段，就是根据这一历史记载加以想象和创作而成。）

但是，大清财政离了阎敬铭，还真就玩不转，很快慈禧就下令让阎敬铭官复原职。此时的阎敬铭已经对朝廷彻底死心，以有病为由坚决要求辞职回家。经过四次申请后，朝廷终于批准他回归故里。

1892 年，阎敬铭去世。慈禧还对当年之事耿耿于怀，竟然不想赐给他谥号（简直胡闹）。内阁以“本朝大学士数百年来无此例”为由，拟了几个谥号，最终由慈禧圈出“文介”二字。

八国联军攻入北京后，慈禧逃到西安，恰好路过阎敬铭老家，顿时想起他的好来，百感交集，悔得肠子都青了，遂为他题了“龙”“虎”二字做匾。

祥说：财政危机，是清朝灭亡的重要原因。即使当时阎敬铭官复原职，也无法挽救这一结局。不过，就他个人的品行而言，值得后人敬佩！

张之洞背地里骂慈禧是老寡妇

读史的乐趣，莫过于：当眼睛掠过史料时，脑海中自动跳出当时的景象。近日，在读徐梵澄的《蓬屋说诗》时，就看到这样一则记载，读来让人忍俊不禁，又惊诧万分！原文是这样的：

"有云：'臣罪侍东南，不敢奉诏。'南皮奋然掷烟枪而起曰：'这老寡妇要骇她一下！改：臣坐拥东南，死不奉诏！——则其时大臣私对慈禧有此称矣。"

文中的"南皮"是指张之洞（因他是河北沧州南皮县人），"老寡妇"则指慈禧老佛爷。没想到啊，原来背地里起外号的习惯在百余年前的封疆大吏中同样盛行。"老寡妇"这三个字，让一个手握实权而出离愤怒的封疆大吏形象跃然纸上！

那么，究竟是什么激怒了张之洞，让他在下属面前不顾身份地大爆粗口呢？

这还得从慈禧和光绪娘俩的矛盾说起。甲午战争的失败令洋务运动的高潮退去，沉睡的东方雄狮翻了翻眼皮，继续打着瞌睡。光绪是个有志青年，想叫醒这头狮子，于是天真无邪地拿着麦秆挠它痒痒，并且试图借着戊戌维新的东风夺回实权。未曾想，康有为误判形势，背着光绪搞了一出"围园杀后"的大戏。计划失败，六君子被砍头，康有为流亡海外，光绪则被囚禁。

1900 年 1 月 24 日，慈禧突然在颐和园召集王公大臣开会，决定立溥儁为大阿哥，让光绪皇帝行让位礼，改元保庆，历史上称之为己亥立储。没想到，这个决定一公布，马上遭到各国驻华公使的一致反对。这让老太太心里十分不爽，在她看来，这是自己家事，轮不到外国人说三道四。正所谓：我的地盘我做主。对于外国人，慈禧心里始终埋着一根刺，这时越来越觉得疼。恰好，民教冲突大爆发，义和团风起云涌，许多守旧大臣就在她耳旁吹风，说什么民心可用。慈禧派赵舒翘和刚毅下去考察那些所谓的“神功附体、刀枪不入”究竟是不是真的。他们两个都是仇洋一派，主张对义和团“抚而用之，统以将帅，编入行伍，因其仇教之心，化作果敢之气，化私忿而为公义”。所以，回宫向慈禧汇报说：“拳民忠义有神术。”可把老太太乐坏了，又忠义，又有神术，真是天助我也，遂下定决心，利用义和团把外国人赶出中国。

1900 年 6 月 21 日，慈禧以光绪的名义向英、美、法、德、意、日、俄、西、比、荷、奥等十一国同时宣战！

朝廷宣战了，地方也不能闲着，得响应啊。面对帝都传来的圣旨，各位封疆大吏作何选择呢？

在他们看来，老太太彻底疯了，别说大清是一个弱国，就算是强国，也不能同时向十一国开战啊！这不是自寻死路嘛！

当时，李鸿章说：“此乱命也，粤不奉诏。”他给各位地方大员发电报，说：“以一敌众，理屈势穷……初十以后，朝政皆为拳匪把持，文告恐有非两宫所出者，将来必如咸丰十一年故事，乃能了事。今为疆臣计，各省集义团御侮，必同归于尽。欲全东南以保宗社，诸大帅须以权宜应之，以定各国之心，仍不背廿四旨，各督抚联络一气，以保疆土。”翻译过来就是：老太婆更年期，失心疯了，咱们不能跟着疯，让她一个人闹去吧。

这才有了张之洞大骂慈禧“老寡妇”那一幕。

于是，近代史上最奇葩的事情上演了。北方闹得不可开交，一片狼藉，东南各省则相安无事，歌舞升平。

两广总督李鸿章、两江总督刘坤一、湖广总督张之洞，闽浙总督许应、四川总督奎俊和山东巡抚袁世凯等多省大员，称皇室诏令是义和团胁持下的“矫诏”“乱命”，拒不参战，并同各参战国签订协议，史称“东南互保”。

祥说：对于这一奇特现象，学者雷颐曾这样分析道：“如此‘怪象’充分说明清政府中央控制力的迅速减弱，因为在如此重大问题上，地方大臣竟敢而且能够联手抗衡朝廷。然而，正因为他们使出浑身解数抗衡朝廷几近疯狂的决策而‘东南互保’，使中国最富庶繁华之地、为数不多的新式工商业最集中之区局面大体平静，免于战火破坏，人民生命财产得以保全，同时也阻止了列强势力在长江流域更迅速、更强烈的深入。”

第三编

大清王朝的掘墓人

政权篇：

不太平的太平天国

“代神传言”：太平天国里的大杀器

相信看过《武状元苏乞儿》的同志们，肯定对丐帮帮主洪七公“附体”阿灿（周星驰饰演）一幕印象深刻。说起来，这种“神人相接”的巫术在中外历史上都屡见不鲜，至今仍在民间社会秘密流传。西方把此类人称为“灵媒”，中国则习惯喊她们“神婆”。从性别上讲，扮演此类角色的，以女性居多。

俗话说：世界之大，无奇不有。在中国近代史上，就有这么一个政权，把此种巫术提升到治国理政的高度，尽管发挥过些许正面作用，但终究还是加速了其走向灭亡的进程。它，就是——太平天国！洪秀全倾心打造的“天国”实在充满荒唐，不中不西、不伦不类，而“代神传言”就是其中之一。最有意思的是，主角都是清一色的——爷们！事情还得从头说起。

一介穷书生变身上帝代言人

中国古代是阶层、职业都相对固定的“四民社会”（士农工商），而处于核心地位的毫无疑问是“士”，所以只要能读得起书的，没有一个不削尖了脑袋往那逼格满满的“名利场”里挤。洪秀全是个俗咖，也选择了走这条路（他的发小冯云山就很有自知之明，考了一次就和考场说拜拜了）。

1837 年，洪秀全到广州参加科考，尽管初试成绩不错，可惜仍然止步于复试。算起来，这已经是洪秀全参加科考以来的第十个年头了（15 岁开始参加考试）。上天好像故意和他开玩笑，十年寒窗苦读，终究未能换来一个“秀才”身份，而人生，又有几个十年呢？回想这十年间所过猪狗不如的日子，绝望、愤怒、不甘等等情绪一起涌了上来，堵塞了洪秀全的血管，让他一头栽倒在地上。这场大病有多严重呢？他被两位轿夫抬回家，到家时已奄奄一息，整整卧床 40 多天。期间，大部分时间处于昏迷状态，有时候也会突然醒过来，顶着一头秀发跳来跳去，嘴里还念念有词，说什么“斩妖！斩妖！”

或许是上天看他可怜，或许是他命不该绝，总之洪秀全从鬼门关走了一圈后，竟然又奇迹般活了过来。都说经历过死亡的人，身上会或多或少发生一些变化。洪秀全应该称得上是脱胎换骨了,《太平天日》说他变得态度端庄严肃，不苟言笑，身材也增高增大，面部呈椭圆形，容颜甚美，鼻高，耳圆而小，声音清晰洪亮（活脱脱一副帝王之相啊）。

原因何在？难道生病还有“整容”奇效？洪秀全的解释只有两个字：做梦。痊愈以后，他到处跟别人说，自己卧床这一个多月没干别的，净做梦了。做什么梦呢？在梦里，许多人对他夹道欢迎，沐浴更衣，然后把心肝脾肺肾五脏都给换了。做完手术后，他被带到一个巨大的宫殿里，只见一位老者坐在金光灿灿的宝座上，笑容可掬地对他说："世界人类都是我所生，我所养。人们吃我的粮食，穿我的衣服，但没有一人有心肝来纪念我和尊敬我。最可恶的，竟然以我所赐的物品去拜祭鬼魔。我赠你一把宝剑，用来斩妖除魔。"他还梦见一个中年人在训斥孔子，说孔子经书不是真理，孔子跪在地上磕头认罪。诸如此类。

当梦境改变现实之后，那就不再是梦境！老人是上帝，中年人是耶稣。洪秀全自称是上帝次子，也就是耶稣弟弟。如此一来，这场病中大梦实际就变成了"神人相接"，而洪秀全也就摇身一变，成为上帝代言人，打着神的旗号去一步步实现"人间天王"的梦想。科举毁了一个文人，却造就了一代天王，历史从来就不按剧本演出。

所以，洪秀全才是太平天国里最早利用"代神传言"这套把戏的人。只是，洪秀全的"代神传言"更多地依靠文字，没有观众，属于录制，而非现场 show。

捣毁神像引发一场变故

传教与传销有两个相同点：都是洗脑，都从身边人下手。洪秀全有个童年玩伴兼同窗好友，名叫冯云山。冯云山对科考没什么兴趣，在乡里做私塾老师。每当洪秀全科考落榜时，他都会拎着一包花生米、两瓶酒过来，一起聊聊这悲催的人生，骂骂这扯淡的政府，很对脾气。洪秀全变身之后，就拉冯云山入教，兄弟二人联手闯天下，主要地点是广西桂平紫荆山。

两人传教的方法也很简单、有效，那就是故意冒犯当地一些小神灵，引起百姓愤怒和恐慌，结果自己安然无恙，以此彰显上帝的力量。比如，六乌庙就成了他们的垫脚石。这座庙是为了祭祀一对唱恋歌而死的男女，据说十分灵验，无数少男少女都去祭拜。但这对男女并非夫妇，所以洪秀全就大加声讨，说他们“淫奔苟合，天所必诛”，还写了一首打油诗贴在墙上：

“举笔题诗斥六巢，该诛该灭两妖魔！

满山人类归禽类，到处男歌和女歌。

坏道竟然传得道，龟婆无怪作家婆。

一朝霹雳遭雷打，天不容时可若何！”

此诗一出，人们纷纷诅咒他，盼望神仙给他相应的惩罚。没想到，洪秀全等安然无恙，神像反而在某一天轰然倒塌。洪秀全无比嘚瑟地宣布，上帝是不可战胜的。其实，上帝哪认识洪秀全啊，那是白蚁腐蚀的结果。不过，大多数人只相信眼睛看到的东西，所以拜上帝教的教众一天天增加。殊不知，亲眼所见者，未必就是真相。当然，中国很多人信教带有明显的功利性特点，哪个神仙带给我的好处多，我就供奉谁，否则免谈。所以，多神崇拜是普遍现象。为了避免教众流失，洪秀全极力宣称拜了上帝，就不能再拜别的神，否则会招来灾祸。

随着教众越来越多，洪秀全他们的胆子也越来越大，开始尝试捣毁除孔庙之外的一切地方性崇拜场所。之所以不去动孔庙，是怕引来百姓尤其是乡绅的激烈反对。即便如此，拜上帝教的大逆不道行为还是激化了一些矛盾。1847 年 12 月，当地乡绅王作新带人突袭拜上帝教总坛，逮捕了冯云山，告他“从西番《旧遗诏书》，不从清朝法律”，往重了说就是“聚众谋反”，按律当凌迟处死。幸运的是，当地知县把冯云山的行为看做纯粹的宗教性质，所以只是判定把他驱逐回广东原籍。没想到，在押解途中，冯云山将“忽悠”功夫发挥到极致，不出十里地，就把差役拉入了拜上帝教。

从冯云山被抓到审判再到押解，足足有半年时间。期间，洪秀全去广东疏通。所以，这对拜上帝教来说是一个巨大考验，要面临群龙无首的局面。

“代神传言”打造东、西两王

有句俗语，叫机会只留给有准备的人。但前提条件是，得有机会。杨秀清和萧朝贵都是有野心的人，一直想控制紫荆山区的拜上帝教，而冯云山被捕，恰恰为他们提供了上位的绝佳机会。洪秀全前脚离开紫荆山，后脚就发生了杨秀清“代天父传言”的神奇事件，中间相隔仅有5天。杨秀清搞了这出以后，很快就有不少人照猫画虎，“代神传言”“神灵附体”在拜上帝教里几乎成为一种时尚。为了迅速稳定局面，杨秀清采取双管齐下策略，一方面自己“代天父传言”的频率增加，另一方面让萧朝贵开始“代天兄传言”。二人一唱一和，紧密配合，占据神权体系里的最高位置，压制了其他“代神传言”者，迅速成为新的权力核心，后来分别被封为东王和西王。

洪秀全做梦也没想到，就在自己离开的时间里，竟然风云突变，冒出来两个牛人，关键是这两位一个代表天父，一个代表天兄，在神权体系里都骑在自己头上。别看洪秀全也是上帝代言人，但他是文化人，走的是知识路线，靠写书、布道来聚拢信徒，对于杨秀清这种赤裸裸的“代神传言”（巫术）打心眼里瞧不起。可惜，这种方式接地气，很快奠定了杨、萧二人地位。如此一来，摆在洪秀全面前的无非两个选择：一是，利用自己的权威，否定杨、萧二人“代神传言”的合法性；二是，利用这种更接地气的方式，巩固自己地位。

洪秀全选择了第二种！对于羽翼尚不丰满的拜上帝教来说，这是一种最佳选择，尽管可能含有一定的妥协成分。

正是在洪秀全的全力支持下，杨秀清和萧朝贵才得以真正进入领导人圈子。洪秀全把其他人的“代神传言”统统否决，只承认杨、萧二人的地位，并且巧妙地借助这种被大众广泛接受的土办法，来确立自己在世俗政权体系里至高无上的权威！

史料记载，有一次拜上帝教搞集会，杨秀清突然手脚抽搐、昏迷不醒，嘴巴、鼻子、耳朵都往外流液体。正当大家忙着给他掐人中，灌姜汤的时候，见证奇迹的时刻降临了。杨秀清突然一跃而起，脸上庄严肃穆，手持斩妖神剑，身材瘦小却威风凛凛，指着众人说："众小子听着，我乃天父也，今日下凡，托杨秀清来传圣旨。""旁边这位，就是我们的教主，将来还是我们的天王，带领我们斩妖除魔，一统天下。"说完，大喝一声，"我回天上去也。"又是一阵乱抖、昏迷，继而恢复原来的神态。起来后，就像刚睡醒似的，说了句："棉花糖。"（这演技，给一百分，绝对影帝级的。）老百姓最信这个了，洪秀全和杨秀清都达到目的，拜上帝教也空前团结，可谓皆大欢喜。

殊不知，这种错位的权力结构，已经为后来的分裂埋下祸根。

杨秀清与萧朝贵的相爱相杀

在名利场里摸爬滚打，除了个人才华以外，运气有时候也会起到决定作用。现在讲太平天国，一般人都把注意力放在了杨秀清身上，几乎没人注意到萧朝贵，因为他死得太早了。其实，在早期权力争夺战中，萧朝贵也不是吃素的，出招果断而狠辣。

表面看来，杨、萧二人是合作关系，理应亲密无间。其实，他们之间的分歧和矛盾也很大。比如，在如何对待文化人和读书人这一问题上，双方态度截然相反。萧朝贵和洪秀全站在一边，极尽排斥之能事。他曾代天兄下凡对洪秀全做出如下指示：

"孔丘被天父发令捆绑鞭打……他从前下凡教导人之书，虽亦有合真道，但差错甚多。到太平时，一概要焚烧矣。"

太平天国早期文化政策趋于激进，与萧朝贵不无关系，这也是太平天国走向灭亡的重要原因。几千年的文化权威不是那么容易挑战的，后来曾国藩靠一篇檄文就把全天下读书人号召起来了。相较而言，杨秀清的态度要理智得多。定都天京后，他正式以天父下凡的方式终止了洪秀全的疯狂行为："前曾贬一切古书为妖书。但四书十三经，其中阐发天情性理者甚多，宣明齐家治国孝亲忠君之道，亦复不少。故尔东王奏旨，请留其余他书。凡有合于正道忠孝者留之，近乎绮靡怪诞者去之。"

再如，萧朝贵的亲信罗大纲去联络天地会，将病重的妻子托付给杨秀清的岳父陈来。罗妻病故，陈来手贱，捡起了一只金戒指和一副银牙签，被人告到萧朝贵那里。本来屁大点事，没想到萧朝贵假托天兄下凡，三番五次审讯，逼迫陈来认罪。当陈得桂（陈来之子）去求情时，萧朝贵说，只要杨秀清准赦，我就准赦，其实是把杨秀清逼到两难之地。无奈之下，杨秀清亲自下令处死了岳父。这件事背后，其实反映出两人对天地会的不同态度。萧朝贵主张联络，而杨秀清死活瞧不上，而罗大纲正是原天地会成员。萧朝贵搞这一出，无非是为了借此表明他的态度。可惜他死得太早，所以罗大纲后来虽然战功赫赫，也只做到丞相，未能封王。

最关键的是，杨秀清睡了萧朝贵的老婆洪宣娇！

矛盾激化后，萧朝贵可谓是多招连发，企图取代杨秀清的位置。

第一招，大肆揽权。在洪秀全的配合下，萧朝贵以天兄身份决定了许多重大问题，比如金田起义后的军师问题，建国后是否设立皇帝问题。这些都属于重大事项，理应先由天父发言，结果都被萧朝贵抢先。从这里也可以看出，洪秀全是玩弄权术的好手。此外，很多人可能不知道，萧朝贵除了代天兄传言外，还可以代天母传言。尽管在现存史料中只有一次记载，也没下达什么重要指示，但萧朝贵把自己弄成多神代言人，显然是为了增加夺权砝码。应该说，在金田起义前夕，萧朝贵是仅次于洪秀全的实权人物。

第二招，培植亲信。最有名的自然是韦昌辉。1849年，萧朝贵假借天兄下凡，指派自己和韦昌辉前往贵县迎接洪秀全到金田，独独把杨秀清排除在外，成功将韦昌辉拉入领导人行列。而且，他还把大本营设在金田（韦昌辉家乡），多次安排韦昌辉处理重要事务。韦昌辉也投桃报李，为金田起义的成功发动做出重要贡献。也正是因为两人的同盟关系，韦昌辉在后来才会遭到杨秀清打压。“超升灵魂”是萧朝贵培植亲信的重要手段之一，据《天兄圣旨》记载，他最多时候一次就给23位重要人物超升，包括秦日纲等，也有一些基层人物。

第三招，直接架空。在金田起义的准备阶段，杨秀清突然得了重病，萧朝贵“代理首辅”，趁机抢班夺权，不仅制造舆论诋毁杨秀清，而且采取各种手段将其孤立。有段史料这样记载：“未识皇上帝之圣心，皆私议东王几成病废，以致有不知尊敬东王，反为亵渎东王。”

然而，与冯云山不同，杨秀清不仅可以“代天父传言”，并且有自己的地方武装，所以当他在金田团营的关键时期病愈复出后，很快就将萧朝贵的权力梦击得粉碎。不过，我们可以设想一下，如果萧朝贵没有过早战死，那么太平天国定都南京后的上层权力争斗无疑将更为复杂、激烈。

天上神权与世俗政权的错位纠缠

专制王朝在统治层面最怕出现的格局是什么？权力双轨。杨秀清在世俗政权体系中是可以节制其他诸王的东王，地位仅次于天王，但在神权体系里，他的地位又高于洪秀全。这种天上神权与世俗政权的错位纠缠，必然带来你死我活的权力争斗。（后来，慈禧也犯过同样错误，高调宣布要归政光绪，结果造成帝党的出现，平白动摇了自己一言九鼎的权力格局。）

“代天父传言”，是杨秀清的大杀器。因为，“天父下凡”是太平天国压倒一切的头等大事。换句话说，只要杨秀清一哆嗦，哪怕是深更半夜，东王府的官员们也得马上起来做记录，并以最快速度通知天王和其他人。这个时候，杨秀清所说的每一句话，都是天父圣旨，必须不折不扣地贯彻执行。权力一旦获得，是会上瘾的。就像洪秀全迷恋写打油诗一样，杨秀清对于“代神传言”可谓乐此不疲。据史料记载，定都南京后，天父下凡多达 25 次。很多重要决策，比如停止烧书、恢复家庭生活等，都是杨秀清借助这种方式做出的。

比如，1855 年 8 月 25 日半夜三更，天父突然下凡，要到天王洪秀全的天朝宫殿去，闹得动静极大。北王韦昌辉、翼王石达开及一众朝臣跟随，左右护卫无数。到天朝宫殿后，北王、翼王命令点放圣炮，敲天锣天鼓。那场面，真是“锣鼓喧天，鞭炮齐鸣”。洪秀全一看这阵势，抓紧让宫女打开朝门，但朝门有好多道，不是一下子就能打开的。结果，天父暴怒，说：“久不开朝门，真是该打。”洪秀全连忙跪倒，请“恩赦小子迟延之罪”，才得宽恕。那么，天父深更半夜不睡觉，搞这么大阵势，到底要干嘛呢？单独召见洪秀全正宫赖氏，嘱咐她要时时虔敬天父，敬其夫主，管教好其他王妃。

定都南京后，洪秀全就把自己封闭起来，大门不出二门不迈，专心写打油诗，朝政基本扔给杨秀清打理。李秀成被俘后写了万字降书，总结了天朝十误，第七条就是主不问政事。这样一来，杨秀清可谓大权独揽。而权力就像洪水猛兽，会把人彻底吞噬。慢慢地，他就有做天王的想法了。这一点，连清军都看得很清楚。曾国藩的情报专家张德坚，就在天京事变前预言说：

“秀清叵测奸心，实欲虚尊洪秀全为首，而自揽大权独得其实。其意欲仿古之奸权，万一事成则杀之自取。”

天父不可能天天下凡，那得累死，更多时候，杨秀清和洪秀全之间还是要遵循世俗的政治规矩。洪秀全是天王，有权力诛杀杨秀清，杨秀清对此心知肚明。所以，1856 年 8 月 15 日，杨秀清玩了一次大的。他假借天父下凡，逼着洪秀全亲自到东王府去拜见天父，这是以前没有过的，还让洪秀全封他为“万岁”。当时，几个核心人物都不在，石达开远赴武昌，韦昌辉在江西，秦日纲在进攻江南大营。杨秀清选择这个时机下凡，逼得洪秀全不得不妥协。俗话说：天无二日，君无二主。在传统君主政体下，杨秀清和洪秀全两个人，必有一人被诛杀。

结局就是：天京事变！

祥说：以今天无神论眼光来看，所谓“代神传言”不过是骗人的把戏，目的是让一大波无脑群众跟着自己混。等到政权稳固以后，这种神神秘秘的方式又变成现实世界里争权夺利的大杀器，最终将这一另类政权带向死路。古往今来，权力争斗实在不是什么稀罕事，但以这种极端方式展开的，还真不多见。

重典治国：太平天国的严刑酷法

在中国历史长河中，太平天国运动自有其积极意义，但同时也包含相当的落后性。它所实行的严刑酷法即是其一，只是看一看名字，已让人觉得不寒而栗！

太平天国虽然也进行过一些零散的立法活动，但始终没有建构起明确的刑法体系，而且将宗教诫规与国家刑律混在一起。从这些分散的文献中可以看出，太平天国刑法制度的最大特征，是抛弃了传统的体现儒家思想之以礼入法，而确立了以拜上帝为指导思想，轻教化、重刑罚的立法原则。

简单来说，就是四个字：重刑治国。作为新生的农民政权，太平天国不仅没有抛弃传统君主社会的刑罚制度，反而恢复了大量早已废除的酷刑，可谓集春秋以来所有最残暴、最野蛮的刑罚手段之大成！

跪火练、烙背：有人因天热生疮长虱而剪了头发，被诬为“通妖”，施以酷刑逼供。所用刑法“除踹杠杖责外，或将手足反接背置铜炉，用火之，呼惨之声，不忍入耳。或将衣服脱尽，用铁练烧红，向胫一盘，但闻油渍铁声，肉皆糜烂”，“或用火著烧红，刺入股内，或锥进谷道，亦皆号叫万状，濒至于死。”

斩足：施刑范围十分广泛，甚至用于改变生活习俗。比如，太平天国禁止妇女裹足，规定凡妇女不去裹足布者，一经查出，“轻则责打，重则斩脚”。荒唐的是，杨秀清竟然曾下令让一些被阉割的幼童裹脚。“有一童子不肯，即斩脚示众。”

宫刑：比如，攻破南京后，将俘获的一批清朝官员子弟予以阉割，因手术不得法，大多惨死。

斩首：违犯军纪军令者；犯抢劫奸淫罪者；犯洪、杨等规定的别贵贱、分尊卑的名分等级制度者；诵念、私藏古书者；保留清朝官服者；剃发刮面者；聚众饮酒、赌博者；吸食鸦片者；私藏金银者；等等。

（注：斩首之后要示众，分枭首和抬首两种。前者为，处死后悬其首级于木上。后者则是，“以筐篮盛首级”，命二人抬筐，一人鸣钲，大呼“某人因犯何罪斩首示众，遍行各馆各营”。）

五马分尸：“用五绳结人之项及手足，每一绳系一马，痛鞭各马使狂奔”，撕裂人体。

点天灯：用棉絮或麻纸“包裹其身，灌以桐油，悬高杆上，纵火焚之”。如，一名不甘受玷辱的李氏女，在发内藏小刀刺伤杨秀清左肩，结果被刑以剥皮后又点了天灯。

吃酒：以滚油灌入犯者肠肚，受刑者滚动号叫而死。

此外，还有人们熟悉的剥皮、凌迟等，凌迟被称作“穿大红袍”。

而且，太平天国的刑罚实行株连制度。如：“凡有反草通妖之人，经天父指出，通馆通营皆斩首。”

总的来说，太平天国的刑法制度，十分混乱，有几个显著的特征：

首先，刑罚极为残酷，且施行范围广泛。太平天国几乎把古代所有的极刑统统都给恢复了，还自创了很多，量刑极重。如，在天京城内“若点天灯等刑，十日半月始有一次；若斩首示众……，一日必有数次”，至于杖责枷锁，有时一馆中日见数次。

其次，一罪数罚现象极为严重。比如，有一女官，仅仅为保护一位读书识字女子，未献给杨秀清，受到的处罚是挖眼、割乳、剖心、枭首，一身受了四种极刑。

再者，判刑随意，且徇私舞弊。没有细致的刑法体系，各王常常对《十款天条》等随意解释，由此带来的刑罚过重现象比比皆是。比如，甚至为了查明女馆妇女是否触犯天条，竟然将嫌疑者剖腹以验孕。而且，大部分残酷刑罚只针对普通百姓。如，聚众饮酒是大罪，但很多官员都无酒不欢；偷看妖书更是大罪，但洪秀全儿子后来供认说，自己看了几十本。

祥说：太平天国恢复严刑酷法，乃逆时代潮流而动，是其走向败亡的重要原因。后来，受西学熏陶近十年的洪仁玕回到天京，进行刑法改革，然为时已晚，无力回天矣！

“春节”变身“妖年”：私自过年会被斩首

“有钱没钱，回家过年。”这句带点口水味道的歌词，实际上最能反映春节在中国人心目中的分量。春节，又被称为农历新年，俗称“过年”，是我国最古老、最隆重的第一大传统节日。

这一寄托了无数中国人乡思的传统节日，却在近代那场披着宗教外衣的太平天国农民运动中，被定性为“妖年”而遭到禁止，违者轻则杖罚，重责丢命!

先来看一段史料:“咸丰四年甲寅，正月元旦，金陵城中女馆，着裙共相庆贺，为女官觉拿去，或杖或枷锁，目为妖。牌尾间有庆贺，为贼所觉，亦多受杖，时贼营十二月二十四日也。”（注：太平天国强分男馆、女馆，不得私通，违者斩首。牌尾，是指年老者。）过年了，有人庆贺一番，竟然被抓，要么杖责，要么上枷锁。

在当时，原有的过年习俗统统被禁止。比如，1862 年农历十二月二十四日，桐乡县濮院镇百姓按照旧历“是夜送灶，始闻有爆竹声。镇有送灶者被长毛拉去，谓仍用妖朝历”。二十八日，“镇人有请土地者，长毛拉去，言投妖，欲杀之，出钱乃免。”大年三十晚上，太平军巡街，“欲觅民间请土地及祭祖者拉以去，镇人知之，乃闭门而祭。柳岸沈玉珂茂才家方祭祖，贼入，拉其兄某欲杀之，有某姓者入劝，遭其捶辱。后有赌匪与贼善者送洋六元，乃释之。如是者非一处”。正月初一，有个棺材铺老板按照旧历过年，被上了枷锁，敲锣打鼓，游街示众，还被逼喊:“有人过年者，与我一体带械。”从这些史料中可知，送灶神、画门神、贴春联、请土地、祭祖等这些民间过年习俗一律被禁止，哪家偷着过年，一旦被发现，就会被扣上“妖邪”的帽子，而面临各种严刑酷法。

久而久之，在太平天国的统治区域内，“过年”消失的无影无踪。时人用“里井无炊烟，风景凄然”“贺岁多不衣冠，恐招贼怪也”“十家九破，往年家家画米屯，贴门神，拜年贺寿，一例删除。但见野田鹊噪，雪屋雀巢”等语句来形容在森严命令下变得“凄凄惨惨戚戚”的农历新年。

再严厉的法令，也阻挡不住人们对过往习俗的坚守，许多人冒着生命危险，偷偷地过春节。有的“独举炊耳”，“与老母剪烛啖除夕饭”，有的则“买肉半斤、鱼两条以泣祭先祖”。类似场景，真心让人感到心酸！

太平天国之所以严禁过春节，是因为它是新成立的政权，为了表示奉天承运，将清朝历法斥为“妖朝历”，予以废除，继而重定正朔，颁行新历（天历）。太平天历颁行于 1852 年 2 月 3 日，洪秀全就把这一天视为正月元旦立春。新历以 366 天为一年，不用闰法，机械地规定单月 30 天，双月 31 天，结果与传统岁时令节往往相差数日，给百姓生活带来很多困扰。

当然，太平天国也“过年”，按照太平天历过新年，场面也很热闹，而且在仪式上仍然沿袭了很多传统民间习俗的内容。比如，1853 年 2 月 2 日，太平军大小将领和女官纷纷向天王和天王妃嫔贺岁，所献礼物“皆铺黄纸案上，罗列巨碗，所盛蔬肴饼果，务期丰满”，各营将士“给猪一头，钱数贯，为度岁之需，亦间有给牛羊者”。第二天，各官前往天王府拜年，“皆著梨园衣甲……城内爆竹如雷，街巷地上爆竹纸厚至寸许”。

后来，随着太平天国的衰败，洪秀全等人已经无法控制民间百姓，很多人开始重新按照习俗过旧历新年。对这一情况，很多太平天国的官员也都睁一只眼闭一只眼，不再严厉查处。比如，有个军官就在除夕夜那天叮嘱部下说：“今日百姓过年，不许出门闹事。”他亲自带兵巡街，路遇一个老妇人状告自己儿子不孝，对老人说：“今天系尔等除夕，大家欢喜过年，何容告状？”足见，在太平天国后期，过旧历年的习俗已经开始慢慢复苏。等到太平天国彻底覆灭，农历新年迅速在广大地区得到恢复，而所谓的太平天历“新年”瞬间就销声匿迹。

祥说：民间习俗看似无关政治，实则不然，在传统君主社会制度下，一切衣食住行等，都被烙上政治等级符号，蕴含着政治意味。所以，太平天国建国后，才会从头发，到服饰，再到习俗等，进行全盘“革新”。呜呼！这种革新不要也罢！

文化灭绝：延续一年的“焚书”政策

秦始皇的“焚书坑儒”，令无数承载着高级智慧的典籍毁于一旦。孰料，两千年后，中国大地再度上演了大规模焚书的闹剧，那就是：太平天国的“焚书”运动。

洪秀全参加了十几年科举考试，连个秀才都没考中，对儒家典籍恨之入骨，但他的知识又大都来源于此，所以在早期编写《原道救世歌》等书籍时，仍旧援引了不少儒家典籍，书中所描绘的美好社会形象也不过是儒家大同说的翻版。甚至可以说，洪秀全最开始的策略，是在一定程度上借助儒学来宣传上帝，而非将二者彻底对立起来。这是因为，洪秀全深知儒学对中国人的影响之深，不敢贸然对儒学进行全方位的攻击。

但洪秀全的最终目的，是要借反儒学来维护上帝的权威。随着太平天国运动的迅猛发展，洪秀全的信心迅速膨胀起来，认为没什么权威是不可以挑战的，于是对待儒学就不再那么客气了，而是将胸中积压已久的怒火全部释放出来，采取疾风暴雨式的清扫，不仅捣毁孔庙，而且进行大规模的“焚书”。

太平天国将儒家典籍定性为“妖书”，制定了一个刑律，规定：“凡一切妖书如有敢念诵教习者，一概皆斩。”同时，科举考试的试题也不能涉及儒家典籍，当时有个人记载说：“贼目某到苏开考，因出《五经》《四书》题，被诛。”关于焚书，时人这样记载：“尔本不读书，书于尔何辜，尔本不识孔与孟，孔孟于尔亦何病！搜得藏书论担挑，行国厕溷随手抛。抛之不及以火烧，烧之不及以水浇。读者斩，收者斩，买者卖者一同斩。书苟满家法必犯，昔用撑肠今破胆。”

事实上，上帝之外的一切权威，都是洪秀全要打倒的，所以“焚书”的范围也很快扩大到所有古代典籍，规定：“凡一切孔孟诸子百家妖书邪说者尽行焚除，皆不准卖藏读也，否则问罪也。”当时，曾有一首诗这样描述：“敢将孔孟横称妖，经史文章尽日烧。”

这样大规模的“焚书”运动足足持续了长达一年的时间，才被一个人制止，他就是杨秀清。杨秀清认为，儒家的一些说教其实是有利于推动太平天国事业，有利于维护上帝权威的，所以，借助“天父下凡”的方式将“焚书”运动给终止了。

大规模“焚书”虽然被终止，但反儒运动还在继续。于是，一个神奇的衙门诞生了：删书衙。清人《贼情汇纂》中这样记载：“贼本欲尽废《六经》、四子书，故严禁不得诵读，教习者与之同罪。癸丑四月，杨秀清忽称天父下凡附体，云‘天命之谓性，率性之谓道，以及事父母能竭其力，事君能致其身，此事尚非妖话，未便一概全废。’故令何震川、曾钊扬、卢贤拔等设书局删书；遍贴伪示，云俟删定颁行，方准诵读。”

删书衙奉行的原则是：“一切鬼话、怪话、妖话、邪话一概删除净尽，只留真话、正话。”主要任务有两个：一是删除洪秀全早期所写书籍中引用儒家典籍的地方；一是删除儒家典籍中与上帝信仰相冲突的地方。这个衙门应该没有取得太大成绩，否则今天不至于一本经他们删除后的书籍都找不到。有人说，这是因为清朝人把太平天国的书籍都焚烧了，但太平天国的书有很大一部分流到海外，同样也没发现类似书籍。

太平天国为何由“焚书”改成“删书”呢？首先要明白的一点是，两种方式虽然不同，但目的都是维护上帝权威。之所以不再“焚书”，是因为把所有经典付之一炬，造成的结果只有一个：无书可读，只剩下几本所谓上帝经典和蒙学读本，根本没法满足社会教育需要，也就会影响政权稳定，进而影响到上帝权威。

所以，太平天国的“焚书”和“删书”，都不是为了扫除儒学中所谓的封建思想，而是为了树立上帝的绝对权威，把这样的行为称之为思想解放运动，简直是一个笑话。

祥说：书籍是人类智慧和文明得以传承的重要载体，一切盲目的“焚书”行为，都应接受最严厉的批判。或谓，书分好坏，有精华，也有糟粕，应保留精华，铲除糟粕。试问：何为精华？何为糟粕？划分的标准是什么？由谁来定？答案只有一个：一切交给时间，而不是政治家。

革命篇:

暗杀竟被正当化和组织化

一条小辫子，撬动大清朝

《走向共和》中，有一个场景是描述孙中山剪辫子的。这段剧情是虚构的，真实历史是孙中山在广州起义失败后跑到日本横滨，在华侨冯镜如开的文经书店里“剪辫易服”，剪掉辫子，脱掉长衫，改穿西装，然后前往檀香山。主流学者曾经批评这段把国父丑化，其实剧情虽然是虚构的，但背后反映的问题则是真实而准确的。

头发 Or 政治

一条小小的辫子，为什么会被赋予如此浓重的政治意味呢？这还要从古代礼仪说起。

在现代社会，你喜欢什么发型就可以弄什么发型，各种洗剪吹都可以，爆炸头、方便面头，或者两根头发梳个中分，只要你喜欢，就是把头发弄没了也没人管。

然而，在君主专制政体下，衣食住行、社会风俗、习惯爱好等本来很简单、很纯粹的事情往往会被政治化、等级化，从而达到对民众的“规训”，也就是常说的“身体政治”。这种规训可以说无处不在，甚至包括要不要穿内衣，民国时期就曾经兴起过“天乳运动”。

中国人自古重视孝道,《孝经》里讲:“身体发肤，受之父母，不敢毁伤，孝之始也。”所以，古代中国人，不论男女都要蓄发，等到合适年龄，举行成人礼。男子盘发，戴帽子，叫“冠礼”；女子盘发插簪子，叫“笄礼”。这个传统一直延续到明朝。

清朝入关以后，为了摧毁汉族的自尊心，树立专制政治的绝对权威，就下了一个“剃发令”，强制汉人剃发，否则杀头，而且实行连坐，一人不剃发全家斩，一家不剃发全村斩。因为辫子问题，数十万甚至数百万汉族人被杀，所谓扬州十日、嘉定三屠就是这么来的。正所谓“留头不留发，留发不留头”。最终，汉人也像满人一样，留起了辫子。

有一位日本史家在《中国发辫史》中说:“‘发厄’与‘辫祸’，在中国已成为口头成语，全世界欲求一如汉人之罹头发之厄祸的民族，怕是没有……为头发而损失古今几十百万之汉人生命，实不能不算为世界稀观之怪现象。”

在高压政策下，后来汉人就逐渐接受了留辫子，甚至反过来把留辫子看成是一种正当礼教加以维护。古语云:“以其人之道还治其人之身。”反清人士一直把蓄发和剪辫子视作对抗清朝统治的最典型的行为标志，像天地会、哥老会等都这么做。

成也辫子，败也辫子

太平天国运动爆发后，洪秀全下令太平军一律蓄发，被清军戏称为“长毛贼”。

1872 年，第一批官派留学生迈着整齐的步伐踏上了美国的领土，结果中国学生的辫子经常遭到耻笑，被称为“猪尾巴”。后来，不少学生偷偷剪掉辫子，被发现后遭到严厉斥责，而且很快造成这次留学的夭折。

戊戌维新时期，康有为同样很重视辫子问题。1898 年，他向光绪帝上了《请断发易服改元折》，从学习西方的角度对剪辫子加以论证。他说，世界这么多国家，只有中国还留着辫子，穿着奇奇怪怪的服装，会影响外交活动。而且，现在是机器时代，辫子太容易被卷入机器，酿成事故。再者，留辫子不利于战争。最后，留辫子会被外国人耻笑。不过，建议不仅没得到批准，还遭到李鸿章取笑。李鸿章说，你就不能关心点大事，整天就整这些没用的幺蛾子。康有为心说：只能呵呵了。

清末新政时期，中国出现留日高潮。留学生经常被日本人嘲笑，加上当时革命思潮逐渐兴起，所以很多人都把辫子剪掉了。革命派也趁势将剪辫子视为支持革命的前提，孙中山、邹容、章太炎、鲁迅等都先后剪辫子。鲁迅那首著名《自题小像》:“灵台无计逃神矢,风雨如磐暗故园。寄意寒星荃不察,我以我血荐轩辕。”就是在剪掉辫子之后，摸着脑袋，照着镜子（哎哟，不错哦），一时诗兴大发，豪气冲天，一挥而就。

不过，那时候如果回国，还是要有辫子，否则会有麻烦，所以就滋生出做假辫子的行当，生意非常火爆，手艺精湛的辫子卖 4 块大洋一条。再后来，新军、新式学堂里都兴起了剪辫子风潮。清政府虽然三令五申不许剪辫子，但已经不怎么灵验了。相反，剪辫子，倒成了革命派反清的一张有力王牌。换句话说，剪辫子就代表了民主共和。

武昌起义后，湖北军政府一连发了数道命令，要求剪辫子，以示与清朝决裂，还组成专门的剪辫队，上街拦人，上门服务。后来，各省纷纷效仿，很快又逐渐从城市蔓延到乡村。最后，清政府干脆自己下令说：“凡我臣民，皆准其自由剪辫。”结果，很多大臣马上就剪了辫子，包括袁世凯。

老袁剪辫子的消息一传开，迅速在天子脚下的北京城形成风潮。

最后，清王朝也就在这股风潮中灭亡了，当真是：成也辫子，败也辫子。

祥说：一只看似不起眼的小辫子，却能经过连锁反应，撬动大清王朝，历史就是这么有料！

清末缘何出现“暗杀”风潮

提起清末革命党，相信大多数人首先想到的是那一次又一次不成功的起义。其实，与之相伴的，还有一次又一次不成功的暗杀。甚至可以说，革命党更热衷于暗杀，仅有明确记载的就不下二十次，而且都是有组织的，当时人称“暗杀时代”。

人们比较熟悉的，是吴樾暗杀出洋五大臣。汪精卫暗杀摄政王，更是天下闻名。这些暗杀都失败了。之所以不成功，是因为不专业。比如，万福华刺杀前广西巡抚王之春（因他主张“割地联俄”），用枪指着脑袋大声说：“卖国贼，吾代四万万同胞行诛！”随后，连开两枪，但一颗子弹都没打出来，因为这是把旧枪，撞针已经坏掉，而他竟然没有检查过。吴樾则是因为火车拼接产生震动，炸弹掉在地上爆炸。汪精卫就更可怜了，被一个因内急在桥边“释放青春”的路人发现。

那么，缘何在清末会涌起“暗杀”风潮呢？

暗杀，在中国是一种传统，最早可追溯到先秦时期，最著名者，莫过于荆轲刺秦。“风萧萧易水寒，壮士一去兮不复还”，名动天下，世人皆知。尽管刺客与侠客有别，不过后人多有将其统称为“游侠精神”者。革命党人把这种精神融入革命话语中，称：“共和主义、革命主义、流血主义、暗杀主义，非有游侠主义不能担负之。吾欲以此铸吾国民之魂。”他们公开在报纸上宣传暗杀，吴樾把名字改为孟侠，秋瑾则自称“鉴湖女侠”。注意，这时梁启超也主张暗杀：“使人骇，使人快，使人韵羡，使人崇拜。”

其次，中国古代社会是一种“人治”，或者叫做“贤人政治”，主要依靠“士”这一阶层来维系社会稳定（钱穆把中国传统社会称为“四民社会”，即：士农工商）。到了清末，这一阶层的感召力以及文化取向都已落后于时代。故而，诛杀这个阶层的代表也就是高官，被认为是推翻现行制度的一种有效方式。

第三，中国文化中还有一项传统，叫做复仇。比方说，杀父之仇，不共戴天。革命党人则把复仇观念运用到满汉矛盾中，大力号召排满，重新唤起汉族对扬州十日、嘉定三屠的悲惨记忆。

第四，俄国无政府主义思潮的影响。清末形成留日高潮，至1906年已经达到上万人。这些留学生大都心怀救国之志，而且非常激进，试图赶快找到一个救世良方。恰巧，这一时期俄国的无政府主义思潮传入日本，迅速受到留学生的普遍追捧。他们尤其欣赏俄国无政府党人采用的暗杀手段，向往“十步之内，剑花弹雨，浴血相望，入驺万乘，杀之有如屠狗”的痛快淋漓，也体会到采取暗杀方式的种种优点：“羡暗杀手段，其法也简捷，而其收效出神速。以一爆裂弹，一手枪，一匕首，已足以走万乘君，破千金产，较之以军队革命之需用多、准备烦、不秘密、不的确者，不可同日而语。”比起费时费力的起义来，既简单又快捷！

此外，如果从理论上加以分析，暗杀风潮其实与进化论传播也有关系。清末时，进化论已经风靡全国，很多人都喜欢划分发展阶段。革命党人就认为，革命事业的第一阶段理应包含暗杀这种方式。吴樾在《暗杀时代》中说：“夫排满之道有二：一曰暗杀，一曰革命。暗杀为因，革命为果。暗杀虽个人而可为，革命非群力即不效。今日之时代，非革命之时代，实暗杀之时代也。以复仇为援兵，则愈杀愈仇，愈仇愈杀。仇杀相寻，势不至革命而不已！予愿予死后，化一我而为千万我，前者仆后者起，不杀不休，不尽不止，则予之死为有济也。”“手提三尺剑，割尽满人头。”

当然，这与当时清政府对革命党人的大肆追捕和暗杀也有直接关系。

平心而论，暗杀风潮对于推翻清朝确实发挥了重要作用，甚至要超过他们所做的理论宣传。尽管革命党人的宣传大都采用白话文形式，但在对民众心理冲击方面显然无法与暗杀相提并论。尤其是，实施暗杀的都是一批年轻人，他们抱着必死的决心，试图用鲜血和激情换得国家新生，可谓冲击力巨大。

不过，暗杀风潮也有不好的影响。民国成立以后，政治暗杀一直存在，像宋教仁案就非常典型，后来国共双方也都采取过这种方式。

一句话：暗杀，终归不是正途！

祥说：多少次炸弹爆炸，多少次血肉横飞，多少次生离死别，多少人献出生命，多少人不改初心，只为那看似遥不可及的革命愿景，而无数次的失败之后，终于迎来了那场充满偶然和意外，却又扭转了历史乾坤的武昌起义。

原本用来救命的新军竟变成索命鬼

历史的发展就像拍电影，偏离剧本是常有的事。谁能想到，大清三百年基业，最后竟毁在几千名新军手里？最具讽刺意味的是，清廷编练新军的初衷是为了救命，孰料培养的竟是掘墓人。那么，问题来了：为什么新军会失控？

这个问题涉及四股力量：清廷中央，地方督抚，革命党人，新军士兵。

新军失控的源头，还是在于清廷中央权威的丧失。

清廷编练新军的目的何在？有人说是为了与国际接轨，提高军队战斗力。这恐怕只是一个层面，还有一个层面，就是借此机会加强中央集权。这是慈禧搞清末新政的重要策略，即“藉变法之名，以收集权之实”，后来的摄政王载沣只是继承、强化罢了。

一场持续 14 年的太平天国运动，彻底打破了清朝中央与地方的关系结构，让“内重外轻”“满重汉轻”的格局整个颠倒过来，后来出现的东南互保就是最有力的证明。清廷就是要打造直属中央的新军，破除地方督抚盘踞一方的格局。所以，光绪颁布练兵上谕时，特别指出要大规模裁撤旧式勇营，在全国范围重新编制新军，为的就是改变之前湘军、淮军的“兵为将有”模式。

清末新政说白了，就是一场中央与地方的权力争夺战。从开矿、筑路到借款、军权，统统要收归中央，这势必激起地方督抚的强烈反弹。比如，有人上折子称：“一省之治乱，责成督抚，若无军事实权，将无从担负疆圻责任。”赤裸裸威胁啊。民初有份报纸曾这样写：“前清督抚，常利用其中间地位，以施其狡狯之伎俩，当民气强盛时，豫揣中央之意旨必将屈从舆论，则竭力鼓吹发扬民气，藉人民之后援以抵抗中央……清廷之失坠，其近因以此为著。”不过，清廷最初还是占了上风，采取的办法就是加强督抚流动性。最典型的例子，编练新军效果最好的袁世凯和张之洞，都先后被调离。

但这终究只能治标不治本，练出来的新军在本质上仍然是地方军，而非中央军。原因有两个，一是新军采取分省编练方式，兵源基本来自当地；

二是为了吸引优质兵源而实行“厚饷制”，但中央财政根本没钱，最终还是由地方自筹。换句话说：新军效忠的对象根本不是中央。调离督抚的做法只能激化双方的矛盾，而从中受益最大的，是革命派（地方也缺钱，所以“厚饷制”根本无法实施，只能欠饷、减薪，势必导致军心不稳）。

在人事和财政两大核心层面，清廷都无法加以实质性控制，失败是必然的。而清廷无法将新军真正掌控在手里，造成的直接结果是：革命派的排满宣传基本处于公开化状态。

有人或许要问了：中央鞭长莫及，难道地方官也不管吗？恭喜你，答对了。地方当局基本睁一只眼闭一只眼，即使发现了，顶多解散组织、开除军籍，采取的是息事宁人、不予深究的态度。为嘛？枪打出头鸟啊，谁那里出事，必定招致中央的干涉！当然，也有管控比较严厉的，像四川，但比较少。（北洋新军情况比较特殊，不在此列。）

当然，还有一个非常重要的因素，那就是：新军的人员构成。

新军的来源主要有两个：一是破产农民和城市游民；一是小知识分子尤其是留学生。

第一类人员本来就对清朝统治没什么好感，再加上里面有很多是原先的会党成员，很容易受革命派鼓动；第二类人员是因为受到西方新思想的影响，发挥作用的主要是留日士官生，辛亥革命后各省兵权几乎都掌握在他们手里。像蔡锷、李根源、唐继尧等，都毕业于日本陆军士官学校。

需要特别指出的是，知识化的提高确实是新军一大特色。这与清廷搞清末新政，大规模建立新式学堂，并鼓励留学存在直接关系。再者，废掉了科举，一大帮读书人没有了出路，只好投笔从戎。（暗杀风潮也与废科举有直接关系。）此外，这帮小知识分子大都处于青春叛逆期，满腔爱国热血无处释放，引爆他们不需要费多大力气。

有一件很有趣的事情。注重士兵文化素质，是张之洞编练湖北新军的一大特色。但是，在他离开湖北后，协统王得胜、刘温玉和标统李襄鄰一起公禀湖广总督赵尔巽，要求以后“添练新兵不用读书人”。张之洞听说后，表示“殊属可骇”。这件事很能说明新军知识化对军队的影响。

著名历史学家汤因比曾有一段话说得很精彩：

“一个社会想把军队西方化而让其他方面保持原样，这是空想；这在彼得式的俄国、十九世纪的土耳其和美赫麦德·阿里的埃及都得到了证实。因为不仅是一个西方化了的军队需要西方化的科学、工业、教育、医药，就是军官本身也接受了一些和专业无关的西方思想——如果他们出去留学学习本行的知识的话那就更是如此。”

详说：清末新政搞得越好，大清朝亡得越快！

武昌起义中的五次意外

很多学者讲历史，总是喜欢宏大叙事，以长时段视野进行历史的逻辑推导。这，当然非常重要。然而，宏大叙事往往意味着无数历史的细节被抛弃。不幸的是，历史演进的奥秘，却常常隐藏在这些细节里，而历史最大的魅力，也在于此。

一句话：历史的蝴蝶效应，无处不在。

发生在一百多年前的那场改变中国政治格局的武昌起义，就是一系列意外的结果。如果用一个公式来表示，就是：五次意外 + 两个排长 + 一个糊涂官 = 大清上西天。

下面，我们就一起“回到”百年前，好好地捋一捋。

当时在武汉新军中进行革命宣传的有两个团体，一是文学社，一是共进会。

双方经常为抢会员大打出手，后经沟通，方才联手打天下。

1911 年 9 月 24 日，双方召开联合大会，制定了极为详细、牛逼的武昌起义计划。

时间：中秋节（10 月 6 日）。

自此，意外开始轮番上演，真心让人目不暇接。

第一次意外

开会当晚，南湖炮队第 8 标第 3 营一群老兵退役，喝酒划拳。

一个排长过来干涉。

历代老兵都很牛，要退役了，还来管我，玩去！

争吵迅速演变为打斗，再升级为起义。老兵们打开军械库，没想到子弹是空包弹。

又去抢弹药库，可大门好紧，半天没弄开。

最悲催的是，各营没有一个响应的。起义毫无悬念：被镇压了！

然而，一个流言开始疯传："八月十五杀鞑子。"

糊涂官闪亮登场

湖广总督瑞澂宣布八月十五全城戒严，严禁士兵出营。

博尔济吉特・瑞澂（1863—1915 年），字莘儒，号心如，博尔济吉特氏，满洲正黄旗，大学士博尔济吉特・琦善之孙（原来是"奸臣"之后）。

革命军本想趁此提前起义，但事发突然，黄兴等大咖一个没在，就把起义时间延后到 10 月 11 日。

第二次意外来了

10 月 9 日下午 3 点，一个革命党在制造炸弹，另一个抽着烟观摩。

轰！

领导人孙武半拉脸没了，被送往医院（注：留日学生乐于自己制造炸弹，但技术不过关，炸伤是常事）。

俄国巡捕赶到，起义用的旗帜、符号、文告等曝光。

要命的是，里面有一本革命党人名册！

湖北布政司陈树屏建议销毁名册以安众心，督府师爷张梅生主张按名册搜捕。

瑞澂决定选择后者！

糊涂啊！一失足成千古恨！

一时间风声鹤唳，人人自危。

决定起义能不能成功的，是什么？动员的力度。

最好的动员，莫过于制造人人自危的恐怖或神秘气氛（这就是为什么历史上带头起事的都要制造谣言，诸如鱼肚子里弄出布条之类的）。

“起义亦死，不起亦死，等是死耳，与其为瓮中之鳖，毋宁铤而走险。”

这是兵法上“置之死地而后生”的局面，往往能大幅度提升战斗力。

又是排长惹的祸（第三次意外）

第 8 镇工程第 8 营革命党总代表熊秉坤决定晚上起义。

有个排长巡棚时发现士兵手臂上缠着白布，手里拿着步枪。

争吵迅速演变为打斗，再升级为起义（和上一次多么像）。

排长被士兵程定国一枪放倒，这就是那著名的武昌起义第一枪！

没想到：各营纷纷响应。

同老兵起义相隔仅半月，形势却天差地别。

这叫：形势比人强。

从有心革命到付诸行动，很多人心里其实充满了犹豫。革命党人在制订计划时，甚至想过用炸弹威胁士兵。

走到这一步，怪谁？糊涂官瑞澂呗，净干火上浇油的事。

惊喜地发现宝库（第四次意外）

武汉属于四战之地，容易遭到四面围攻，所以孙中山不选择这里。

没想到，只有三千革命军的中心开花的起义，竟然成功了。

为什么？革命党人发现了一个宝库，喊了一声“芝麻开门”，一屋子都是钱。

藩库、铜币局、官钱局等找到的财政存款总计四千余万两。（张之洞湖北新政真不是盖的。所以，新政搞得越好，大清亡得越快。）

还有：中国最大的兵工厂汉阳兵工厂也在这里。搞新政这些年，张之洞从国外购买了大量武器，足够装备几个师！

革命党迅速扩展到上万人。

外面疯传几万人，愣是吓得清军迟迟没敢下死手，等着北洋军。

就是这半个月，革命浪潮席卷全国，各省纷纷独立。

不对！中间落下了什么环节？

立宪派占一半功劳（最大的意外）

起义时，革命大佬一个没在！

群龙无首，革命党用枪把黎元洪从床帘子后面揪了出来，推上湖北军政府都督宝座。

可怜黎元洪，压根不想革命，起义时还亲手杀了两个革命党。

等到发现革命形势一片大好时，毅然决然剪掉辫子，说：“与诸君共生死。”（人才啊！）

黎元洪态度的转变，与另一个立宪派核心的劝说有关。

他，就是湖北咨议局议长——汤化龙。

他主动站出来帮革命党做了几件事，整个局面瞬间发生巨变！

一、通电各省，宣布革命消息和宗旨，以免陷入孤军奋战。他亲自拟的电文，痛斥清政府，一下子点燃了各省立宪派心中压抑许久的愤怒，才会有各省的纷纷独立。

二、整顿内政，稳定社会秩序。他是立宪派核心，在当地威望很高，人脉很广，迅速稳住局面。

三、照会各国领事，保护租界和外国人生命财产安全，承认之前的条约。

四、制定《鄂州约法》，为后来临时约法提供了范本。

还有一个关键：当时清朝海军舰队杀过来，但带队的萨镇冰是黎元洪老师。黎元洪通过写信、送礼，让老师保持中立；而且萨镇冰的参谋是汤化龙的弟弟，他也做了好些工作。

立宪派的参与，让这场革命的破坏力被控制住，也没有招来外国干涉。

老百姓一觉醒来，发现衙门口挂着的旗子变了，后来听人说皇帝没了。

江苏程德全甚至觉得太过温和，下令拿大竹竿子挑去了衙门屋檐的几片瓦。

立宪派绝不敢放第一枪，但有人放了第一枪，他们就敢走第二步，而且走得很坚定。

祥说：武昌起义的爆发虽然充满意外，但它能在短短半个月内不断发酵，最终导致清朝灭亡，说明旧政权内部早已溃烂。

自产鸦片：压垮清王朝的最后一根稻草

提起鸦片，很多人脑海里反映出来的，可能是无数中国人侧躺在床上，像个“神仙”似的手持一杆烟枪吞云吐雾（犹如今天抱着手机），继而就会联想到一个名字——东亚病夫。其实，东亚病夫最初更多地指向精神层面，即梁启超所谓“夫中国——东方病夫也，其麻木不仁久矣。”当然，中国人获得这一称号，与普遍吸食鸦片也的确存在密切关系。

一个无比残酷的事实是，造成上述结果的，并不单单是外国人，还有中国人自己。

中国人种植罂粟，最早可以追溯到唐代，但一般作为花卉和药物使用，而非毒品原料。以罂粟加工毒品，那是 19 世纪以后的事。最晚到 19 世纪 20 年代，中国人已经开始以加工毒品为目的种植罂粟。因为，自 1831 年始，相关记载突然大幅度增加，朝廷也频频命令各省缉查罂粟种植和鸦片吸食问题。下面这段史料很能说明问题：

谕内阁：前据给事中邵正笏奏：“近年内地奸民种卖鸦片烟，大多小贩，到处分销，地方官并不实力查禁。”当经降旨，严饬各省督抚确切查明惩办，并将如何禁绝之处，妥议章程俱奏。

尽管各省都上奏说自己省份内没有种植罂粟的，但朝廷也不是那么好糊弄的。比如，给河南的谕旨称：“豫省地广民稠，奸民私种罂粟等花渔利，事所必有，自应严申禁约。”给湖南的谕旨称：“鸦片流毒最甚。湖南为数省通衢，五方杂处，奸民种植偷卖，事所必有，自应设法严查。”其中，云南省的罂粟种植最早也最为猖獗，已经难以控制。

由于清廷采取了较为严厉的禁烟措施，所以，早期的罂粟种植主要在边远和贫困地区，但鸦片战争以后，开始蔓延到全国。这是因为，因禁烟尝到战败滋味的清廷，虽然表面上仍执行禁烟措施，但实则已力不从心、形同虚设，既默许外国人进行鸦片走私，也对农民种植罂粟采取容忍甚至是鼓励的政策，许多官员都主张以自产鸦片代替进口鸦片！

光绪朝《东华续录》卷九十八云："咸、同以后，烟禁已宽，各省种植罂粟者，连阡接畛，农家习为故常，官吏亦以倍利也，而听之。"不过，因为这时中国的鸦片加工技术不高，鸦片质量很差，因此在市场上的销路并不太好，尚未形成对进口鸦片的竞争态势。

二十年以后，中国人种植罂粟的面积迅速增加，加工鸦片的质量也大幅度提升，而云贵川是主产区，据说云南三分之一的耕地都是用来种植罂粟的。传教士理雅各曾从北京由陆路旅行到镇江，他说"黄河和长江之间的土地上都布满了罂粟田"。

至 1880 年左右，国产鸦片已在数量上超过进口鸦片，中国鸦片的自给率竟达到 80%。到 1881 年，不仅波斯鸦片进口全部停止，而且"在四川、云南、山西、陕西、甘肃和贵州等省，印度鸦片几乎都被赶出了市场，现在简直不再运往这些地方，那里的消费全部由中国产的鸦片供应了"。1882 年，中国制造的鸦片已经开始出口了。"外国鸦片不仅在华西和西南地区，而且在沿海地区也正在逐渐让位于中国鸦片。就像华西的鸦片正在大批流入缅甸一样，东面的台湾和其他岛屿现在也从大陆获得其部分鸦片供货。"

中国是最早开始禁烟的国家，雍正时期就发布了第一个禁烟令，对于鸦片的危害心知肚明，却为何要自我戕害呢？

原因还得从清廷方面来找。在很多官员看来，种植罂粟不仅能够增加政府税收，而且还是一种"爱国行为"（抵抗外来鸦片嘛）。早在 1836 年，许乃济就曾给道光帝上折子，主张"弛禁"和"自产"，认为中国南方气候和土壤都极为适宜罂粟种植，应大力发展，以与外来鸦片相抗衡，改变

“白银外流”的现状。结果，他被夺官削职。鸦片战争失败后，清廷慑于外来强权，不敢干涉鸦片走私，转而通过缉拿吸食者来禁止鸦片。“其意谓苟吸食者无人，则贩卖者不驱自退，如此可杜绝鸦片之来源；且中国治内地之人民，外人亦无所藉口。”这一“禁内不禁外”的措施根本不可行，带来的结果恰恰相反，不仅外国的鸦片走私更为猖獗，国内的罂粟种植也开始向全国蔓延。对于清廷的心态，有学者这样评价：

“盖当时朝廷深知鸦片弛禁每年可收巨款，又适值军用浩繁需款孔急，遂决定弛鸦片之禁公开收税，但禁与弛禁二者根本不相容，既弛禁则主禁之政策，决不能并立，而“寓禁于征”之政策，亦实根本欺人之谈也。因吸烟者一经成瘾，苟非施以强迫之压力，不易戒除。虽倾家荡产售妻鬻女，而鸦片不能不吸。故“寓禁于征”政策实行之结果，徒使吸烟者速至于“家败人亡”之地步而已。况所谓“寓禁于征”之主旨，乃在于“征”而非在于“禁”。结果此种政策反成为禁烟成功之阻碍，因政府恃为利源，而不肯舍弃也。自鸦片弛禁之后，使大多数国民陷于万恶之毒害中，国力既因之而疲，国势亦因之而弱。”

翻译过来就一句话：为了钱，清廷什么都干！

说出来大家可能不相信，林则徐在鸦片战争失败后，思想也逐渐发生了惊天大逆转，竟然赞同以自产鸦片代替进口鸦片。1847 年，他说：“鄙意亦以内地栽种罂粟于事无妨。所恨者内地之嗜洋烟而不嗜土烟，若内地果有一种芙蓉，胜于洋贩，则孰不愿买贱而食？”

此外，从农民角度来说，他们很快发现种植罂粟比种植其他经济作物，收入要翻好几番，所以趋之若鹜。正所谓：“今鸦片之利，数倍于农。小民无知，孰不弃农而趋利乎？”到后来，种植罂粟就像种植五谷杂粮一样稀松平常，几乎家家户户都种，不种的反而很扎眼。

无论是清廷，还是农民的选择，显然都是一种短视行为。无数中国人的身体和精神都被击垮，传教士丁韪良曾说："醉鬼不喝酒时能正常工作；吸鸦片的人离了烟枪什么也干不成。大多数酗酒者可凭意志戒掉这个恶习；抽鸦片是一种病，要戒掉得全靠吃药。酒在几年内才能把人变为奴隶；大烟几个星期或几个月就能完全俘虏吸食者。"

中国人自己大范围种植罂粟，还带来了另一个重大恶果：饥荒！原因也很简单：大量耕地被罂粟占领！

祥说：一朵小小的罂粟花，击败了庞大的清帝国！

人物篇：
乱世枭雄，逼退清帝

“鉴湖女侠”秋瑾的另一面

“男子之死于谋光复者，则自唐才常以后，若沈荩、史坚如、吴樾诸君子，不乏其人，而女子则无闻焉，亦吾女界之羞也。”

“吾自庚子以来，已置吾生命于不顾，即不获成功而死，亦吾所不悔也。”

“如满奴能将我绑赴断头台，革命成功至少可以提早五年。牺牲我一人，可以减少后来千百人的牺牲，不是我革命失败，而是我革命成功。”

这三段话出自一位革命女侠之口，当起义失败之后，有人劝她逃走，她却坚持留下，从容赴死，不禁让人联想起戊戌变法中的谭嗣同，只是她心中的理想不是变法，而是革命！她，就是自封“鉴湖女侠”的——秋瑾！

秋瑾的革命生涯，与会党相始终。

1904 年，秋瑾在日本东京留学期间，与刘复权、刘道一等革命党相识并结为秘密团体，同年一起加入了冯自由等在横滨组织的洪门天地会，被封为白纸扇之职，即俗称的军师。“刘复权被封为‘洪棍’；秋瑾被封为‘白扇’（俗称军师）；刘道一被封为‘草鞋’（俗称将军），是谓‘洪门三及第’。”说起来，这并不稀奇，因为革命派最早走的就是联络秘密会党的路径，后来才转向新军。

秋瑾骨子里就带着侠义之风，曾在《宝刀歌》中称赞荆轲“殿前一击虽不中，已夺专制魔王魂”，并自封“鉴湖女侠”。她的诗充满了英雄主义：“画工须画云中龙，为人须为人中雄，豪杰羞伍草木腐，怀抱岂与常人同？”而且，她的革命目标归结为两个字就是：排满，这也是整个革命派的主旨，亦即种族主义。她曾说：“中国是中国人民的中国，不是满族这种异种人的中国”；“虽灭满奴之族，亦不足一蔽其辜矣。”凡此种种，正是革命派与会党开展政治合作的思想基础。1905 年 9 月，光复会骨干徐锡麟在陶成章等人协助下创办了绍兴大通学堂，“为金华、处州、绍兴三府会党荟萃之所”，是第一所专门训练会党头目、培养革命干部的学校，他们两人也是最早在浙江联络本地会党工作的革命志士。1906 年，徐锡麟邀请秋瑾回绍兴主持大通学堂。次年，秋瑾接任大通学堂督办，全权负责浙江省的会党事宜。

接任后，秋瑾主要做了两件事：一是增设体育学堂，对会党人士进行军事训练，科目包括队列、射击、跑步、行军、游泳、过天桥等。秋瑾“常常穿了男子服装，骑着马，带领学生到野外打靶，练习射击技术”。二是整合会党力量。在几位首领的协调下，“各属会党翕然就范”。为此，秋瑾还作诗一首：“黄河源溯浙江潮，为我中华汉族豪。不使满胡留片甲，轩辕神胄是天骄。”各级职员以金指环为记号，指环上刻有职位的代名词。为了与在安庆的徐锡麟共谋大事，秋瑾组建了光复军，用“光复汉族大振国权”为八个军的番号，并制订了详细的起义计划。此时的秋瑾，为了联络会党力量，打出的政治口号并非“建立共和”，而是与“反清复明”基本没什么差别。《光复军义稿》称：“雪我二百余年汉族奴隶之耻，后以启我二兆方里天府之新帝国。”

对此，后人当然不应苛责秋瑾，这本就是一种策略，以“排满复汉”口号更容易鼓动、联络会党力量，这也是早期革命派的通行做法。不过，秋瑾显然高估了会党的力量，事实证明，依靠会党根本无法完成革命大业。秋瑾等策划的起义之所以失败，实际上正是因为起义计划被各地会党人员泄露。比如，在武义县，龙华会聂李唐无意间泄露了起义计划，被捕后，不仅交出了会党名册，而且供出了很多首领；在金华，龙华会倪金也不慎泄露起义计划，导致众多首领被害；其他各地力量也因内奸出卖而遭到重大破坏。秋瑾一案，在当时社会上引起轩然大波，成为清廷进行黑暗专制的又一典型。革命派迅速抓住这一绝佳宣传机会，极力打造出秋瑾的革命形象，并持续加以渲染（其实，由于秋瑾公开身份是学堂教员，很多人并不知道其秘密身份，认为她是受徐锡麟牵连冤死的）。此后，经过历史学者、戏曲家、小说家等不断演绎，就有了今天我们所熟悉的女革命家形象。

俗话说，有其母必有其女。很多人不知道，秋瑾的女儿，同样是一位值得敬佩的女侠！她叫王灿芝，在性格上像极了自己的母亲，以倔强的姿态谱写了传奇的人生。可惜，如今，她已不为人知；因为，历史，只书写大人物。

1901 年，王灿芝出生于湖南湘潭，不久，因父亲王廷钧通过曾国藩家族的关系捐了一个户部主事的京官，遂跟着进了京城。1904 年，秋瑾东渡日本求学，便将女儿寄托于友人谢涤泉家，认谢的继室为养母。寄人篱下的日子注定苦不堪言，由于谢家子女很多，谢太太又嗜酒，灿芝根本得不到家庭的温暖，面黄肌瘦，还得了慢性病。她在回忆文章里说：“我就衣裳褴褛，头发生虱，吃饭也有一顿无一顿的，以致饿得骨瘦神疲，满身疾病。她家中也就很讨厌我。”这时，她的母亲秋瑾正在日本进行如火如荼的革命事业，还参加了“洪门天地会”。1907 年，秋瑾被捕，慷慨就义。这一年，王灿芝只有 6 岁。

秋瑾被害后，灿芝被送回王家，没想到父亲因怕被株连，整日惶恐不安，很快就死了。祖母重男轻女思想极为严重，对灿芝非打即骂，将对儿媳秋瑾的怒火全部发在了 7 岁的灿芝身上，动不动就骂：“那样的娘，生得出好东西，将来长大了，还不是跟她娘一样，胆敢做出那些无法无天的事来。”（这位祖母忘了，自己疼爱有加的孙子也是秋瑾生的。）灿芝后来回忆说：“因之几丧其生，后因家庭之压迫，备尝艰苦。无母孤儿，乃罹斯厄。”

祖母的话虽然狠毒，却无意间言中了灿芝的人生态度，正如她所言，灿芝遗传了母亲的基因，当真是“无法无天”。像秋瑾一样，灿芝酷爱武术，曾拜名师学习武艺，于内家拳法等颇有功底。《国术名人录·湖南王灿芝》一书曾说她“精太极拳、剑，形意拳，八封掌”等拳械。不过，她习武的目的，主要是为母报仇，15 岁那年就立志要找到杀害母亲的刽子手。灿芝不仅武艺超群，而且出口成章，于诗词、散文、书法等方面颇有天赋，显示出豪放之气。她用母亲的诗“为人须作人中雄”激励自己，偷偷改姓“秋”，还曾想创办一所秋瑾学校。她后来回忆说：“我学拳倒也并不是为身体，我从小就羡慕侠客那一流人物。我觉得学精了武艺，专为人间打抱不平，把那般贪污横暴的人杀一个干净，这是一件多么愉快的事。因此，有一个时期，我曾自题一个号外‘小侠’。”真不愧为“鉴湖女侠”的女儿！

王家与曾家是表亲，灿芝自幼就与曾家订有婚约，但她极为厌恶这桩婚事，遂决定逃婚。1920 年，19 岁的灿芝乘着曾家忙着办喜事的时候，偷偷地离开湘潭，辗转到了上海，入读竞雄女学，后入读持志大学。求学期间，她不断打听杀母仇人的下落，还曾拜“民国第一杀手”王亚樵等为师学习武艺。1927 年，在母亲好友徐自华推荐下，灿芝接任竞雄女学校长。这所学校本就是为了纪念秋瑾而创办，校名正是秋瑾的“字”。灿芝接任后，学校发展十分顺利，可惜后来蒋介石发动“四一二”反革命政变，不得不停办。1928 年，灿芝回到湘潭，从兄长那里获得数千元银元，遂远渡重洋，赴美留学。

初到美国时，灿芝本想学习工业技术，将来回国效力，但她很快发现美国人“对航空之狂势，政府之提倡，军事航空组织之完善，商业航空设备之周到，不觉爱慕之情油然而生，且见西人蔑视吾国，知吾国之不强，在乎人民之太弱”，遂进入纽约大学航空专科学习飞机制造及航空学。她说:“余以孤露余生，飘零身世，虽欲继先母未竟之志，而顾力有未能，惟常怀报国之心，斯念不懈，继而决心学习航空，俾他日贡献祖国，亦令西人知吾国女子犹能如此，可见男子之英勇矣。”由于灿芝自幼习武，又文武兼备，所以顺利通过难度极大的入学考试。

灿芝成绩十分优异，不仅深得学校老师器重，还被美国航空界人士誉为“东方女飞将”，成为中国第一个留学外国学习航空工程和飞机制造技术的女性。1930 年，灿芝学成归国，被委任为航空署教育科科员，后改任航空学校教授，成为中国第一个从事航空教育工作的女性。

1931 年，灿芝终于查到杀母仇人的身份（原绍兴知府贵福），遂决定北上复仇，未曾想“九・一八”事变爆发，行动被迫中止。1932 年，灿芝产生再度赴美“学习空战之玄奥”的想法，以报效国家，后在友人的劝说下，与黄公柱结婚。婚后，她将主要精力放在写作上，经常在《空军月刊》《上海妇女》等杂志发表文章，同时致力于整理母亲遗稿，宣扬革命精神，还一度把母亲事迹介绍到英美等国。

抗战胜利后，灿芝想北上为母报仇，但听说贵福已病死，不得不作罢。1947 年，灿芝进入上海市财政局秘书室工作，并正式申请改姓“秋”，获得批准。此后，她集中精力为母亲撰写传记，并找到了当年绍兴府审理秋瑾案的档案。

新中国成立后，灿芝作为革命先烈遗孤获得工作安排。1951 年，她向陈毅市长申请赴港，获得批准，寄居于友人家中，但把唯一的女儿王焱华留在了上海。1953 年，灿芝移居台湾，从事航空教育，但备受冷遇，百无聊赖间，继续撰写《秋瑾革命传》，约 12 万字。

1967 年，灿芝突发脑溢血去世，终年 66 岁。

祥说：20 世纪初，妇女解放在中国逐渐形成潮流，涌现出许多个性鲜明的女性，她们推动了社会进步。秋瑾以传统侠义精神担起现代革命责任，谱写了一曲人生壮歌。

“大老虎”奕劻力主清帝退位不全因为钱

众所周知，晚清有一位“大老虎”，名叫奕劻，是最后一位“铁帽子王”。这位王爷住在和珅老宅里，靠着卖官积攒了巨额财富，而且具有超前的理财意识，把所有的钱统统转存到了外国银行。莫理循说他的存款高达 700 多万英镑。什么概念呢？那会儿，买一栋豪宅，也不过 2000 英镑。他要活在当下，必定是“裸官”无疑。

辛亥革命爆发以后，清廷急得像热锅上的蚂蚁，天天开会商量解决办法，仅 1912 年 1 月至 2 月间，就召开御前会议多达 13 次！亲贵们大致分为两派，一派主战，一派主和。奕劻就是主和派代表，极力主张清帝逊位。其实一开始，主战派占了上风，后来宗社党头子良弼被革命党人炸死，风向才发生变化。奕劻呢，到处渲染革命军力量之强大。

据载润的回忆，奕劻内阁辞职后，袁世凯内阁成立，将与革命军议和。奕劻就家居托病不出，载沣多次派王公、贝勒至其家敦请，才勉强进内应隆裕之召对。他进内时即对众人说："革命军队已有五万之众，我军前敌将士皆无战意。"到等候召对的地方，奕劻又说："革命党已有六万之众，势难与敌。"当时蒙古王公那彦图闻而嘲笑之说："数分钟内，革命党军队又增加了一万人之众，何其如此之速耶！"

奕劻死后，溥仪坚持要给他个"恶谥"，说："奕劻受袁世凯的钱，劝太后让国，大清二百多年的天下，断送在奕劻手里，怎么可以给个美谥？只能是这个：丑！谬！"梁鼎芬也在日记里说，宣统年正月初十日，皇帝召见世续、绍英、耆龄，谕曰：奕劻贪赃误国，得罪列祖列宗，我大清国二百余年之天下，一手坏之，不能予谥！已而谥之曰"密"。奕劻本有大罪，天下恨之。传闻上谕如此，凡为忠臣义士，靡不感泣曰：真英主也！

这说明，在溥仪和很多亲贵看来，奕劻收了袁世凯贿赂，才力主议和，把大清给卖了！那么，奕劻究竟冤不冤呢？

不冤！

溥佳则在《清宫回忆》中称袁世凯贿赂奕劻与张兰德（隆裕太后身边当红太监）各300万两银子，让他们向隆裕太后施加影响和压力。这应该不是胡乱猜测，因为袁世凯很早就盯上奕劻这条线了。徐世昌曾说，庆王府的婚丧嫁娶等事俱由袁世凯的直隶总督府开销。所以，载涛才骂奕劻说："袁世凯拿金钱喂饱了。"

但是，受贿只是一方面，甚至可以说不是奕劻赞成清帝逊位的主要原因！

奕励支持逊位的关键原因是什么？一句话："识时务者为俊杰。"

这个时候，明眼人都看得很清楚，大清已经没救了。无论是国内形势，还是外国态度，都让奕劻感到绝望！

先说说国内形势。

武昌起义爆发仅2个月，响应的省份和地区已经有湖南、陕西、九江、南昌、陕西、云南、贵州、上海、苏州、镇江、南京、浙江、广西、安徽、福建、广东、重庆、成都。当时，伍廷芳担任南方谈判总代表，他给奕劻发电报说，除非清帝逊位，赞成共和，否则各省必将纷纷独立，清廷则"土崩瓦解"。不久，北方谈判代表唐绍仪也发来电报，说不承认共和，根本没法谈判。后来，一大波人连续劝说奕劻同意共和。其实，这都是袁世凯的计谋，故意营造一种氛围。

再说说外国态度。

武昌起义爆发后，英国驻华公使朱尔典就到清外务部高调宣称，各国决定不干预中国乱事（这是他们的一贯伎俩，当年太平天国运动爆发之初也这么表态）。当时，奕劻曾照会外国公使，希望列强能拥护保存清廷，但是，所获"答复极为冷淡，且述今日之中国不必以君主政体为是云云"。

奕劻不甘心，又于1911年12月24日和袁世凯一起，与朱尔典来了一场会谈。根据当时的会谈记录，会谈一开始，奕劻就迫不及待地请朱尔典谈谈对时局的看法，并就清廷选择提出建议。朱尔典的建议，是将国体问题提交国民会议讨论，以构成和平解决问题的基础。奕劻表示，革命党很牛的，恐怕不会接受这个条件，接着问：如果谈判破裂，外国能否提供保护？朱尔典答道，没有英王陛下的指示，他不能回答这一问题。他个人认为，倘若共和派拒绝听从调停，意味着只能用武力对南方诸省实行强制干涉，但不会有列强采取如此步骤。虽然没能拉到武力赞助，奕劻仍然心存侥幸，又问各国能否提供贷款，结果得到的答复是：没门！

其实，也不是所有列强都保持中立，日本一开始就很积极，千方百计想干涉，但后来迫于压力，还是与其他各国站在了一条线上。

奕劻心里早就明白，逊位已是无可避免，去寻求外国帮助也不过是死马当活马医罢了。所以，这位王爷做出了一个决定：转移财产、兑换金条！朱尔典在致坎贝尔的函件中称："庆亲王忙着将他的珍物兑换成金条，以便逃亡时携带。"

注意，转移财产的可不只奕劻一个，而是大部分亲贵！

当时，清廷处于开战无饷的尴尬状态，外国人又不给贷款（那会都去支持袁世凯了），被逼无奈只好让王公大臣们出点血：捐款！

奕劻很大度，一下子就捐了十五万两，这点钱对他来说根本是九牛一毛。其他人可就没这么慷慨了，大家手头都不宽裕，所以没人捐款。为了不让清廷抓住把柄，他们都向奕劻学习，把钱转移到了外国银行。暂署度支部大臣绍英禀告袁世凯说："查明亲贵大臣在各银行并无存款。"恽毓鼎在日记中称："众亲贵竞向银行票号提取现银，辇存外国银行，且有倒贴子金以求其收纳者。"

对于这一现象，郑孝胥在日记中评论说："宫中存款已尽出，约九百万两，可支至十二月初旬耳。亲贵私蓄二千九百万，皆不肯借作国债，惟庆邸出十万而已。虽谓亲贵灭清可也。"最后一句真经典！

最奇葩的是，奕劻太有钱了，一下子从大清银行提款25万两白银，结果直接引爆北京市金融恐慌性。清廷财政系统之脆弱，由此亦可见一斑。

祥说：树倒猢狲散！当王朝离心离德后，自己人也会见死不救，甚至落井下石！

康有为致电美国总统说：袁世凯暗杀光绪

康有为最恨谁？不是慈禧，而是袁世凯。原因很简单，袁世凯出尔反尔，答应帮着"围园杀后"，结果却向荣禄告密，导致光绪被囚禁，变法失败。（其实，是慈禧先囚禁的光绪，消息传到天津后，袁世凯和荣禄再向慈禧告密，使得一场和平政变流了血，六君子被杀。）

中国人看历史，总喜欢分清黑白和忠奸。在官方史书里，康有为属于正面人物，袁世凯属于反面人物，所以关于戊戌变法的叙事几乎都依据康有为的回忆。可是，学者已经证明，康有为这个人，人品不好，喜欢造假，反倒是袁世凯的很多记录更接近历史真相。

关于康有为和袁世凯的斗法，大家比较熟悉，不过有一件事，可能会比较陌生。那就是：慈禧和光绪死后，康有为曾给美国总统罗斯福写信，污蔑袁世凯。

美国政府在得到慈禧和光绪的死讯后，发电报表示吊唁，说什么总统和全体国民都深感哀悼，希望两国更加友好。但是，美国政府并没有马上承认溥仪的皇位，说明他们对于光绪的死是持怀疑态度的。这是因为，就在光绪去世的当天，罗斯福总统收到康有为的一封电报。电报说，袁世凯谋害光绪，扰乱中国，请总统联合其他国家，致电北京，不予承认。当年康有为访问美国时，曾被罗斯福邀请到白宫讨论美国排华法令问题，所以他的电报，得到美国政府的高度重视。美国人马上给驻华公使拍电报，询问相关情况，得到的回复是，康有为的看法是存在可能性的。但是，这位驻华公使做出上述判断，是基于权力斗争的历史，而非康有为的人品，他对康有为个人持完全否定的态度，极力主张美国政府不要再与此人接触。他说："康有为在这里没有任何位置或势力，昨天袁世凯告诉我，康除了会冗长的演讲外，没有任何实际东西，我不希望再提到他，这会引起人们的误解。"第二天，他再次发电报，说中国人和外国人对康有为的看法惊人的一致，认为康有为在中国没有追随者，当年对光绪的影响也是负面的，不利于改革开展，尤其是广东人，对康有为十分反感，甚至指控他从海外同乡那里敛财。

美国政府自然相信自己公使的话，随后就不再理会康有为的意见。几天后，康有为再次致电罗斯福，称袁世凯正在破坏世界和平，请总统电令驻华公使与醇亲王举行私人会晤，用军队保护自己，秘密移居美国使馆。结果，美国人都懒得回复。

随后，中国政局并没有出现大的动荡，而当年代表清廷赴德道歉的摄政王载沣，留给外国人的印象相当不错，美国《纽约时报》就公开对他表示支持，认为是改革派的胜利，有利于推进中国改革，其他国家也大致持肯定态度。在这种背景下，美国政府对清廷的新权力格局很快表示承认，罗斯福还特意在溥仪登基典礼当天接见清廷特使唐绍仪，对新皇登基表示祝贺。第二天，载沣即颁布上谕，宣称要继承光绪遗愿，继续进行改革，按期颁布宪法。这一举动，进一步打消了美国人的顾虑。

换句话说，美国人关心的不是光绪如何暴毙，而是中国政局的走向，不希望出现大的动荡，尤其不希望保守派执政，这也是为什么后来载沣罢免袁世凯，会引起美国人的强烈反应的原因。

祥说：康有为自以为与罗斯福总统有几分交情，就可以污蔑袁世凯。殊不知，美国人最现实，面对一个只会卖弄文章的书生，和一个积极进行改革的权臣，做这个选择题一点都不难。

晚清最佳搭档：袁世凯（武）+徐世昌（文）

人与人的交往，有时候就像化学实验，看似稀松平常的两种材料，没准就会爆发出让人大吃一惊的能量。当然，有时候也会产出负能量，正所谓“不怕神一样的对手，就怕猪一样的队友”。其实，最可悲的是：两个都是猪。

在中国近代史上，有这么两位大神，一个是武夫，一个是书生，机缘巧合遇到一起，从此不离不弃 37 年，驾驶着友谊小船，在刀光剑影的江湖里联手杀出一片天地，先后登上总统宝座（武夫还做了几天皇帝梦），完美演绎了一曲《兄弟》。

没错，他们就是近代史上的最强男团——袁世凯与徐世昌！

说起来，两人出身都不错，一个官宦家族，一个书香门第，只是袁氏家族靠着镇压太平天国和捻军起义风光无限，而徐氏家族却早已没落。家族基因在两人身上分别得到遗传，袁世凯喜好舞枪弄棒，科考一塌糊涂；徐世昌则勤奋攻读，矢志科举。按常理来说，书生和武夫搞在一起，要么基情四射，要么是上下级。但是，袁、徐二人可谓一见倾心，相见恨晚。

“徐韬斋与袁容庵初不相识。一日，韬斋诣袁宅，昂然入书斋。容庵隔窗遥见一人自外至，神气爽朗，起身迎之，询知是淮阳县馆客。遂纵谈古今成败、中西异闻。不知者几疑素有深情，仆从侍侧目睹，以为奇。”

这段史料，把两人初次见面的情形刻画得活灵活现，简直不能再传奇。那一年，是 1879 年，袁世凯 21 岁，徐世昌 25 岁。尽管袁要小几岁，但他的社会阅历已十分丰富，又继承了养父袁保庆一大笔遗产，是当地名副其实的土豪。这位土豪的最大特点，就是爱交朋友。原则是：不看出身，不论穷富，不分文理，惟尚才学。为了聚拢文科生，他竟然出资在陈州创办了“丽泽山房”和“勿欺山房”两个文社，当真是有谋略、有品位、有手段、有野心的“四有”土豪。正是筹办文社，才让他与徐世昌在茫茫人海里相遇、相知。

生逢乱世，各显神通。两人很快走上截然不同的道路，袁世凯在第二次乡试落榜后，终于决定弃笔从戎，远赴朝鲜，而徐世昌在袁的资助下顺利考中进士，并被授为翰林院编修。直到甲午战争爆发，人生少有交集的他们才再度相逢。

依傍着李鸿章这棵大树，袁世凯在朝鲜混得风生水起，孰料一场甲午战争把他打回原形，奉调回国后郁郁不得志；徐世昌也好过不到哪里去，空有一身才学，戴着个翰林院编修的虚幻光环蹉跎了十年光阴。人生在世，岂能事事如意，当觉得生无可恋时，往往是触底反弹的时机。席卷大江南北的戊戌维新浪潮，振奋了袁、徐哥俩那颗失落的心：机会来了！他们表现得十分积极，双双加入强学会，还豪气地捐了500两银子。不过，袁世凯身上可没有康、梁那样的书生意气，他的本事在于钻营官场，很快就重新找到大树，在荣禄、李鸿藻等联名保荐下，顺利跪在光绪面前，奉上一份变法万言书，分分钟俘获了皇帝的心，领到一份圣旨：小站练兵。

高收益永远伴随着高风险。光绪的那句“人人都说你练的兵办的学堂甚好，此后可与荣禄各办各事”就像一把利剑架在脖子上，逼迫袁世凯必须在帝、后之间做出选择，稍有不慎，即是火中取栗，甚至招来杀身之祸！何去何从？徐世昌说：

“帝虽一国之主，然当国日浅，势力脆薄。后则两朝总持魁柄，廷臣疆帅，均其心腹，成败之数，可以预卜。与助帝而致祸，宁附后而取功名。”

这番话让光绪最后的希望瞬间化为泡影，也让袁、徐二人在政变中得以自保，顺利攀上慈禧这根高枝，从此飞黄腾达。当然，袁世凯也为此背负了“叛徒”的骂名，甚至差点搭上身家性命（摄政王载沣执政后，曾想杀袁为光绪复仇）。

其实，最早主持编练新军的，并非袁世凯，而是胡燏棻，只不过毫无成效。袁世凯能得到前面几位大佬支持，成功抓住这次机遇，与徐世昌从中穿针引线是分不开的（引荐给翰林院掌院学士李鸿藻）。待小站练兵初见成效后，袁世凯正式邀请徐世昌加入，后者欣然应允。他明白，自己待在翰林院根本就是浪费生命，不如尝试一下曾国藩、李鸿章的“以文修武”之路。人生就是这样，一个不经意间做出的决定，往往会改变命运走向。从此以后，徐世昌的命运与袁世凯捆绑在一起，兄弟男团正式宣告成立。

军师的加入，让袁氏王国真正开始起步！应该说，天津小站能够取得令世人瞩目的成绩，至少有一半功劳要归到徐世昌头上。也正是这段经历，让徐世昌日后能够在一群武夫的世界里站得住脚。史家评论说：“此为徐氏与北洋军系发生关系之始，而一生功名事业，亦即从兹发轫。”

义和团运动期间，袁世凯被任命为山东巡抚，把新军主力也一并带了过去，徐世昌则重回翰林院供职，两人再度分开。待那场盲目排外运动和八国联军侵华之后，清廷正式掀起新政浪潮，要求各地督抚推荐人才。袁世凯抓住机会，将徐世昌拉入了这场大变革之中。当时的满洲贵族，能堪大用者如凤毛麟角，所以练兵处很快被哥俩控制。他们掌握了全国的练兵权，将各省费用集中到北洋六镇，打造出一支新型军队。正所谓：“藉清政府雷霆万钧之力，吸全国之财，以供北洋一区练兵之用。”

北洋新军势成以后，袁世凯再出妙招，将徐世昌打入清廷中央内部，并全力扶持，让他迅速成长为“中枢要人”。1905 年出国考察宪政的五大臣，就包括徐世昌。只是没想到，革命党人吴樾会在开车前扔出一颗炸弹。对于普通人来说，那场刺杀只是茶余饭后的谈资，但对于袁、徐二人来说，却成为控制北京警务大权的重要契机。经过一番操作，徐世昌被任命为新成立的巡警部尚书，这就相当于把皇城一角置于自己的监控范围之内了。

俗话说：树大招风。慈禧老太太搞清末新政，除了要一雪逃亡之耻外，还有一个重要目的，那就是逐步将权力收归中央。袁世凯的势力膨胀得太快，这让清朝贵族十分焦虑，恨不能杀之而后快。在推动中央官制改革失败后，袁世凯决定以退为进，交出北洋兵权。与此同时，徐世昌也被免去军机大臣职务，跑去主管民政部。

如何寻找下一个突破口？

哥俩把目光转移到了东北，想把这个大清“龙兴之地”作为撬动局势的杠杆。当时的东北，几经战争，已是满目疮痍，惨不忍睹。清廷渴望借着新政的东风，让老祖宗之地重焕光彩。1907 年 4 月 20 日，徐世昌被任命为东三省总督，兼管三省将军军务，并被授为钦差大臣，以提高总督地位。在徐的推荐下，一批北洋亲信如唐绍仪等进入东北。经过一番努力，袁的“王牌军”第三镇也重回怀抱。如此一来，北洋集团在势力上已远远超过当年的曾国藩、李鸿章。

于是，御史们又开始发力，弹劾袁世凯权重势高，堪比雍正年间的年羹尧。此论一出，情势陡然紧张起来，这可是杀头的罪名。慈禧采取“明升暗降”的办法，任命袁世凯为外务部尚书兼军机大臣，也就是把他调到中央。为了不引起动荡，老太太还特意把湖广总督张之洞大老远调到中央来做军机大臣，同时任命袁氏幕府杨士骧接任直隶总督兼北洋大臣。后来，慈禧和光绪携手见了上帝，留下个烂摊子给摄政王载沣。载沣一上台，就想干掉袁世凯，结果被张之洞等人劝阻，最后罢免了事。袁氏幕府也遭到巨大冲击，唯有徐世昌步步高升，稳居高位。因为，清廷也不敢太过火，只能借助徐世昌稳定北洋集团。

作为最亲密的兄弟，徐世昌利用一切机会试图让袁世凯复出。1911 年 5 月，清廷成立皇族内阁时，他就全力推举袁世凯，上书称“其才具固胜臣十倍，其誉望亦众口交推”。可惜，载沣并未理会。

历史的蝴蝶效应无处不在，谁能想到，武昌的几千革命军放了几枪，竟然引来各省纷纷独立，让大清三百年基业一夜崩塌！起义一爆发，清廷匆忙任命荫昌前去剿办，可是他根本指挥不动袁氏旧部。无奈之下，清廷下诏重新起用袁世凯。这时，老袁开始摆谱，在和徐世昌商议后，提了出山的六大要求：明年开国会；组织责任内阁；宽容武昌事变诸人；解除党禁；给予指挥军队全权；供给充足军费。

至于出山以后的事情，相信各位都耳熟能详，就不赘述了。

祥说：俗语云，乱世出枭雄。袁世凯崛起纵然是特殊时代的产物，与他自身能力突出亦息息相关。但如果缺了徐世昌等人的鼎力相助，其称雄之路想必会更为艰难。

四招连发：袁世凯“逼退清帝”

南北议和，虽然因为孙中山归来，南京临时政府成立而一度出现波折，但南北双方事实上始终没有真正放弃议和，交易仍然在秘密进行。这场议和，最关键的两个条件是：只要袁世凯支持共和，就推举他为总统；袁世凯必须迫使清帝退位。这个条件是南方各派普遍赞同的，孙中山也并不反对。早在当选临时大总统时，孙中山就致电袁世凯，说：“公方以旋转乾坤自任，即知亿兆属望，而目前之地位尚不能不引嫌自避；故文虽暂时承乏，而虚位以待之心，终可大白于将来。望早定大计，以慰四万万人之渴望。”当然，孙中山一直主张武力统一中国，只是借款计划失败，无力北伐，不得不接受和平谈判的现实。

不过，袁世凯对孙中山能否真正让位仍心存疑虑，遂发电文询问伍廷芳：“孙君肯让袁君，有何把握，乞速详示。”半个月后，孙中山让伍廷芳再次向袁世凯明确表示：“如清帝实行退位，宣布共和，则临时政府决不食言，文即可正式宣布解职，以功以能，首推袁氏。”得到这个保证后，袁世凯就吃了定心丸，转头开始“逼宫”。

相较武力推翻清廷而言，和平“逼宫”更具复杂性，属于技术活，考验的是对权谋之术的运用，而这正是袁世凯所极为擅长的。

第一招：营造退位氛围

南北双方尚在谈判期间，袁世凯已经授意驻俄公使陆征祥联合驻国外各个公使，电请清帝退位。

他让北京《官话报》等报纸纷纷发表社论，“敦促朝廷接受必不可免的事情并逊位”。

他授意驻上海外国商会致电载沣等满族亲贵，言明清廷已丧失对中国的控制权，退位是唯一出路。

他又请地方督抚如袁树勋、岑春煊等人发电文，要求清廷“早定共和政体”，授予袁世凯“全权”，与“民军代表组合相当政府”。

第二招：亲自出马

1912 年 1 月 16 日，袁世凯以内阁总理身份，带领全体国务大臣联名上奏，声称清廷大局已岌岌可危。他说：“战地范围，过为广阔，几于饷无可筹，兵不敷遣，度支艰难，计无所出，筹款之法，罗掘俱穷……必有内溃之一日。”朝廷应“俯鉴大势，以顺民心”，否则将陷入万劫不复之地。

退朝途中，袁世凯遭到革命党人的炸弹伏击，遂以此为借口，不再上朝，实际是给清廷施加压力，同时躲在幕后操控“逼宫”。

第三招：从内部瓦解满洲皇族

袁世凯为了试探清廷的态度和底线，就把清帝退位的优待条件秘密透露给庆亲王奕劻，并说革命党军力强大，退位是保全皇室的最好办法。随后，满族亲贵召开秘密会议，奕劻提出退位话题，除了几位少壮派以外，大部分人都意志消沉。

袁世凯买通隆裕太后身边一位名叫张兰德的太监，让他在太后面前吹耳边风，说，如果不退位，一旦革命军打到北京，不仅没有优待条件，恐怕连命都保不住。隆裕太后是一个没有主见的人，很快就召开会议，当听到有人主张武力抗争时，她说："胜了固然好，要是败了，连优待条件都没有，岂不是要亡国么？"

据说，袁世凯儿子袁克定还派人向皇宫里扔过炸弹。

第四招：派北洋将领"兵谏"

为了打掉清廷的最后一丝犹豫，迫使其乖乖就范，袁世凯祭出最后一张王牌，令段祺瑞联合一众北洋将领共 50 多人，联名上奏，建议清廷接受优待条件，赞成共和，否则后果不堪设想。电文说："虽祺瑞等公忠自励，死生可保无他，而饷源告匮，兵气动摇，大势所趋，将心不固，一旦决裂，何所恃以为战……势成坐亡。"

至此，清廷已无任何退路，遂于 2 月 3 日发布上谕："著授袁世凯以全权，研究一切办法，先行迅速与民军商酌条件，奏明请旨。"

一纸上谕，就把清廷命运完全交到了袁世凯手上，只能任人宰割。1912 年 2 月 12 日，隆裕太后代行颁布退位诏书，接受优待条件。诏书由张謇起草："前因民军起事，各省响应，九夏沸腾，生灵涂炭……国体一日不决，故民生一日不安。今全国人民心理多倾向共和，南中各省既倡议于前，北方诸将亦主张于后，人心所向，天命可知。予亦何忍以一姓之尊荣，拂兆民之好恶……予与皇帝得以退处宽闲，优游岁月，长受国民之优礼，亲见郅治之告成，岂不懿欤。"

至此，中国最后一个封建王朝退出历史舞台，君主专制制度终结。

《泰晤士报》发表评论说：“天子退位，世界上最古老的君主国成共和国。历史少见流血这样少的革命。”

祥说：袁世凯能够上位，显然与其炉火纯青的权谋之术不无关系。但是，学界也普遍承认，在当时的情势下，举国上下唯一能掌控时局者，唯袁世凯一人而已。概括成四个字，就是：非袁莫属。

编外

黄金荣的把兄弟，因误闯“一大”会场出名

人类几千年历史轮转，多少人想留下姓名而不可得，又有多少人不想留名却偏偏载入史册？

在中国现代史上，就有这么一个人，虽说不是普通百姓，但也实在算不上大人物，必定会被淹没在历史的尘埃里，没想到一不小心误闯了中共“一大”会场，弄得人人皆知，出大名了！历史总是这么顽皮！（我们这些小人物，再怎么努力，也无法被载入史册，认命吧！不过，又有什么关系呢？）

他，就是——程子卿！

程子卿出生于1882年，江苏镇江人，初中文化（当时来说不低了），后来因为家里太贫穷，不得不辍学，进入米店做学徒。他在米店的主要任务，是拎米包，所以练就了惊人的臂力。上天给你的，总是有用的。谁能想到，程子卿后来能在巡捕房混得风生水起，跟这一特殊本领也有一定关系。

1900年，程子卿到上海讨生活，没别的本事，就是臂力惊人，所

以，做的还是搬运工，地点在十六铺码头。他肯卖力气，脑子又活泛，机缘巧合下，竟然结识了黄金荣和丁顺华，三人结拜为兄弟，人称“黄老大”“丁老二”“程老三”。那时，他还不到20岁，皮肤黝黑，所以得了一个绰号，叫“黑皮子卿”，属于青帮的“悟”字辈人物。程子卿是个爱学习的“黑社会”，曾经在“法书斋堂”good good study，day day up！

无数历史事实证明，有一个好大哥真的很重要！黄金荣就是讲义气的大哥，在程子卿26岁那年，把他安排进法国巡捕房当了巡捕。他虽然不懂法语，但臂力惊人，抓人一抓一个准，又特别机警，办事能力超强，很快就荣升为刑事科政治组探长，官位超过了大哥（黄金荣还是一个普通的“包打听”）。辛亥革命时期，程子卿跟着大哥结识了孙中山，专门负责保护孙中山的安全，两人关系日益升温，后来干脆加入了国民党。他的简历中关于入党是这么写的：上海，入党为“孙总理代办”！程子卿背靠青帮，又与法租界内的国民党来往密切，因此消息十分灵通，受到政治组组长的重用，很快就升任政事治安处主任、督察长。

误闯中共“一大”会场，就是他当主任时发生的事情。当时，租界当局已经得到不少关于共产主义组织要在上海开会的情报，但时间和地点都不那么明确。陈公博就说：“在大会召开之前，外国租界就已收到了许多报告，说东方的共产党人将在上海开会，其中包括中国人、日本人、印度人、朝鲜人、俄国人等。”法租界当局加强了警戒，还专门制定了一个条例，要求租界内的任何集会必须于48小时前取得警察局长许可，否则一律严惩不贷。

当时，有个非常活跃的组织，叫全国各界联合会，总部设在法租界“望志路106号”“贝勒路口的树德里104号”。这个联合会支持孙中山，反对北洋政府，法租界就派程子卿去下达“开会必须提前48小时通知警方”的命令。由于警察局的记录里，既有104号，也有106号，程子卿无法确定，只好都找一找，结果就听到106号客厅传来外国人说话的声音，随即闯了进去，正是“一大”会场！毕竟是做巡捕的，他反应还是比较快，当被询问时，说了声“对不起，找错房子了”，然后赶紧撤出来，回去喊人。此时，中共嗅到危险气味，迅速转移到那艘游船上（这得感谢李达的夫人王会悟，是她联系的。其实，代表住宿、会议材料整理等，她都出了不少力）。

也有种说法，是共产国际代表马林一踏上中国领土就被全程监视了。但如果是这样，为何只派程子卿一人贸然打草惊蛇，连个后援都没有？所以，恐怕还是“误闯”更接近历史真相！

关于后来搜查的细节，陈公博的回忆比较详细：

“不想马上便来了一个法国总巡，两个法国侦探，两个中国侦探，一个法兵，三个翻译，那个法兵更是全副武装，两个中国侦探，也是睁眉怒目，要马上拿人的样子。那个总巡先问我们，为什么开会？我们答他不是开会，只是寻常的叙谈。他更问我们那两个教授是哪一国人？我答他说是英人。那个总巡很是狐疑，即下命令，严密搜检，于是翻箱搜箧，骚扰了足足两个钟头……那个侦探告诉我，他实是误认我是日本人，误认那两个教授是俄国的共产党，所以才来搜检……看你们的藏书可以确认你们是社会主义者；但我以为社会主义或者将来对于中国很有利益，但今日教育尚未普及，鼓吹社会主义，就未免发生危险。今日本来可以封房子，捕你们，然而看你们还是有知识身份的人，所以我也只好通融办理……”后来，又补充了一个重要情节：“（密探）什么都看过，唯有摆在抽屉里的一张共产党组织大纲草案，却始终没有注意，或者他们注意在军械罢，或者他们注意在隐秘地方而不注意公开地方罢，或者因为那张大纲写在一张薄纸上而又改得一塌糊涂，故认为是一张无关紧要的碎纸罢，连看也不看……”

好讲道理的侦探！整个过程，陈公博不停地抽烟，竟然把整整一听长城牌四十八支烟卷全部吸光！

1927年，程子卿参与了“四·一二”政变，获得“青天白日三等”勋章。胡汉民、汪精卫分别赠他亲书字轴一幅，着实让他激动了好几天。

后来，程子卿也为共产党、进步人士以及国民党左派帮过一些忙。比如，他给中国民权保障同盟的活动提供过保护；帮忙疏通、释放过共产党员；为中国农工民主党领导人邓演达通风报信等。这些，可能与他入天主教有一定关系，但很快引起国民党右翼分子的不满。他曾在五年之内，先后收到7次匿名警告信，有时信封里还附有子弹。

新中国成立后，程子卿留在了上海，因政治问题受到政府审查，遂求助于宋庆龄，经宋庆龄出面向有关部门作了说明后，方才避免被捕的命运。时人回忆说：“由于他对人民做过一些好事，解放后被审查时，幸蒙宋庆龄先生力保，在年老患病期间，才未予关押……也没有被怀疑是帝国主义买通的间谍。”

他有一个老婆，名叫杨景德，两人一起加入了天主教，育有两女一子。1961年9月27日，程子卿病逝，享年79岁。

详说：程子卿无疑是幸运的，因为，直到他死后30年，人们才考证清楚，那位闯入“一大”会场的人，就是他——当年的青帮老三，“黑皮子卿”！否则……

国学大师帮杜月笙修家谱

中国文人，以前被人喊“臭老九”，好像在“笑贫不笑娼”的年代里，总是让人瞧不起的。然而，一个非常普遍的现象是，越是没文化的人，越好附庸风雅，越喜欢结交文人，尤其是感觉自己成了“腕”之后，而文人也很愿意“被结交”。这股风气，自古皆然，以黑社会表现最为强劲。

民国时期的上海黑帮老大杜月笙，也是一位好结交文人的主。

除非是“黑二代”，大多数黑社会首领都会对自己的出身耿耿于怀。杜月笙就一直觉得自己出身低贱，千方百计与文化名人结交，提高身份。他知道，文人对于黑社会都是心怀鄙视的。为了改变这种印象，杜月笙规定：手下一律不准穿上海流氓传统的短打装扮，一年四季都必须穿长衫（小混混也不好当啊，夏天穿长衫的宝宝心里苦啊），言谈不准有任何粗话。

杜月笙结交文人的手段，说穿了也没什么神奇，就是讲义气，舍得花钱，难不成指望他探论学术问题？当时，上海滩有一位著名律师秦联奎，因好奇曾到杜公馆参赌，一会儿就输了4000大洋，十分懊丧。杜月笙见状，便问他是何许人，当杜得知他是用得着的“律师”时，立即拿出4000大洋托人送给秦，并说：“当律师的靠摇笔杆、费口舌为生，没多少钱可赚，我不能赢他的钱。”这使秦联奎十分感激，从此为杜月笙效力，成为他的义务法律顾问。

杜月笙结交的文人，知名者有章士钊、杨度、江一平、杨千里等，而名气最大者，自然非国学大师章太炎莫属。章太炎甚至为杜月笙修家谱，而且经他考证后，发现杜氏家族的祖先可以一路追溯到帝尧。“杜之先出于帝尧。夏时有刘累，及周封于杜，为杜伯……其八祖皆御史大夫。”这下可把杜月笙开心坏了，自己摇身一变，成了名门之后，只不过是家道中落，自己现在相当于再次光耀门楣（中国人好这个，好像一旦跟历史大人物沾亲带故，自己就周身发光似的）。

一代国学大师，为何会替一个黑帮老大出力呢？

章太炎晚年居住在苏州，虽然名声很大，但经济其实十分拮据。杜月笙一直有心结交，但苦于没有机会。没想到，章大师的侄子把这个机会主动送上门来。这位居住在上海法租界的侄子与一位颇有背景的人物发生房屋纠纷，双方相持不下，就请章太炎帮忙。章太炎虽是名满中华的革命元老与国学大师，但是在只认权势与金钱的上海租界里却无能为力。无奈下，他忽然想到，杜月笙是法租界炙手可热的大亨，左右逢源、神通广大，便给杜月笙写了一封信，请求帮忙。

正苦于无法结交大师的杜月笙，见信后十分兴奋，心说机会终于来了。他立刻竭尽全力为章太炎侄儿排难解纷，让房屋纠纷得到了双方都满意的解决。问题解决后，杜月笙专程去苏州拜访章太炎，汇报整个经过与结果。章太炎既高兴又感激，热忱接待，言谈热烈，相见甚欢。告辞时，杜月笙悄悄将一张两千银元的钱庄庄票压在一只茶杯底下，作为对章太炎的馈赠。待杜月笙走后，章太炎才发现这笔重礼，又不好推谢不收。此后，杜月笙每月都派人送钱过来，给大师留下了有豪侠之风、讲义气、重礼节的良好印象。从此，大师对这位大佬另眼相看，不仅为他做事，还常常讲他的好话。

祥说：章太炎可不是一般人，那是有性格、有气质、有主张的人。杜月笙能成功与其结交，相信金钱只是一方面因素，在杜月笙身上，肯定有让章大师另眼看待的地方。因为，杜月笙，是个有深度的“流氓”。

杜月笙帮张学良戒毒

民国时期，有位黑帮老大帮着张学良成功戒毒，否则少帅早死了，哪里还会有后来的西安事变。

猜猜他是谁?

相信熟悉这段历史的人，都已经猜到了这位黑帮老大的身份——杜月笙。

吸食鸦片，在晚清和现代，是一种“时髦”，故而宾客登门，除了奉茶让座，往往吞云吐雾。张学良自幼对鸦片并不陌生，因为老爹、老妈都是个中好手。不过，他染上这一恶习，是在1924年第二次直奉战争中，因精神紧张，寝食不安，在同僚撩拨下，尝试吸鸦片缓解压力。紧接着，郭松龄倒戈被杀，父亲被炸死，日本侵略东北，这些都对张学良产生强烈刺激，使其对鸦片更为依赖，直至无法自拔。

张学良深知鸦片危害之大，所以发布了禁止军人吸食鸦片的命令：“查鸦片之害，烈于洪水猛兽，不惟戕身败家，并可弱种病国，尽人皆知，应视为厉阶，岂宜吸食！”而他自己，则决心带头戒毒。杨宇霆向他推荐了一种“对戒除鸦片烟瘾有特效”的日本进口注射药。由于戒毒心切，张学良吩咐身旁的医生立即采购，然后逐日注射。岂料，这种所谓“去瘾止痛”的药物只能收效于一时，而因内含海洛因，注射日久，便产生了习惯性依赖。结果，少帅毒瘾愈演愈烈，一天之内需要注射多次，甚至在前线指挥作战时，也片刻不能离开毒品。很快，英俊洒脱、神采飞扬的少帅，变得面黄肌瘦、弱不禁风。

东北沦陷、热河失守之后，南京国民党政府的一些要员，要张学良立即引咎辞职。蒋介石认为时机已到，立即派人向张学良透露了让他辞职出国考察的意愿。少帅听了，当即表示同意。只是，以他现时的身体状况，又怎能坚持得了呢？这也进一步坚定了他戒毒的决心。于是，他偕同于凤至和赵四小姐，一起到了上海。

杜月笙得知张学良一行将抵沪的消息，便把福煦路181号装饰一新，请张学良入住。张学良住下来后，便偕夫人于凤至亲自到华格臬路杜公馆拜访、道谢。言谈中杜月笙得知张学良正准备戒毒，就把自己的戒毒经验分享给少帅，宋子文等也都力劝他戒毒。

不久，张学良的澳籍顾问端纳专程去拜访上海疗养院院长、美籍医生米勒，正式请他为张学良戒毒。张学良中毒太深了，平均每 15 至 20 分钟就得注射一针，如果不注射，他就无法安静。在这种情况下，想戒掉，谈何容易？除了医生的药力作用之外，最主要的，还是靠他个人的毅力。

杜月笙和米勒也多有交往，为了随时掌握情况，就让自己的私人医生庞京周当米勒的助手。由于有庞京周在张学良身边，张学良戒毒的情况就随时为杜月笙所掌握。通过庞京周，杜月笙随时向米勒提出意见。当然，这些意见只是管理上的，而不是治疗上的。

米勒便先替张学良灌肠，请他吃麻醉药，使他安静地入睡。漫长的第一天过去了，竟然风平浪静，张学良一点反应都没有。米勒十分震惊。他细细想想，就明白了，这里面一定有鬼。米勒把这件事告诉了杜月笙，杜月笙想了想，笑道："请少帅换张床睡。"米勒高兴地照办，立刻给张学良换了一张床。他亲自检查旧床铺，终于发现了秘密。原来，被褥、床单、枕头等里面，塞满了毒品药丸。这些全是张学良的私人医生临走时留下的，以便他熬不住时摸两片吞食。

杜月笙也侦知了这些私人医生的鬼把戏，他找到宋子文，让宋子文下了一道命令："如果有人胆敢干涉米勒医生的治疗，或者私递药物，一经查出，立即枪毙。"这样一来，戒毒工作终于全面展开。米勒博士采用了"以毒攻毒"的方法。先是从患者肛门输入麻醉药与其他药物，使之沉沉入睡；待麻醉药渐渐失去镇痛效用，病人肠胃里开始翻江倒海，胃壁痉挛，腹痛难忍，肌肉抽搐、剧痛，内脏宛若打了结、起了皱，由此引起强烈呕吐、腹泻，每天多达数十次。经过这一番折磨，再给病人服药，使其全身发生水泡，然后从水泡中抽出液体，注射到病人体内，之后，一面抽出带有毒素的腐血，一面注入新鲜血液。两天以后，张学良出现了难以忍受的痛苦，大喊大叫，鼻涕眼泪流个不停。当米勒按照惯例推门入内时，张学良竟发疯一般挥起拳头，把身强力壮的米勒打倒在地。

米勒作为医生当然知道张学良所受的痛苦，就如同万箭穿心，又如同烈火炙烤，又好像是每一根骨头都在碾子上碾。米勒积多少年的经验，告诉杜月笙说："此时只有下狠心，才能解决问题。"经杜月笙授意，米勒便停止使用镇静剂、麻醉药，而是把张学良捆在床上，任他挣扎，一直到筋疲力尽。

就这样，经过个把月的时间，张学良终于戒除了毒瘾，身体迅速康复，整个人变得红光满面，神采奕奕。为此，杜月笙为他举行了庆贺宴。宴会结束后，张学良送给米勒医生 5 万块现大洋。许多年后，张学良才知道，因为他戒毒，一些不明真相的东北军将领以为杜月笙要借机除掉他，竟派了代表到上海来，扬言如果情况不妙，就武力解决杜月笙等人。好在杜月笙提前得到消息，好言相告把代表打发走了。

祥说：什么都能沾，唯独毒品不能沾！

就读于黄埔军校是一种怎样的体验

黄埔军校有多牛？一句话：一所军校影响了一个时代。自它产生之后的四分之一个世纪里，在中国这片土地上角逐最高权力的，几乎都与它有渊源。

那么，就读于这所牛校，究竟是一种怎样的体验呢？

必须知道的一点是，孙中山之所以创建黄埔，是因为与陈炯明决裂后，遭受巨大打击，认识到必须有新式的革命军，而俄国十月革命带给他极大的震撼，所以他转向与俄国寻求合作，甚至一度邀请俄国占领新疆，承认俄国对外蒙的占领。不过，俄国最初支持的是吴佩孚，后来在外蒙问题上产生争端，才弃吴援孙，全力支持国民党，并且要求共产党以个人身份加入国民党。

1924年6月16日，黄埔军校正式成立。与当年云南陆军讲武堂（出了20多位上将、两位元帅）走日本路线不同，黄埔走的是彻彻底底的苏联路线。所以，就读于黄埔，注定有很多新鲜的体验！

就读于黄埔，你要做的第一件事情，并不是军事训练，而是学习思政课（上大学的小伙伴们，知道思政课的来源了吧）。思想政治教育被置于首位。一方面是受苏联影响，一方面是孙中山认识到过去的革命军是雇佣制，来的人都是为了升官发财，而不是为着共同的革命理想。其实，古往今来，大凡能成事的，都注重思想、信仰或者是宗教的力量。既要能打仗，还要让人愿意打仗，这两点缺一不可。

黄埔专门制定了《政治教育纲要》，最初只有三民主义等几门课程，后来增加到18门：中国国民党史、三民主义、帝国主义侵略中国史、中国近代史、帝国主义、社会进化史、社会学科概论、社会问题、社会主义、政治学、经济学、经济思想史、各国宪法比较、军队政治工作、党的组织工作、中国政治经济状况、世界政治经济状况、政治经济地理。1926年改组后，又增加了苏联研究、工人运动、农民运动、学生运动等，总数高达26门（那些抱怨思政课很多的同学，内心是不是得到一丝安慰呢）。

自从周恩来担任政治部主任后，黄埔的政治工作才算红红火火开展起来，与政治教育相辅而行，形成巨大的战斗力。

就读于黄埔军校，你要做的第二件事情，是参加能让你掉一层皮的军事训练和军事教育。军事教育和政治教育相辅而行，是黄埔最大的特色，也是它成功的奥秘所在。《政治教育大纲草案》中明确规定，“使学生彻底了解军事学术和军事锻炼，对于革命意义上之重要”，要求学生“必须有军事知识，而且身体强健，方能担负将来军队中为革命工作之责任”。

黄埔制定了科学的教育训练科目，分为学科和术科两类。第一期时，学科方面主要教学生步兵操典、射击教范、野外勤务令等基本军事学识，后来增加战术、兵器、交通、筑城等教程。术科方面，则对学员施以制式教练。到第二期时，开始有专业之别，分为步、炮、工、辎、宪兵五科，各科学生修习的科目不同。如工科学生，学习的科目是：士兵操典、射击教范、筑垒教范、架桥教范、筑营教范、通信教范、交通教范、爆破教范、坑道教范、步兵教范摘要、野外勤务摘要、夜间教育等。术科方面，除制式教练与步兵略同外，其他有筑垒实施、架桥实施、爆破实施、筑营实施、坑道实施等。第三期学生所授的学科，仍以四大教程为主，另外还需学习军制学、马学、经理学、卫生学等。术科分为教练、野外演习射击、夜间演习、技术、马术、工作实施、典范令等几大块，内容较前两期有了较大的进步。第四期军事学教育，又增加了兵器学、地形学、测图演习等，所学内容更符合战争需要。

就读于黄埔，你要做的第三件事情，是饿着肚子参加实战，随时有可能丢掉性命。黄埔的成就很辉煌，但最初创建时条件相当艰苦，不仅教学器材、武器弹药极为匮乏，就连“一天三餐的伙食，还是有了早上的不知道晚上，有了今天不知道明天”。而且，黄埔不是培养懂军事的书生，而是要培养能打硬仗的军官，当时面对的外部环境又极为残酷，所以参加实战是无可逃避的。

黄埔刚建校不久，广州就发生了商团武装叛乱。商团是以广州商界名义建立的一个武装团体，是英帝国主义在广州的武装代理人，约有四千兵力。而当时南方政府的军队，忠于革命的已全部随孙中山出师北伐，滇、福、湘军或是隔岸观火，或是与商团暗中勾结，唯一可靠的力量仅是黄埔军校在校学习不到六个月的800名学生。然而正是这股敌人未曾放在眼里的新生力量，在广州等地的工会、农会的支持下，只花了三天的时间，便使商团部队全部缴械投降。这也是黄埔学生军的第一次成功实战。随后，与陈炯明等军阀的战斗，就成了家常便饭，几乎可以看做是一种野外实战拉练科目，只不过这种拉练，是会死人的。有了这些实战经验，北伐才会势如破竹！

就读于黄埔，你还必须面对极为严厉的军法和严苛的守则，想混日子是绝无可能的。其中，最著名的要属蒋介石亲自制定的《革命军连坐法》。“第一条，本党以完成国民革命，实行三民主义为目的，各官兵应具牺牲精神，与敌方交战时，无论如何危险，不得临阵退却。第二条，本连坐法，即适用于战时临阵退却之官兵。第三条，连坐法之规定如左：一、班长同全班退，则杀班长。二、排长同全排退，则杀排长。三、连长同全连退，则杀连长。四、营长同全营退，则杀营长。五、团长同全团退，则杀团长。六、师长同全师退，则杀师长。七、军长亦如之。八、军长不退，而全军官兵皆退，以致军长阵亡，则杀军长所属之师长。九、师长不退，而全师官兵皆退，以致师长阵亡，则杀师长所属之团长。十、团长不退，而全团官兵皆退，以致团长阵亡，则杀团长所属之营长。十一、营长不退，而全营官兵皆退，以致营长阵亡，则杀营长所属之连长。十二、连长不退，而全连官兵皆退，以致连长阵亡，则杀连长所属之排长。十三、排长不退，而全排皆退，以致排长阵亡，则杀排长所属之班长。十四、班长不退，而全班皆退，以致班长阵亡，则杀全班兵卒。第四条，各级党代表亦适用本连坐法。第五条，本连坐法自公布日施行。”

还有《革命军刑事条例》。分为：叛乱罪十条，擅权罪五条，辱职罪十条，违抗罪一条，侮辱罪二条，掠夺罪四条，诈伪罪二条，逃亡罪三条。按罪状性质、程度轻重分别监禁乃至枪毙等处罚。

还有《革命军惩罚条例》。这是对犯罪程度较轻，不涉及刑事范围的人员所规定的。分重、轻禁闭、禁足三种惩罚。

除了军事法规外，黄埔军校还制定了《学生队学生遵守规则》，规定了军校学员在校期间应遵守的纪律，如："学生聚散以号音为凭，无论何时何事一闻号音，须速往指定地点集合，不得借端迟延规避""学生有事故，只许向直接管辖之官长或值星区队长处报告，以凭核办，不得越级陈诉"等。

这些造就了一支纪律严明的新式军队，才能在北伐中获得百姓支持！当时有首《爱民歌》："莫走人家取门板，莫拆民房搬砖石，莫踏禾苗坏田产，莫打民间鸭与鸡。"

就读于黄埔，还有一件事情，是你不得不面对的，那就是：站队。尽管蒋介石是黄埔军校校长，但他并没有完全掌控这所学校。当时的局面是"三方共治"，三方是：国民党左派、国民党右派、共产党。这三派都在拼命拉队伍以壮大力量，所以，黄埔学员必须要选一边站队。而且，不论你是哪一派的，都会被蒋校长拉去谈话。

蒋介石把军校看得很重，亲力亲为，身体力行，与教职员一起就餐，挨个谈话，联络师生感情，开学 8 个月，竟然做了 46 次讲话。徐向前回忆："黄埔军校开课后，蒋介石每个星期都到学校来，要找十个学生见面，谈上几句话，几乎所有的学生，都和蒋介石单独见过面，谈过话。"对于他看好的学生，蒋介石经常会一次性给一笔钱。这笔钱的多少由学生的家庭条件而定，无论贫寒子弟还是小康之家，这笔钱的数目总是多到叫人惊讶。这笔钱一般会叫学生一家人觉得一辈子也挣不来这么多钱。这样足以打动人心，叫学生感激涕零。可惜，那不是一个金钱至上的年代，而且他遇到一个神一般的对手——周恩来。周恩来在短时间内就把学生中的党员数量发展到百分之三十，而且团结了一批左派师生。

诸君，就读于这样的军校，你能顺利毕业吗？

祥说：黄埔军校是中国人转向苏联寻求救亡之路的产物，被打上明显的苏联烙印。不论怎样，在那个特殊年代，进入黄埔学习，其实就是一场由内而外的革命修行。

百乐门繁华的背后

近代中国的变化如果用一个词汇概括，那就是“天变道销”。汉代大思想家董仲舒说：“天不变，道亦不变。”结果，到了晚清，一切都变了：天塌了，道崩了！这种变化与传统的王朝更迭存在根本差异，乃是一种社会结构的转型，涉及方方面面，既包括上层政治格局，又包括底层社会生活。

娱乐方式，就是社会生活变化的一面镜子！

所谓近代化，说白了就是西化，把西方的生活方式移植到中国。这种移植工作，最早开始于通商口岸，后来出现了租界，进程也就明显加快。引领西化潮流的，自然非上海莫属。后来，殖民新秀德国想打造青岛，与上海抗衡，但差距是显而易见的。为什么有些青岛人至今觉得北京土，扬言赶超上海，根子就在这。

在众多新兴的娱乐方式中，跳舞最初并不流行，因为男女比例过于悬殊，直至20世纪20年代才风靡上海。开始是外国人自己跳，后来一帮喝过洋墨水的中国人跟着学，慢慢也就成了时髦。跳舞的场所，也从私人聚会扩大到专业的舞厅。

提起民国时期的上海舞厅，相信绝大多数人首先想到的，肯定是——百乐门。这个当年有“远东第一乐府”之称的娱乐场所，虽然在1951年拉下帷幕，却始终活在人们的回忆里，至今仍在各大电视剧、电影中频繁出镜。

荧屏上的百乐门，永远那么繁花似锦、灯红酒绿。然而，历史真相总是充满残酷。百乐门的发展，其实充满了曲折，甚至因为长期处于亏损状态而不得不关门停业。

1933 年 12 月 14 日下午，在万众瞩目下，百乐门举行了隆重的落成典礼。当时，上海最有名的报纸《申报》可谓极尽赞美之词：

“玻璃灯塔，光明十里。花岗岩面，庄严富丽。大理石阶，名贵珍异。钢筋栏杆，灵巧新奇。玻璃地板，神眩目迷。弹簧地板，灵活适意。”

无论是建筑外观，还是室内设计，百乐门硬件的确够硬，堪称引领舞厅时尚潮流。然而，繁荣背后隐藏着惨不忍睹的连续亏损。1935 年 4 月，上海商业储蓄银行曾经出过一份调查报告：“该公司一切设备费用，已超过资本，加之去年夏季停业关系，故目前负债甚巨，大约营业前途尚有希望，不难逐渐弥补债务，或再由各股东增加资本。”没想到，仅仅半年以后，百乐门就用实际行动扇了银行一个大大的耳光：宣布破产！

何以至此？答案是：定位错误。

百乐门从一开始给自己的定位就三个字：高大上，走得是高端路线，面向贵族阶层，所以极尽奢华之能事。可惜，那个年代的上海，能够到百乐门进行消费的人，实在是凤毛麟角，结果必然是负债累累，关门大吉。

同样的生意，由不同的人来做，结果往往天差地别。百乐门倒闭 4 个月后，国都股份有限公司正式接盘。新老板做的第一件事，是砍掉旅馆部，单纯经营舞厅。第二件事，是重新给百乐门定位，不再走高冷路线，转而拥抱普通大众。所谓高端和普通的主要区别在于，前者是客人自带女伴，后者则是舞厅提供舞女。开幕当天，30 位妖艳、妩媚的舞女同时亮相，瞬间引爆全场。

大众化和世俗化路线不仅让百乐门起死回生，而且跻身五大超一流舞厅（仙乐、丽都、大都会、维也纳）之列，稳居王者地位。可惜，它命不好，赶上一个乱世。先是“八一三”事变爆发，生意一落千丈，甚至一度停业。后来，因为降低门槛，到百乐门消费的人鱼龙混杂，结果变成各方势力角逐的场所，甚至掀起一场腥风血雨。

最著名者，当属 1940 年 2 月 25 日发生的枪杀陈曼丽事件。陈曼丽，是百乐门头牌舞星。没想到，有一天她在众目睽睽下被人连开三枪，血染舞池。类似的事件可谓层出不穷，直接影响到正常的生意。其实，也不只百乐门，其他舞厅也存在类似问题。比如 1941 年 1 月 25 日，6 家娱乐场所先后发生炸弹爆炸，造成 8 人受伤。

关于日据时期的百乐门经营情形，大股东郁克飞说过这样一段话：

“查敌伪盘踞期间，厉政百出，时而因空防实行灯火管制，时而因宵禁限制舞厅营业时间。如夏季不准开放冷气，冬季不供给水汀，电力屡经挫折，百乐门营业迭遭致命打击。”

这说明，没有良好的环境，再牛气的企业家，也无法开展正常经营。

舞厅的风靡还造就了一个新兴群体——舞女。那年月，上海出现了很多舞蹈速成班，培养了一批能够陪男人跳舞的女性。这些舞女的素质有高有低，甚至有的干脆就是妓女转换身份而来。不过，像百乐门这样级别的舞厅，一般都会制订十分严格的陪舞制度，只有经过考核并颁发“伴舞证”的舞女才能进入舞池翩翩起舞，目的自然是为了保障双方的利益与安全。

为什么会产生大量舞女呢？有需求呗。就像当年为什么会产生三寸金莲，还不是为了满足男人的变态审美情趣！当然，还有一个重要原因：挣得多！有篇报纸评论这样写道：“伴舞的报酬已远超演剧的报酬了。”电影演员梁赛珍转行当舞女，就被认为是追求金钱。其实，很多学生、公务员、演员等跨入舞女行列，纯粹出于兴趣，但几乎不被人理解。当时，舞女在社会上的声誉相当不好，很多人把她们与高级妓女等同起来。有个叫

《礼拜六》的杂志，干脆直白地说，除了百乐门，其余都是卖淫场所。

大多数舞女之所以进入这个行业，是被生活所迫。《舞女自述》里有这样一段话：

“在这么多的舞女之中，各人有各人的地位，各人有各人的家庭环境……但是其中有一点是可以相信的得过，若不是为了家贫，谁愿意以一个清白的少女之身，去供人搂抱呢？这无非是为生活的皮鞭所驱使，忍痛牺牲而已，同时，你也要知道，除丧尽天良，自甘堕落的舞女，对于供人搂抱的生活，是没有一个不厌恨，希望早日脱离火坑的。”

用“火坑”来形容陪舞这一职业，足以反映时人的真实看法和心态。

舞女队伍壮大得很快，至 1947 年，已达两万人。对于很多道貌岸然的君子来说，舞女是可耻的，但对于舞女本身来说，陪舞却是她们赖以生存的基础。所以，当 1948 年蒋介石大搞“新生活运动”，下达“禁舞令”时，数万舞女迅速组织起来抗议，最终取得胜利，这就是著名的“上海舞潮案”。

上海还是新式知识分子的聚居地，所以舞厅里少不了他（她）们的身影。不过，也有很大一部分人无法接受这一新事物。下面这两段史料，就很能反映两派态度：

> “终日忙忙碌碌，屈背兀坐于办公室内，或则烦闷困守闺中生活之单调，实为乏味。故星期六日，人人皆欲出外消遣，以畅身心。如进电影院，又须久坐二小时，至觉疲乏。故高尚人士多喜挈妻约友，赴大华，玲珑馆逸图，礼查等舞场。既有精美之茶点，又可畅所欲言。常乐声起时，复能共舞，身心怡乐。实正常高尚之交际。”
>
> ——琳玲《茶舞之娱乐》

“东是一块肉，西也是一块肉，这里是一根擦粉的胳臂，那里是一条擦粉的大腿！还有一张一张的血渍似的嘴，一股一股醉醺死人的奇香奇臭。”

——梁实秋《老憨看跳舞》

有很多知识分子，比如鲁迅，喜欢看电影、喝咖啡，但对跳舞实在提不起兴趣。不过，也有的知识分子，尽管对跳舞不感兴趣，也不会跳舞，但也常在友人的邀请下步入舞厅，比如胡适。

那么，不会跳舞，胡适去舞厅做什么呢？他是这样说的：

“九点与新六到百乐门，主人为陈光甫、刘鸿生、王晓籁，请的客有宋春舫、夏小芳、秦通理、黎锦晖；女客为胡蝶女士、徐来女士（锦晖之妻）、王洁女士（秦夫人）、谈雪卿女士、张蕴芳女士、张素珍女士，我不会跳舞，看他们跳舞。”

祥说：百乐门，不单单是场所，它折射出国人对西方文明的态度变化！

后记

尽管我对通俗写史很早就有兴趣，但真正进入这一领域，主要得自学生的鼓励。我在大学讲授中国近现代史纲要，试图恢复"叙事史"传统，遵循由事及理的逻辑，将艰涩的学术分析融入轻松的历史故事中，受到欢迎。后来，有学生建议我开一个公众号，把专业的近代史知识轻松地讲出来，亦即：开辟第二课堂。抱着试试看的心态，我开始在吸收学界成果基础上撰写相关文章，并逐渐发现了其中乐趣，未曾想坚持至今，不经意间已积累近百篇。此次，从中选出部分文章结集出版，虽不甚系统，但亦描绘出晚清民国史的侧影，希望能给各位读者带来一些思考。

本书的出版，首先要感谢新创平台总裁倪方六先生的大力提携。全书从书名到构思再到内容，倪先生都提出了诸多宝贵意见。出版社的编辑同志也以高度认真负责的态度从事本书编校工作。在此，谨致以衷心的谢忱！

本书存在的错误、不足之处，敬请读者不吝赐教！